刑事法をめぐる
被害者・加害者を超えて
被害に向き合おう！

阿部恭子

岡田行雄

現代人文社

JN001867

SUPPORT FOR ALL THOSE HURT BY CRIME

ABE KYOKO
OKADA YUKIO

はしがき

　本書は、NPO法人World Open Heart（以下、WOH）代表の阿部恭子さんとの共著本である。阿部恭子さんは、WOHを立ち上げ、加害者家族を中心に、日本における少数者の支援に取り組んでこられた。もちろん、この少数者の中には、犯罪被害者のみならず、さまざまな被害者が含まれる。

　これまで、岡田は、阿部さんが編者を務められた、加害者家族支援の理論と実践に係る書籍において一部を分担執筆したことはある。本書では、刑事法をめぐるさまざまな被害の実態を阿部さんに豊富な実践例に基づいて執筆していただき、岡田がそうした被害の背景となる法規や制度を紹介したうえで、そうした被害からの回復やさらなる被害の防止に向けた提言を行う形とした。本書は、阿部さんが編者を務められた『加害者家族支援の理論と実践』（現代人文社、2015年）を皮切りとした一連の著作の上に、岡田が編者を務めた『非行少年の被害に向き合おう！』（現代人文社、2023年）に至る、さまざまな実務家や研究者との間で培われた知見が重ねられたものである。熊本に訪ねてこられた阿部さんと岡田が直接お目にかかってから6年の歳月を経てできあがった初めての合作と言えよう。

　本書の内容は以下の通りである。まず、冒頭のIntroductionでは、岡田が、本書がテーマとする刑事法をめぐる被害とはどのような事実を指すのかを、犯罪被害者の被害、犯罪に関わることで受けるさまざまな被害、非行少年、犯罪者、触法精神障がい者等が受けてきたさまざまな被害に分けて紹介し、特に、本書では被害と「被害」を書き分けていることについての注釈もつけている。以下、Part1では犯罪・非行の「被害者」（犯罪・非行による被害を受けたと認められていない者も含むので括弧書きとなっている）とその家族が受けるさまざまな被害と「被害」について、Part2では犯罪者とその家族が受けるさまざまな被害と「被害」について、Part3では非行少年とその家族が受けるさまざまな被害と「被害」について、Part4では触法精神障がい者・行為依存者とその家族が受けるさまざまな被害と「被害」について、Part5では冤罪被害者とその家族が受けるさま

ざまな被害と「被害」について、それぞれ、阿部さんが被害実態を、岡田が被害の背景と被害に対してなされるべき支援を論述している。なお、阿部さんが被害実態を示す際に用いている事例は、原則として、実在の事例を素材にした架空のものである。

　本書を通して、私たちが明らかにしたいことは、犯罪・非行の被害者とその家族だけでなく、犯罪者の家族、非行少年の家族、触法精神障がい者や行為依存者の家族、そして冤罪被害者の家族もまた往々にしてバッシングを受ける等の被害を受けており、ある意味では、純然たる被害者であって、その被害への適切な手当てがなされるべきことである。さらには、冤罪被害者に刑事手続を通してさまざまな被害が積み重ねられているだけでなく、犯罪者等の当事者には、それに加え、それ以前に往々にしてさまざまな被害が積み重ねられていることを前提に、そうした被害の防止に向けた対策や犯罪等への適切な対応が検討され、実施されねばならないことである。

　本書の読者層として主に想定されているのは、日本各地の大学にある社会福祉系学部や専門学校において開講されている、刑事司法と福祉といった名称を冠せられている講義の受講者である。もともと、岡田と阿部さんがそれぞれこうした講義を担当しており、その教科書として本書は企画された。そこで、初学者の便宜を図るために、Part1からPart5の冒頭には、当該Partで学んでほしいことを掲げ、巻末には、難解な専門用語や制度を簡潔に紹介する用語集もつけた。また、個人的には、刑事政策や犯罪学の講義における副読本としても活用できるように、刑事・少年司法に関する諸制度とその実務運用についても可能な限りリアルな叙述に努めた。しかし、こうした講義の受講者だけでなく、すでに、犯罪被害者を始めとして、刑事法をめぐるさまざまな被害の当事者およびそのご家族等を支援している専門職の方にとっても読みごたえのあるものとなるように心がけたつもりである。本書が幅広い方々に読まれることによって、刑事法をめぐる被害を減らし、そうした被害の埋め合わせとなる支援が拡大することの一助となれば、執筆者の一人として、これに勝る喜びはない。

　もっとも、以上のような本書の性格上、脚注で、参照すべき文献を網羅的に

挙げることはできず、受講者が参照しやすいものを挙げるに止めざるをえなかったことについては、どうかお赦しいただきたいと思う。特に研究に活用されたい読者には、挙げられた文献を手掛かりに、さらに幅広い文献を渉猟していただきたい。

　最後になるが、本書が成るに当たっては、現代人文社の齋藤拓哉さんから、細部にわたる原稿のチェックを始め、刊行に向けて辛抱強く種々の作業を担っていただく等、さまざまなご尽力を頂戴した。齋藤さんのお力なくしては、本書が世に出ることはなかった。改めて、齋藤さんのご尽力に心より感謝申し上げる次第である。

2024年3月18日
岡田行雄

※　本書は、学術研究助成基金助成金（基盤研究(C)）「性非行少年の同種再非行防止に効果的な諸機関連携に関する基盤的研究」（課題番号:23K01150）の成果の一部である。

CONTENTS

Part 2 「加害者」とその家族の被害

Part 3 「非行少年」とその家族の被害

Part4 触法精神障がい者・行為依存者とその家族の被害

Part 5 冤罪被害者等とその家族の被害と「被害」

凡　例

- 判例・裁判例は、たとえば、「最高裁判所令和6年5月30日判決」の場合、「最判令6・5・30」と記した。
- 年については、原則として西暦で表記した。
- 註は註番号近くの頁に傍註として記した。
- [→●頁]とは、「本書の●頁以下を参照」を意味する。
- 単にWOHと記している場合、特定非営利活動法人（NPO法人）World Open Heart の略称である。
- 本書に登場する事例は、原則として、執筆者が実際に関わった複数の事例を組み合わせ、個人が特定されないよう配慮した架空の事例である。

Introduction

はじめに

　日本の刑法や、道路交通法に代表される特別刑法に基づいて、さまざまな行為が犯罪に当たる旨が定められている。

　こうした犯罪によって、傷つけられる人々が生まれる。犯罪被害者およびその親族（以下、被害者等）が、真っ先に私たちの頭の中に浮かび上がる。しかし、犯罪そのものによる被害だけではなく、それに起因したさまざまな被害を受けることもある。主たる生計の担い手が犯罪被害によって働けなくなったり、亡くなったりした場合には、収入が激減、あるいはなくなるという、経済的な被害がその典型である。

　しかし、こうした被害のきっかけを作ってしまった犯罪者が、罪を犯す以前にさまざまな被害を受けていたことはあまり知られていない。非行少年については、その非行以前にさまざまな虐待被害を受けている場合が少なくないことが、『犯罪白書』等で明らかになっている。いわば幼少期から、犯罪被害を受けてきたにもかかわらず、そうした犯罪被害には何らの手当てもなされないまま、さらに被害が積み重ねられるうちに、ささいなきっかけから重大な事件を引き起こすことも指摘されている[1]。

　それでは、20歳を超えて少年法の適用がなされない者の場合はどうであろうか？　この場合、少年の場合以上に被害が積み重ねられていることが少なくないことは容易に想起できよう。現実に、刑務所を出た後に居場所がない元受刑者を引き受けている、自立準備ホームには、幼少期の頃からさまざまな被害が積み重ねられたにもかかわらず、何ら適切な手当てや支援も受けられないま

---

[1]　具体例については、岡田行雄編『非行少年の被害に向き合おう！』（現代人文社、2023年）16頁以下参照。

ま、50代になっても罪を犯してしまう者もいるのである[2]。

　ところで、こうした犯罪者や非行少年の家族も、犯罪や非行がインターネット等を通して喧伝されることを契機に、その周囲の者や見知らぬ他人から、さまざまなバッシングを受ける。その結果、犯罪者や非行少年を支援するどころではないという加害者家族[3]も少なくない。

　このように、犯罪者や非行少年のみならず、その家族までもさまざまな被害を過去に受け、さらに事件後もさまざまな被害を受け続けることは、実は、薬物依存や精神障がいを背景に、刑罰法令に触れる行為（触法行為）に走った場合にも当てはまる。

　しかも、周囲や見知らぬ者からのバッシングは、被疑者が逮捕されたことが大々的に報じられることをきっかけに生じるので、実は、その被疑者が罪を犯していなかったという場合も、その被疑者・被告人とされた者だけでなくその家族までもさまざまな被害を受けることになる。

　以下では、以上で挙げたさまざまな被害を少し詳しく見ていくことにしよう。

犯罪被害者の被害

1　犯罪そのものによる被害

　最初に、犯罪被害者の被害から考えてみよう。まず、犯罪によって生命が奪われる、身体が傷つけられる、財産が奪われるといった、典型的な犯罪被害が挙げられる。加えて、いわゆる性犯罪によって、性的自由（自己決定）が侵害さ

2　岡田・前掲註1書168頁以下参照。

3　日本のさまざまな刑事法において、加害者家族には、近親者である被疑者、被告人、受刑者、非行少年等を支援する法的地位が与えられているにもかかわらず、現実には支援どころではないという、日本の刑事法が抱えている課題については、岡田行雄「『加害者家族』に依存する刑事法の再検討に向けた序論的考察」熊本法学157号（2023年）79〜83頁参照。

れるだけでなく、そもそも人としての尊厳が傷つけられることも重大な犯罪被害といえる。

2　可視化されにくい被害

こうした客観的に可視化されやすい被害だけでなく、名誉毀損罪や侮辱罪に該当する実行行為がなされることによって、誹謗中傷を受け、被害者の内心や名誉感情等がひどく傷つけられることもある。侮辱罪等は法定刑が比較的軽いとはいえ、被害者本人にとっては、重大な犯罪被害となりうる点が忘れられてはならない。このことは、性犯罪によって、たとえ身体に傷害を受けなかったとしても、被害者の内心には、トラウマという形で重大な被害が残り続ける場合にも妥当する[4]。これらは犯罪によって生じる可視化されにくい被害といえる。そうであるがゆえに、その被害を周囲に訴えたとしても、なかなか周囲から理解されにくいものともいえよう。

3　経済的な被害とその積み重なり

こうした犯罪から直接ないし間接に生じる被害から回復するために、犯罪被害者に医療や治療が必要となることもある。その治療にかかる費用は、経済的な被害といえる。犯罪被害者がその被害によって稼働できなくなる、あるいは、収入が減少する場合には、これも経済的被害といえよう。とりわけ、生計の担い手であった犯罪被害者が犯罪によって亡くなった場合のご遺族にとっては、その直後の葬祭も含めて、経済的・精神的な打撃は甚大といわなければならない。そして、このような意味での経済的被害が生じた場合に、適時な経済的支援が受けられなければ、経済的被害が大きくなるだけでなく、身体的・精神的な被害がさらに積み重なる場合があることも忘れられてはならない。したがって、犯罪被害者等給付金の支給に時間がかかることによっても、犯罪被害

---

[4]　当時、強姦と位置づけられていた性犯罪の被害者が負ったPTSD症状等については、小西聖子『犯罪被害者の心の傷』(白水社、1996年)58頁以下参照。

者にはさまざまな被害が積み重ねられることが想起されるべきである。こうした被害と、天災の被害を受けた者に適時の支援がなされないことによって被害がさらに積み重ねられることとは、その構造が同じといえよう。

4 刑事手続における被害

加えて、犯罪被害者等が、刑事手続において、捜査官等から、犯罪被害者等にも落ち度があった等の不適切な言動によって余計に傷つけられることもありうる[5]。これも、犯罪被害者等に生じる受忍されるべきではない被害の一つに数えられねばならない。捜査を行うにあたっては、犯罪被害者等の心情を理解し、その人格を尊重しなければならない等の定めが置かれており（犯罪捜査規範10条の2）、取調べにおいて犯罪被害者等をないがしろにする等の不適切な言動は、妥当なものとはいえないからである。

犯罪に関わることで受けるさまざまな被害

1 参考人や証人として受ける被害

犯罪によって被害を受ける者は、犯罪被害者やその親族には限られない。刑事事件を目撃し、参考人として、捜査機関等から聴取を受け、あるいは、裁判所に証人として呼び出され、証言を求められる人達には、被疑者・被告人に近しい者等から威迫を受ける等の被害が生じることもある。また、犯罪被害者等と同様に、捜査機関の不適切な対応によって余計な被害を受ける場合もある。

2 「加害者」家族が受けるバッシングとそれが引き起こすさまざまな被害

近親者が被疑者・被告人となり、最終的に有罪判決が確定し、刑事施設に収

---

[5] 犯罪被害者のご遺族が、捜査機関の不適切な言動によって余計に傷つけられたケースは枚挙に暇がないが、さしあたり、毎日新聞社会部『隼君は8歳だった―ある交通事故死』（毎日新聞社、1999年）頁参照。

容される場合、そこに至るまでに、その家族は、近親者の逮捕が報道されたこと等を契機に[6]、周囲の人々、あるいは、見ず知らずの他人からさまざまな誹謗中傷等のバッシングを受けることが少なくない。こうしたバッシングは、たとえ、その近親者が軽微な被害の窃盗等の罪で逮捕される場合であっても生じる。また、逮捕時の実名報道記事がインターネット上にアップされてしまえば、即座に被疑者の情報があちこちから寄せられ、それがいわゆる「まとめサイト」にまとめられる。さらに、それが拡散されてしまえば、消去することは極めて困難であって、いわゆるデジタルタトゥーとして半永久的に残ることになる。それは、後日、冤罪であったことが明らかになったとしても消えるわけではない。その意味で、冤罪被害者をも含む意味での「加害者」家族(以下、家族)にはいつまでもバッシングが及ぶ構造がある。

　こうしたバッシングの結果、家族は外出する力さえ奪われてしまうことになる。加えて、新聞記者やカメラマン等の報道関係者が、そのコメントを求めようとして家族の住居に押し寄せる、いわゆるメディアスクラムの状況になれば、家族はますます外出できなくなってしまう。そうすると、家族は、メディアスクラムから逃げるために、引っ越しや所有する不動産の処分を強いられることになる。あるいは、家族が、周囲から孤立し、最悪の場合、自殺に追い込まれることもありうる。

　たとえ、近親者が犯罪者であったとしても、自らが犯罪構成要件に該当する行為を行ったわけではない家族には、何ら刑法上の責任はない。家族にも刑法上の責任を問うべきだとの感情は、明治時代以前から日本に存在してきた団体責任、連帯責任から生じているものというほかない。こうした団体責任は、明治時代以降に日本にも導入された近代刑事法における個人責任の原則とは、絶対にあいれないものである。したがって、家族がバッシングを受けねばならない刑法上の根拠はなく、バッシングやそれに起因するさまざまな被害を受ける

6　阿部恭子によれば、加害者家族がさまざまなバッシングを受けるかどうかは、被疑者とされた近親者の刑事事件が報道されるかどうかで決まるとされる。阿部恭子『息子が人を殺しました』(幻冬舎、2017年)62頁以下参照。

家族は、犯罪被害者と同じ地位にあるというべきなのである。

なお、少年法61条は、少年審判に付された少年を推知できる報道を禁じており、この規定は少年が被疑者として捜査の対象となっている段階にも当てはまると解されているので[7]、一見すると、少年が被疑者として逮捕された報道によって少年の家族がバッシングを受けることはないようにも思われる。しかし、少年が被疑者となった場合であっても、逮捕されると、やはり家族は、上に挙げたさまざまな被害を受けることになる。というのも、とりわけ重大な事件の場合を中心に、少年の実名は報道されないにもかかわらず、事件に関する情報が大々的に繰り返し報じられることとインターネット上でそれが拡散されることを通して、容易に少年本人が特定されてしまい、結果的に加害者家族も特定されてしまうからである[8]。

3　冤罪被害者の被害

被疑者として逮捕・勾留されて、社会から隔離されると、就学や就業を継続することが極めて困難になり、退学や退職という形で、それまでのキャリアをふいにさせられる。その後、刑事裁判の結果、刑務所に収容されることになれば、さらに社会から隔離され続けることになる。

実際に罪を犯した者であって、刑事訴訟法（以下、刑訴法）に基づいてなされた正当な強制処分や刑罰であるならば、こうした社会からの隔離はもちろん正当なものである。したがって、一見すると被害のように見えるが、それは受忍されるべきものであって、これまでに見てきた被害とは異なる。

しかし、実は、誤って被疑者・被告人、犯罪者とされた場合にまで、こうした社会からの隔離やそれによって生じるさまざまな被害が受忍されるべきとは到底いえない。しかも、冤罪が明らかになったとしても、逮捕時以降に実名報

---

[7]　田宮裕＝廣瀬健二編『注釈少年法［第4版］』（有斐閣、2017年）522頁参照。

[8]　少年が被疑者になった場合であっても、加害者家族がさまざまな被害を受ける実例については、岡田行雄「少年事件から考える加害者家族支援」阿部恭子編『少年事件加害者家族支援の理論と実践』（現代人文社、2020年）24〜26頁参照。

道され続けたことによって押された烙印はなかなか消えない[9]。つまり、嫌疑なし不起訴処分や無罪判決で冤罪であることが明らかになったとしても、冤罪によって生じた被害が積み重ねられることが少なくない。したがって、誤って刑事手続の対象とされ、受刑させられることになった冤罪被害者とその家族が受忍されるべきではない被害を受け続けていることも認識されねばならない。

非行少年、犯罪者、触法精神障がい者等が 受けてきたさまざまな被害

1 非行少年の場合

上で見たように、犯罪ないし刑事事件に関わりを持ったがゆえに、違法な行為等によって被害を受ける人々がいる。

しかし、非行少年の中には、非行に走る以前に、虐待被害等のさまざまな被害を受けている者が多数いることが、20年以上前から明らかになっており、その傾向は今も続いている[10]。なお、『令和5年版犯罪白書』によると、統計上は、2022年では、男子少年の40.3％が何らかの虐待被害を受けており、女子少年の場合は、それが69.7％となっている[11]。しかし、虐待被害に少年が気づいていない可能性や、気づいていても、それを申告していない可能性もあるため、少年院在院者に占める被虐待経験者の割合はさらに高いと見るべきである。

虐待行為は犯罪に当たることが多いが、他にも、犯罪に当たるといえる被害に、学校等における、いじめや体罰による被害がある。さらには、虐待被害を受けた子ども等が行政機関によって入所させられる児童福祉施設や、家庭裁判所によって送致される少年院において、職員から虐待を受ける場合もある。い

9　冤罪被害者が無罪判決を得ても、なかなか就職先が見つからない等、差別や偏見に苦しむことについては、大日方信春ほか「シンポジウム『冤罪被害者と犯罪被害者を結ぶ』」熊本法学153号（2021年）48〜50頁参照。

10　重大な事件に走った非行少年には、その前に、埋め合わせられることのなかったさまざまな被害が積み重ねられていることについては、岡田・前掲注1書12〜19頁参照。

11　法務省法務総合研究所『令和5年版犯罪白書』（2023年）150頁参照。

くつかの児童養護施設や広島少年院で起こった事件[12]は著名であるが、それらも氷山の一角に過ぎない。こうした被害も、非行少年は非行以前に受けているのである。

　また、犯罪とはいえない作為や不作為によって被害を受けている場合もある。たとえば、作為の例としては、学びたい学校から排除されたり、逆に、やりたくもない塾や習い事を親から強制されたりという被害がそれである。他方、たまたま行政機関が子どものボーダーライン上の知的障がいや発達障がい等に気がつかずに、なされるべき障がい認定がなされなかったために、適切な支援を受けることができなかったという不作為による被害が積み重ねられてきた非行少年もいる。こうした被害は必ずしも犯罪によるものとはいえないが、憲法で保障されている教育を受ける権利や生存権が侵害されたものであって、やはり受忍されるべきものとはいえない点が留意されるべきである。

2　20歳を超えた犯罪者の場合

　非行少年に積み重ねられた受忍されるべきではない被害は、20歳を超えた犯罪者の場合にも積み重ねられていることは少なくない。むしろ、年齢を重ねるほどに、そうした被害やその被害への埋め合わせのなさも重なるために、積み重ねられた被害体験は、非行少年の場合より、さらに重く大きなものとなっているというべきである。

　たとえば、20代から性犯罪を繰り返し、何度も刑務所に行き、50代で行き場がなくなってしまった男性の場合、小学生の頃に父親から性的虐待を受け、その被害を相談した学校の教師からも話を聞いてもらえないという、さらなる被害を受けていたという[13]。この男性を引き受けた自立準備ホームの代表を務める千葉龍一は、本人の気づかれない障がい、そして、その両親にも発達障がいや精神障がいがあり、虐待被害が生じており、しかも、支援する立場の者も、

12　広島少年院事件についての詳細は、菱田律子「少年院法改正に寄せて　私の『広島ノート』―広島少年院不適正処遇事案の記憶―」矯正講座34号（2014年）1～19頁参照。
13　千葉龍一「自立準備ホームから見える被害」岡田・前掲註1書164～165頁参照。

虐待被害を受けた者がどうして普通のことをできないのかが理解できず、さらに被害を与えてしまうといった被害が積み重ねられる構造を指摘している[14]。

　近時、いわゆる入口支援・出口支援の対象とされる、累犯障がい者といわれる人々にも、このような被害が積み重ねられていることが少なくないといえよう[15]。さらには、知的障がいや発達障がいが認められない場合であっても、貧困であるのに生活保護を受給できなかった等の被害が積み重なる中で、支えてくれる家族までも失っていくという構造も指摘されている[16]。経済的困窮と孤立に加えて、教育を受けることができず、社会的サービスにアクセスすることもできないことを要素とする社会的排除の被害を受け続けている場合等が、その典型例ということもできよう[17]。

3　触法精神障がい者等の場合

　刑法39条に定められた、心神喪失や心神耗弱に該当するか否かが問題となる、触法精神障がい者の場合も、やはり、幼少期の被虐待歴等の、受忍されるべきではない被害が積み重ねられていた場合があることが指摘されている。

　また、精神障がい等に苦しみその治療を受ける過程で、余計な投薬等の過剰な医療や、親等の都合で医療保護入院がなされ、本人が望みもせず、かつ、不適切な社会からの隔離がなされる等の被害を受けることもありうる[18]。他方で、妄想等の精神障がいの症状が出ているにもかかわらず、適切な精神医療を受けることができなかった、いわば医療ネグレクトとでもいうべき被害が積み重ねられている場合もある[19]。

14　千葉・前掲註13論文170～171頁参照。
15　山本譲司『累犯障害者』(新潮社、2006年)には、そのような具体例が示されている。
16　掛川直之『犯罪からの社会復帰を問いなおす』(旬報社、2020年)71～86頁参照。
17　社会的排除については、安田恵美「高齢出所者等の特性に応じたよりそいのあり方」金澤真理他『再犯防止から社会参加へ』(日本評論社、2021年)17頁参照。
18　佐賀バスジャック事件を犯した少年がこうした被害を受けていたことについては、岡田行雄=山口由美子「少年犯罪被害者になって」熊本法学149号(2020年)84頁参照
19　憤激のあまり被害者の胸部等を菜切庖丁で突き刺した被告人に心神喪失が認められた裁判例において、被告人は、その以前から飲酒した被害者から理由なく暴行被害を受けていたうえ、事件

薬物の影響で、精神障がいと同様に、幻覚や幻聴に苦しむ者もいる。その中には、覚醒剤の自己使用の罪等を犯した、薬物依存の状態にある犯罪者もいる。こうした薬物依存状態にある者も、幼少期に虐待被害を受けたこと[20]、トラウマ体験があったこと等の受忍されるべきではない被害が積み重ねられてきたことが指摘されている。

被害と「被害」

ところで、ここまでで取り上げてきたさまざまな被害のうち、犯罪被害者が犯罪者や非行少年から直接受けた被害の場合は、捜査機関の捜査によって客観的に明らかにされているものがほとんどである。こうした被害は、ある意味、周囲から承認されている被害ということもできる。しかし、それ以外の場合は、被害が明るみに出ること自体に困難を伴うものも少なくない。特に、性的虐待の被害体験等は、よほど信頼できる者に対してのみ、しかも、長い時間をかけてようやく口にすることができるものといわなければならない。たとえば、いじめ被害であっても、当初は信頼できる親や教師に打ち明けたところ、取り合ってもらえなかったことが積み重なると、その被害を誰にも話せなくなってしまうことは容易に想起できよう。こうして、いわば自らに封じ込められた体験を無理やり明るみに出そうとすることは、それこそ二次被害を引き起こすものであって、断固避けられねばならない。

このように、本書で取り上げるさまざまな被害の中には、被害を受けたものの、そのことをいまだ誰にも言えないままの、いわば隠れたままのものもありうる。あるいは、被害を受けながらも、それが被害と意識されていないために

直前にも30分にわたって暴行被害を受けていたことが明らかにされている（大阪地判昭46・7・1判例時報656号103頁）。なお、この事案については、林美月子『情動行為と責任能力』（弘文堂、1991年）132〜134頁も参照。

20 薬物依存からのリハビリに向けてDARCを利用している女性が身体的虐待、心理的虐待、性的虐待等の被害を受けていたことについては、上岡陽江＝ダルク女性ハウス『生きのびるための犯罪（みち）』（イースト・プレス、2012年）41〜44、62〜63頁参照。

表出されないものもありうる。これらを表現する場合は、「被害」と表記することについてご理解いただきたい。

　また、犯罪者や非行少年の中には、適正手続が保障されたうえで、いわゆる実刑判決や保護処分決定を受けて、矯正施設に収容されたこと、あるいは、刑事施設において適法になされた懲罰を受けたこと等をも「被害」と捉えることもありうる。これらは、ある意味、受忍されるべきものであって、本書で基本的に取り上げられる、受忍されるべきではない被害とは区別される必要がある。しかし、本人はこれも被害として認識しており、被害者としての強い感情、言い換えれば被害感を有している場合も少なくない。こうした受忍されるべきものであっても、受忍されるべきでない被害の上にそれが重ねられていると、本人にはすべてがいっしょくたのものと受け止められてしまい、ある意味、不幸な、受忍されるべきものも含めて、それにどう向き合うべきかを、本人を支援する者が考えなければならない場合もある。そこで、本書では、こうした受忍されるべきものも「被害」と表記する。この点についてもご理解いただきたい。

本書を通して考えていただきたいこと

　以上で見てきたように、犯罪被害者が当該犯罪をきっかけにさまざまな被害を受けるだけでなく、刑事事件で参考人や証人として被害を受けることもあるうえに、そもそも、非行少年、犯罪者、触法精神障がい者等も、その事件以前にさまざまな被害に遭っている場合が少なくないことが明らかになった。

　しかも、こうした被害は、犯罪被害を筆頭に、そもそも受忍されるべきものではない。つまり、その埋め合わせとなる補償や支援等が受けられるべきものといえる。しかし、たとえば、犯罪被害者への補償等が迅速に行われているのであろうか？　あるいは、1980年に立法された犯罪被害者等への給付金の支給制度は、そもそも、十分に機能しているのであろうか？　これらの疑問は、被害者が証人等として被害を受けた場合にも妥当する。

　次いで、加害者家族が事件報道をきっかけにさまざまな被害を受けた場合

に、その補償は受けられているのであろうか？　加害者家族が社会の耳目を避けて生活せざるをえないのであれば、名誉毀損等に当たるバッシングを受けたとしても、その加害者に損害賠償請求を行うこと自体が不可能に近いことは想像にかたくない。それでは、加害者家族が孤立無援のままで被害を受け続けることは、刑訴法が被疑者・被告人の配偶者等の親族に、重要な権利行使を認めていることとの関係で見た場合にも、妥当なのであろうか？　仮に、加害者家族にも支援が受けられる必要があるとすれば、それはどのような法的根拠に拠るべきなのであろうか？

冤罪被害者の場合、たしかに、刑事補償法等によって、結果的に誤りであった身体拘束の期間に応じて、一定の補償を国から受けられるが、それで十分なのであろうか？　犯罪報道によって傷つけられた名誉の回復や、無罪判決等の後も困難な状況にある生活の支援はまったくなされなくてよいのであろうか？

非行少年、犯罪者、触法精神障がい者等が、その問題とされた非行や犯罪行為等の以前に受けていた犯罪被害等の受忍されるべきでない被害が累積されていることについては、そもそも圧倒的に知られていないといわなければならない。というのも、そうした受忍されるべきでないさまざまな被害が捜査段階や裁判所における手続の段階で報じられることはまずないからである。こうしたさまざまな被害が明るみに出るには、上で指摘したように、弁護人等、当事者にとって信頼できる者が長い期間関わり続ける中で相当の時間の経過が必要な現実がある。しかも、たとえ弁護人等信頼できる者が長期間関わったとしても、当事者が被害を打ち明けることができないことも少なくはない。こうして、被害を受けていたとしても、「被害」とならざるをえない場合もある。

その上、非行少年、犯罪者、触法精神障がい者等が、そうした被害を受けていたことが、弁護人等の献身的な努力を通して証拠等によって明らかになったとしても、それは同時にその被害を埋め合わせる支援等をまったくといっていいほど受けられなかったことが明らかになることと同義であるといってよい。しかし、そうしたことすら裁判や審判の場では取り上げてもらえず、埋もれたままとなっていることが圧倒的に多いといわなければならない。

それでは、非行少年等に累積されてきた、受忍されるべきではない被害はまったく無視されてよいのであろうか？　そうした受忍されるべきではない被害が、非行少年等に積み重ねられ、何の埋め合わせもなされてこなかったことが明らかになった場合でさえも、ただ、少年法、刑法・特別刑法、刑訴法、心神喪失者等医療観察法、精神保健福祉法に基づき、粛々と処分なり強制入院なりがなされることは妥当なのであろうか？

　私たちには、人が、刑事事件・少年事件に関わりを持つ過程で、あるいは、それ以前に、受忍されるべき範囲を超えた被害を受けた場合に、そうした被害にどう向き合うべきかという問いが投げかけられているのである。

刑事・少年司法に関連して
さまざまな被害を受けた方々への支援はどうあるべきか？

　人が、刑事事件・少年事件に関わりを持つ過程で、あるいは、それ以前に、受忍されるべきではない被害を受けた場合、その被害にどう向き合うべきかという問いに対して、仮に、そうした被害への補償を始めとしたさまざまな支援によって、受忍されるべきでない被害に対する埋め合わせがなされるべきだと答えても、それだけでは十分ではない。

　その埋め合わせとなる補償や支援等の現状はどうなっているのか？　そうした現状の補償や支援等で十分といえるのか？　現状の補償や支援等では十分でないのであれば、どのような支援等がなされるべきなのか？　その支援はどのような法的・制度的枠組みで実施されるべきなのか？

　そこで、本書では、以上の問いの答えとなる手がかりを読者に提供することを目的に、以下の各Partで、具体的な事例をまず紹介した上で、その事例に関わる法規・制度と、その運用の現状を踏まえて、被害や「被害」が積み重ねられた人々にどのような被害の埋め合わせがなされるべきかについて若干の考察を行うことにしたい。

Part 1
犯罪・非行の「被害者」と
その家族の被害

犯罪被害者への支援は当たり前と言われるように
なったが、犯罪被害を受けているのに被害者と認め
られないだけでなく、加害者扱いさえされる事例も
ある。被害者家族は加害者家族でもありうる。被害
者とは誰なのか？　被害者とその家族への支援はい
かにあるべきなのか？

■被害実態編

事例1　虐待死事件の遺族

1　事件が分断した家族

　「これからどうやって生きていけばいいのか……」

　加害者家族ホットラインにかかってきた一本の電話は、世間の耳目を集めている小学生が虐待死させた事件の加害者家族からだった。

　「私はさくら（被害者・仮名）の伯母で、奥田光一（加害者・仮名）の妹です」

　相談者の鈴木里奈（仮名・30代）は、連日、自宅に詰めかける報道陣の対応に苦慮していた。

　「昨日は両親が、週刊誌の取材の車に追いかけられて、警察署に逃げ込んだんです。でも、重大事件の容疑者の家族は保護できないと言われて……。とにかく、話だけでも聞いてもらえるところはないのかと思って、インターネットで見つけたんです」

　家族が住む自宅は報道陣に囲まれ、繰り返しチャイムが鳴っていた。

　「私たちもよくわからないんです……」と母親が怯えながら答えると、「一緒に住んでたんでしょ？　わからないっていうことはないでしょうが」と、記者から厳しい質問が飛んできた。

　加害者との面会は家族も認められておらず、何が起きたのかよくわからないまま報道陣から身を隠す生活が始まった。しばらくは病院に行くことも、食料を買いに行くことすらできなかった。しばらくして一家は転居を余儀なくされ、平穏な生活は地獄に変わった。

　里奈を支えてくれる人は少なくなかったが、周囲を騒がせ多大な迷惑をかけてしまっていると思うと、どこに行っても肩身が狭く、人前に出ることが辛かった。それでも、里奈には子どもがおり、子どものためにも生活を続けてい

かねばならず、自宅に閉じこもっているわけにはいかなかった。

　「子どもたちは、いつもさくらと一緒にお風呂に入ったり、一緒の布団で
　眠ったりしてました」

里奈の子どもたちは、さくらを本当にきょうだいだと思っていた。

　「さくらちゃん、次いつ来るの？」

死を理解できない、幼い息子の言葉に、里奈は胸が痛んだ。

　「さくらちゃんはね、お空に行ってしまって、もう戻って来ないんだよ
　……」

里奈の子どもたちは、叔父にあたる光一にもよく懐いていた。しばらく顔を
見せない叔父のことも気にかけていたのだ。

　「この子たちも、事件の被害者だと思うんです。これだけ大きな事件なので、
　いつかはすべてを知るときが来ます。どれだけショックを受けるのかと思
　うと、想像するだけで苦しいです……」

事件報道では、愛らしい笑顔のさくらと光一が逮捕されたときの写真が幾度
となく放送され、親子は天使と悪魔に分断された。

　「私たち家族にとっては、ふたりとも普通の人間でした。当然、良いとこ
　ろも悪いところもあります。被害者と加害者になってしまった以上、仕方
　のないことかもしれませんが、報道を見ていると、ふたりとも私たちの知
　らない人になっていくような気がしています」

SNSで光一は、昔から弱い者いじめをしており、里奈をいじめていたという
書き込みもあった。

　「いじめられたことはありません。なぜ、そういうことになるのか、心当
　たりはありません。きょうだい喧嘩をすることもありましたが、普通のきょ
　うだいです」

事件が起きると、加害者やその家族に関する情報は、加害性を裏づけるよう
なネガティブな情報ばかりが集まる。世間の人は無責任にさくらに同情し、光
一を糾弾するが、遺族であり、加害者家族にもなってしまった里奈と両親は、
そうした心ない言葉に胸を痛めていた。

2 加害者と被害者の間で……

　事件前、光一は、就職先で出会った同僚の夏美(仮名)と交際するようになり、結婚した。すぐにさくらが長女として誕生するが、夏美は、双極性障がいという病を抱えており、さくらが産まれてから精神状態が不安定になり、さくらの養育ができなくなった夏美は、さくらを両親に預け、光一と別居するようになった。8年後、夏美は実家を出て光一の下に戻り、さくらと3人で生活をするようになった。光一と夏美には、第二子が産まれた。

　里奈は、さくらから「夜にパパに立たされる」「蹴られる」と聞いたことがあった。確かめると光一は、「そんなことしていない。部屋が狭いからぶつかったんだ」と話していた。さくらが突然、泣きながら里奈に電話してきたことがあった。迎えに行くと、さくらはお腹を空かせ、しばらく風呂に入っていない様子だった。「さくら、ごめんね。一緒に帰ろう」。里奈はさくらを抱きしめ、自宅に泊めることにした。

　光一は児童相談所に通報され、さくらはしばらく里奈と祖父母と生活することになった。児童相談所による一時保護が解除され、さくらが光一と夏美の家に戻ることになった後、事件が起きた。

　光一は、さくらに食事を与えず、冷水を浴びせるといった暴行を加え、虐待死させた。公判では、里奈と母親は検察側の証人として出廷し、母親は弁護側の情状証人としても証言した。

　夏美は傷害幇助罪で逮捕起訴され、執行猶予付き判決を受け、光一は傷害致死罪等で懲役16年の判決が下された。

3 コメント──被害者に権利を告知することの必要性

　光一と夏美の長女さくらが虐待により死亡し、光一と夏美が逮捕されたことにより、光一および夏美の両親は被害者遺族かつ、加害者家族となった。光一の家族は、事件直前、さくらと同居していたことから、捜査側からは事件の事情を知りうる家族とみなされ、結審するまで接見禁止が解けなかった。

　里奈と光一の父親は、検察庁でさくらが虐待されている映像を見せられ、あまりの衝撃に、映像が頭から離れず、不眠や食欲不振に陥ってしまったが、精神的なケアといった一切の被害者支援は提供されていない。

　公判では、妹の里奈は検察側の証人となり、光一の母親は検察側の証人と弁護側の証人の両方を引き受けざるをえなかった。検察側・弁護側双方、彼らを証拠のひとつとしてしか見ておらず、双方にとって有利な情報を引き出すだけで、複雑な家族の心情にはまったく配慮がなかった。

　家族間で事件が起きた場合、一家の中でも被害者側として厳罰を求める家族と、加害者側として減刑を求める家族に分かれることがある。決定は、個人に委ねられるべき問題であり、家族だからといって必ずしも同じ立場に立たなければならないわけではない。本件のように、被害者が、同時に加害者家族でもある場合、被害者として保障されるはずの権利を認識できていないケースは少なくない。したがって、捜査段階および公判段階において被疑者・被告人同様、被害者としての権利が告知されるべきである。

事例2　未解決事件の家族

1　悲劇のヒーローから一転、犯人視される父親

　「いつになったら、私たちは被害者として救済される日が来るのでしょうか……」

　遠藤和夫（仮名）の長女・萌（仮名）は、ある日突然、行方不明になり、いまだに消息がわかっていない。捜査が進展しない中、和夫はどんな小さな手掛かりでもほしいと、一時、積極的にメディアに出演して情報提供を呼び掛けていた。世間から同情が集まり、和夫は悲劇のヒーローとして地元では議員に推す声まで上がった。

　「萌がいなくなってから仕事に集中できなくなってしまい、出馬については前向きに検討していました。捜索活動を通していろいろな方と話をする

のは気が紛れたし、私が少しでも有名になれば、情報が集まるのではない
　　かとも考えました」
　ところが、メディアでの露出が増えるにつれて、ネットの掲示板では、和夫
は事件を利用した売名行為だとバッシングされるようになり、和夫が犯人では
ないかという書き込みまで現れた。
　ある日、和夫が警察から呼び出しを受けると、警察には、和夫が萌を虐待し
ていたという情報が多数寄せられているというのだ。
　　「萌ちゃんには障がいがあって、育てにくかったのではないですか？　お
　　父さんは随分と厳しく接していたようですね」
　これまで被害者として接してくれていたはずの警察は、途端に和夫に疑いの
目を向けるようになっていた。
　妻が電話に出ると、「人殺し！」　そう言って電話を切る人もいた。
　　「萌ちゃん事件は、両親が障がい者の娘を疎ましく感じて殺した可能性が
　　高い」
　　「○○山は、暴力団がよく死体を遺棄する場所。あそこに捨てたら見つか
　　らないだろう」
　本件に関するネットの掲示板では、和夫が犯人だと疑う書き込みが日増しに
増えていった。
　　「父親は飲み歩いてたからね。娘がいなくなった父親とは思えない」
　　「妻子ほったらかしてテレビ出ていい気になってる」
　家に籠る妻と活動的な夫との間には距離ができ、娘の失踪は、夫婦関係もぎ
くしゃくさせていた。地元で有名人になってしまった和夫の行動は逐一、ネッ
トに報告され批判された。
　和夫への同情の声は、すでに嫉妬へと変わっていた。
　　「家に帰れば妻と口論になるし、飲み歩いていた時期もありましたよ。テ
　　レビに出れば売名だと批判されますが、すべて萌の情報を集めるためです。
　　娘がいなくなったんです！　戻ってくるなら悪魔にだって魂を売ります
　　よ！　私たちは必死なんです。上品なことばかりしてはいられません」

　和夫は、無責任な世間の声に耳を貸すことはなかったが、萌の失踪に関する有力な情報は得られないまま、和夫の自宅には見知らぬ車が止まっていたり、カメラを向ける人々がたびたび訪れたりするようになった。

　ある日、妻からの電話で和夫が慌てて自宅に戻ると、庭に見知らぬ男性が入ってきていた。

　「遺体をどこかに隠してるんだろう！　早く自首しなさい！」

　すぐに警察を呼んだが、侵入者は注意されるだけで逮捕されることはなかった。嫌がらせが止まず、身の危険を感じるようになった一家は、転居を決意した。

2　コメント──失踪者家族のケア

　事件は、かつて気がつくことのなかった家族の一面をあぶり出すことがある。事件後の和夫の発信力は多くの人に賞賛される一方で、嫉妬から批判を招いた。草の根の活動に協力していた人々も、和夫がメディアで注目されるにつれて離れていき、家族は徐々に地域で孤立していった。

　失踪者家族の中には、捜索活動に必死になるあまり周囲の人々との間で対立が生じ、家族関係が悪くなるケースも少なくない。

　崩壊しかけた一家に対し、「今のご家庭は、萌ちゃんが戻ってきたいと思えるお家でしょうか？」という筆者の問いかけに、遠藤夫妻は「もう一度、萌がいた頃の家庭を作り、萌を待ちたい」と新しい土地での家族生活をスタートさせるに至った。

　未解決事件の家族たちは、何より事件の解決を望んでおり、捜査が進まない状況に焦燥感を募らせている。支援者はその苛立ちを受け止めながらも、現在、失われつつある生活や人間関係に目を向ける気づきを促すことを意識されたい[1]。

1　失踪者家族のケアについて、中森弘樹「失踪者家族の悲嘆」髙木慶子=山本佳代子『悲嘆の中にある人に心を寄せて―人は悲しみとどう向かい合っていくのか』（ぎょうせい、2014年）144～148頁を参照されたい。

事例3　被害者と被害者家族①
　　　　──恋人同士の間で起きたケース

1　犯罪者でも大切な人

　岡本凛(仮名)は、BBS（Big Brothers and Sisters）活動[2]をしている大学生である。凛が、「加害者」の支援に取り組むようになったのは、大学に入学したばかりの頃の被害体験がきっかけである。

　凛は地方から上京し、都内の大学に通っているが、すべて実家からの仕送りで生活していた。凛は同郷の亮(仮名)と交際を始めていたが、亮の父親は亡くなったばかりだった。事業が上手くいかず、借金苦による自殺だった。

　アルバイトに励む亮を凛は支えたいと、両親には内緒で同棲するようになっていた。ある日、凛がキャッシュカードで家賃を振り込もうとしたところ、残高がないことが発覚した。母親に、まだ入金していないのかと確認すると、すでに振り込んでいるはずだという。残高は、数百円しかなかった。

　凛は慌てて自宅に戻り、貯金してある通帳を探したが見つからなかった。凛は亮に電話をかけ事情を話すと、「俺は知らないよ。泥棒にでも入られたんじゃないか」と言われ、すぐに警察署に向かった。凛の母親もすぐ実家から駆けつけたため、亮と同棲していることがバレてしまった。

　凛の両親は真っ先に亮を疑ったが、凛は否定した。凛の両親は警察に、亮の同居は認めておらず、亮が犯人だと発覚した場合はすぐ逮捕してほしいと申し出ていた。捜査の結果、銀行のカメラには亮の姿が映っており、亮は逮捕されてしまった。

　警察によれば、亮は数十万円を凛の口座から引き出しており、家賃だけでなく、カラオケや飲み会の費用にも充てていた。真相を知り、凛は大きなショックを受けた。

2　法務省所管の更生保護制度における更生保護ボランティア。「非行や生きづらさを抱えた少年たち」を対象とした支援活動。

　実名報道された亮は、大学を退学となり、塾や家庭教師のアルバイトはクビになっていた。凛の両親は、凛に二度と亮に近づかないよう家も転居させていたが、凛は前科者となった亮がこれからどうなってしまうのか心配で仕方なかった。次第に、警察に被害届を出したことを後悔するようになり、その怒りを両親にぶつけるようになった。「『いいよな凛は。親がちゃんと面倒見てくれるんだもんね』という父を亡くして傷ついていた亮の言葉が頭から離れません」。凛は、親の援助を受けて大学に通うことに罪悪感を抱くようになった。BBSの活動は、凛にとって、何もしてあげられなかった亮への「償い」なのだという。

2　コメント──支援者の共依存

　本件では、盗まれた金銭は両親の資金であり、両親も直接の被害者であり、両親が厳しい処分を加害者に求めることも当然といえよう。凛のように、近しい相手から被害に遭ったケースにおいて、後になって被害届を出したことを後悔しているという相談は実のところ少なくない。

　なぜ、事件が起きたのか、加害者本人の責任ばかりを追及するのではなく、社会の責任を問う視点は重要である。しかし、不幸な境遇にある人々が必ず罪を犯すわけではない。亮には、犯罪に拠らずに危機を回避する手段があったはずであり、いかなる状況においても加害行為は正当化されてはならない。責任を負うべきはあくまで加害者本人であり、被害者ではないのである。不幸な境遇に同情するあまり、事件の本質を見失わないことが重要である。亮のように、親の経済事情が犯行の背景にあるケースでは、困窮家庭の子どもへの支援が犯罪を防止する課題となろう。

事例4　被害者と被害者家族②
——子どもが被害に遭ったケース

1　子どもは許しても親は許さない

　「娘が初めて蓮君を家に連れて来たとき、女の子の家についてくるなんて、すでに嫌な予感がしていました……。あんな姿を見てしまうことになるなんて……」

　近藤美波(仮名)の娘・蘭(仮名・7歳)はある日、同級生の男子・蓮(仮名・7歳)を自宅に連れて来た。

　「蓮君がどうしても来たいっていうから……」

　美波は、一時間だけという約束で蓮を家に入れた。

　「蘭ちゃんのお部屋見せて」

　美波は、蓮の言動を図々しく感じた。

　「蘭ちゃん、お部屋で遊んでもいいけど、ドアは開けておいてね」

　美波は、間違いが起きないよう娘に注意を促していた。

　しばらくして、美波が様子を見に行くと、開いていたはずのドアが閉まっていた。美波は思わずドアをあけると、蓮はズボンを下ろしていたのだ。

　「何やってるの！」

　美波は怒りで頭に血が上り、蘭を蓮の側から引き離し、すぐさま蓮を家から追い出した。凛は蓮に、自分の性器に触ってほしいと言われたのだという。蓮から接触を求められたのは、この日だけではなく、学校でも蓮は凛に抱きついたり、身体に触れてくることがあった。

　美波が最も傷ついたのは、事件を話したときの夫の反応だった。

　「蓮君って漫画のキャラクターみたいだな」。そう言って夫は笑っていたのだ。娘が性被害を受けているというのに、無神経な態度に怒りを覚えた。

　蓮の両親が自宅に謝罪に来たときも夫は、加害者の両親を一切咎めることなく、「妻が過剰になっていて申し訳ありません」と、むしろヒステリックになる美波をなだめていたのだ。

　学校側は、蓮を違うクラスに配属させることにした。美波はそれだけでは気がすまず、蓮の家族に転居するよう申し入れ、学校側としても加害児童を登校させないように求めた。

　「もういい加減にしろよ。ちゃんと謝罪してもらったんだから、もういいじゃないか」

　夫はそう言うが、美波はどうしても納得がいかなかった。

　「簡単に許してしまったら、蓮君はまた同じことするわよ」

　蘭も美波を責めるようになった。

　「ママのせいで蓮君と遊べなくなった！　蓮君はそんなに嫌な子じゃないよ。嫌な人はママだよ！」

　美波は家庭でも孤立し、加害児童や家族への憎悪を募らせていった。

2　コメント──被害者家族のケア

　本件において、美波は過去に性被害を受けた経験があり、娘への被害は自らの被害を思い出させるものでもあった。事件の深刻さについて夫との間には深い溝ができ、理解されない怒りは加害者側や学校に向けられることになった。次第に被害を受けた娘との間にも距離が生まれ、美波が家庭で孤立すればするほど、その悲しみは怒りとして加害者への憎悪に変わる悪循環が起きていた。

　美波は状況的には被害者家族であるが、事件を目撃した被害者であり、美波自身が心に深い傷を負っているのである。将来的に、事件が娘の成長に問題をきたすようなことが起こる不安や、加害児童による逆恨みや再犯の不安等、子どもには想像できない悩みを大人は抱えることになる。したがって、傷ついた「親」へのケアが、過剰な制裁に救済を求める歯止めとなろう。

事例5　被害者バッシング①
──賠償バッシングに悩まされる遺族

1　賠償金に群がる人々

　伊藤加代子(仮名・70代)と夫(70代)が暮らすのは、年々、過疎化が進行するA村である。加代子は生まれてから村を出たことはなく、人々が寄り添って暮らす村の生活を愛していた。事故が起きるまでは……。

　ある日、自転車で帰宅していた夫が自動車にはねられ、犯人は逃走したままだという。夫は病院で息を引き取った。その後、村中の人が捜査に協力し、1週間後に犯人は逮捕された。

　急な事故の知らせに、村中の人々が悲しみを寄せ、葬儀にはたくさんの人々が参列していた。事故の知らせを聞いた村の住職はすぐに、かつて見たことのないような立派な葬儀を開いてくれたのだが、

　「あの……、こんな立派なお葬式、家には余裕がありませんから……」

　加代子は内心、費用について心配していた。

　「そんなこと言わないで、村中が悲しんでいるんですから……。支払いは後でかまいませんよ。保険が下りるでしょうからね」

　この時はまだ、住民の善意を疑ってはいなかった。

　ある日、近所に住む人のひとりが加代子を訪ねて来た。

　「加代子さん、うちの夫、ずっと病気で生活が大変なの知ってるでしょ？町の病院まで行って診てもらいたいんだけど、お金がなくて……。なんとか、協力してもらえない？」

　加代子はこれまでお金の相談等、受けた試しがなかった。

　「どうして私に？」

　「ご主人の保険金が入ったんでしょ？」

　加代子はゾッとした。

　「いえ。私は手続に疎くて、息子に任せているからよくわからないの」

　事故後の処理はすべて、東京に住む加代子の長男が担っていた。

「そう……。ご主人を轢いた犯人が捕まるまで、村中が協力したことは忘れないでね」

　住人はそう言い残し去っていった。加代子は嫌な予感がしていた。

　それから加代子の下には、宗教団体や寄付をしてほしいという人が次々と現れるようになった。

　そして、村の住職からは葬儀代として法外な金額を要求された。加代子は息子に相談し、弁護士に対応してもらうことにした。

　それからは、加代子の行動は周囲から逐一監視され、嫌がらせを受けるようになった。ボロボロだった家屋を修理しただけで、壁には「賠償御殿」という落書きがされた。

　住人が悲しみに寄り添ってくれたのは、短い間だけだった。

2　コメント──伝わらない被害者の実情

　被害者に世間の同情が集まる期間はそう長くはないようである。SNS等の反応を見る限り、加害者を追い込む主張の道具にされていると感じることもある。可哀想な人にはずっと可哀想でいてほしいという世間の歪んだ欲求が、賠償金を得た被害者への攻撃を生むことがある。

　賠償額が報道されると、一気に被害者が経済力を得たと、バッシングする人々も存在するが、支払いは民事裁判で判決が確定した後で、確定まで何年も要するケースもある。葬儀、転居、治療等、資金が必要になるのは事件直後であるが、この時期の経済的支援はまったく足りていないのが現状である。こうした被害者の実情は社会に正確には伝わっていない。

　近年、地方自治体の条例により被害者への経済的支援を定めるところも増えているが、バッシングへの恐怖から、小さな自治体では申請をためらう被害者からの相談も少なくない。被害者の権利が保障されるよう被害者が申請しやすいような社会啓発が求められよう。

事例6　被害者バッシング②──告発を責められる被害者

1　人気教師からの性被害

　桜井悟(仮名・30代)は、A高校の人気教師だった。悟に憧れている生徒は多く、田中真理(仮名・当時17歳)もそのひとりだった。真理は、悟が顧問をしている部活動のマネージャーを務めており、他の生徒より悟と接する機会は多かった。打合せのため、悟とふたりきりになる日も続いたある日、真理は悟から性的関係を求められたのだった。突然の事態に真理は困惑し、悟の要求を断ることができなかった。それから真理は、悟とふたりきりになるたびに、性的関係を要求されるようになった。

　真理は性被害を家族に相談し、家族と一緒に警察に行き悟は逮捕された。事件は被害者への配慮から実名報道されることはなかったが、学内ではその話題で持ち切りとなっていた。

　真理が悟とふたりきりでいる様子は他の生徒も目撃しており、被害者が真理であることはすぐ特定されていた。

　悟は優秀な指導者でもあり、悟の逮捕によって、指導を受けられなくなり困っていると声を上げる人々もいた。悟を慕うあまり「事件はでっち上げ」という声も上がり、真理は精神的に追い詰められていった。

2　コメント──被害者支援と加害者支援は両立すべき

　本件のように加害者が慕われており、批判より同情が集まり、告白した被害者が肩身の狭い思いを強いられているケースも存在する。

　本件では、慕っていた教師の逮捕に衝撃を受け傷ついているという生徒も多数存在したという。否定されるべきは加害行為であって、人ではない。罪を犯した人に対し、慕っていた感情まで打ち消す必要はないが、加害行為は容認してはならず、悲しみや怒りを告発した被害者に向けるようなことがあってはならない。

　近年、長年芸能界を支配してきた人々への性加害の告発が続き、その陰で被害者へのバッシングも起きている。被害者でも加害者でも、一度バッシングが始まると歯止めがきかなくなるのがこの国の問題である。告発者を守るとともに、加害者側への行き過ぎた制裁にも歯止めがかけられなくてはならない。着地点は、被害の回復と加害者が責任を認め更生に向かうことであり、分断を煽る世論は変えていかなくてはならない。

事例7　変化する被害者感情

1　遺族が弟を殺害した犯人と対峙するまで

　被害者遺族を経験しながら死刑廃止の立場を表明し、被害者と加害者の対話の意義を訴えてきた原田正治さんは、一部の人々からは「理想的な被害者」として注目され、また一部の人々からは「理想的な被害者ではない」と、時に批判を浴びてきた。

　事件後、原田さんが歩んできた遺族としての道のりは過酷である。当時、助けてくれる人も、相談に乗ってくれる機関もなく、次々と降りかかる試練に、すべて家族だけで対応しなければならなかった。

　1983年、原田さんの弟・明男さんが30歳の時、突然、仕事中に亡くなった。居眠り運転による自損事故と判断された。ところが1年3カ月後、雇用者による保険金殺人だった事実が判明。当時、36歳だった原田さんの人生も一変する。

　犯人逮捕に伴い、自宅に押し寄せる報道陣。家族はしばらく外出ができなくなった。仕事に出なければならない原田さんの帰宅を待ち構え、取材しようとする記者もいた。地域は騒然となり、周囲の人々の態度は明らかによそよそしくなった。これまで親しかった人たちとも次第に疎遠になっていった。

　対応に苦慮したのが、事故として支払われていた保険金の返還請求だった。すでに一部は、犯人に騙し取られ、葬儀の費用等にも使用しなければならなかった。「返還しないと不当利得です」と書かれた保険会社からの手紙は、まる

で家族が騙し取ったと責められているように感じた。行政や弁護士に相談しても取り合ってもらえず、必死にお金をかき集めて支払うほかなかった。

マスコミ対応や検察庁からの呼び出し、裁判等、会社を休まなければならない日も出てくる。ところが、原田さんが勤務していた会社の対応は、ひどく冷淡だった。

不条理な出来事ばかりが続く中、家族の間でも徐々に精神的な距離が生まれ、家庭も壊れていった。

弟を殺害した加害者は、通夜や葬儀にも訪れ、事件が発覚するまで、何食わぬ顔で家族に接していたのである。人として、なぜそんな惨いことができるのか、直接会って問い質したい感情が日に日に強くなっていた。そのようななか唯一、被害者として加害者に直接感情をぶつけられる機会は、刑事裁判だった。被害者への公的支援が一切ない時代、ある日突然被害者になった原田さんに裁判の仕組みを説明してくれる人もなく、付添いもないまま報道陣が詰めかける法廷にひとりで向かわなければならなかった。

どんな処分を望むかという検察官からの質問に、原田さんは「極刑以外に考えられない」と答える。

つまり、死刑である。加害者は塀の中で食事も睡眠も保障され、守られているにもかかわらず、被害者はさまざまな対応に時間を取られ、経済的にも精神的にも追い詰められていく。その原因を作った相手に、最も厳しい刑を求めたとしても不思議ではない。

裁判が続く中、原田さんのもとに加害者から手紙が送られてくるようになった。最初はとても読む気にはなれず、開封せずに捨てていた。ところがある日、好奇心から開封してみたことをきっかけに、加害者との交流が始まる。加害者は、弁護士の影響で洗礼を受け、罪と向き合うことを始めていた。

そして、事件から10年が経過した頃、原田さんは、周囲の反対を押し切って死刑判決を受けた加害者との面会を決意する。決して、憎しみや怒りが薄れたわけではなく、なぜ弟が殺されなければならなかったのかを問い、遺族がこれまでどんな思いで生きてきたのかという思いをぶつけたかったからだ。

　原田さんが「長谷川君」と呼ぶ加害者は、原田さんの訪問を喜んだ様子で、「申し訳ございません」と謝罪をした。原田さんは長谷川君と対面した瞬間、肩の力が抜けたという。アクリル板を挟んでいても、対面できたことで、被害者加害者という枠を超え、人間同士のコミュニケーションが可能となったのだ。これまで何百通という手紙を受け取ってきたが、20分の面会にはかなわなかった。彼の謝罪の意思は本心だと感じ、直接、謝罪の言葉を聞いたことによって、どんな慰めの言葉より、心が癒されていくのを感じたという。

　「長い間、孤独の中で苦しんできた僕の気持ちを真正面から受け止められる存在は長谷川君だけだと感じた」と話す。しかし、面会をしたからといって、彼を許したわけではない。

　　「事件によって僕や家族は崖の下に突き落とされました。世間の人々は、崖の上から高みの見物です。誰も崖の上に引き上げようとはしてくれず、代わりに『これで気がすむだろう』と長谷川君やその家族を崖の下に突き落とそうとしている」

　長谷川君こと長谷川敏彦さんの息子および姉は自殺をしている。事件後、被害者だけでなく、加害者家族もまた、生き地獄を強いられたであろうことは想像にかたくない。

　　「僕は彼と面会したことが、自分自身の回復への道につながると感じました。僕が求めているのは、彼や家族をさらに奈落の底に突き落とすことではなく、僕が崖の上に這い上がることです。死刑が執行されてもされなくても、僕の苦しんできたことは消えませんし、弟が生き返るわけでもありません」

　原田さんは、納得できるまで長谷川君と面会したいと死刑執行停止を求める嘆願書を法務省に提出し、法務大臣に直接会い上申書を提出したが、その後まもなく、長谷川敏彦さんの死刑は執行された。

2　コメント──被害者の回復と加害者の更生を

　原田さんは、2006年に「Ocean──被害者と加害者の出会いを考える会─」を立

ち上げ、現在は、2021年12月に結成した被害者と加害者がともに支援を行う団体Inter7の共同代表を務めている[3]。受刑者が刑務所から直接被害者に手紙を送ることは許されておらず、弁護士等、被害者との間をつないでくれる人が不在の場合、謝意を伝えることは叶わず、被害者から「謝罪がない」と残された家族に苦情が寄せられることもある。

原田さんは、死刑囚となった長谷川さんとの面会を特別許可されたが、死刑囚との面会は基本、親族に限られている。謝罪したい加害者と真実を求める被害者との間には、制度上の高い壁がある。

拘置所内での面会では、面会人にはすでに身体検査が行われており、面会人が報復行動を起こすことは考えにくい。拘置所側は、死刑囚との面会に際して「心情の安定」をことさら主張するが、死刑囚が面会を受け入れるというのであれば、面会は許可されるべきであり、立会人がつくのであれば、多少のトラブルは回避できるはずであろう。被害者の権利および死刑囚の権利という側面から規則は見直されるべきだと考える。

■被害背景編

犯罪・非行の被害者等の法的地位

捜査に始まる刑事手続[詳細は、Part2参照→92頁]は、被疑者と捜査機関である警察・検察との間で進められる。このため、刑事手続を規律する刑訴法において、犯罪の被害者やその遺族(以下、被害者等)は、もともとは、捜査発動の契機となる告訴(刑訴法230条)を行うことを除くと、証人ないし参考人として、受

3　Inter7には、加害者と被害者双方の家族等、さまざまな立場の人から相談が寄せられており、被害者に償いをしたいという受刑者からの相談も多い。また、交通事故の被害者遺族である片山徒有さんも「率直に加害者と話してみたい」と主張する。

動的な地位に置かれるだけであった。これは、国家のみに刑罰権があり、国家を代理する検察官によって訴追された者にのみ刑罰が科される日本の刑事裁判が検察官と被告人との間で進められ、被害者は言わば「蚊帳の外」に置かれてきたことと大きく関係している。このことは、少年事件についての捜査が遂げられ、家庭裁判所に送致されてからの少年司法手続［詳細は、Part3参照→161頁］においても同じであって、やはり、被害者等は少年審判における当事者ではなく、家庭裁判所が必要と判断した場合にのみ審判廷への出席が許されるに過ぎなかった。

　これらの点が、被害者等が裁判所に加害者に対する損害賠償命令を求めて提訴し、被害者等が原告として、加害者が被告として、それぞれが当事者となって進められる民事手続とは決定的に異なる点である。

　もっとも、犯罪被害を受けながらも、その被害申告を行うことすらできず、あるいは刑事事件として立件されないがゆえに、言わば「泣き寝入り」をせざるをえない被害者等もいる。この被害者等は、刑事手続に関わることもできないまま、後述する保護や給付を受けることもできず、さらに被害が積み重ねられることが少なくないことも認識されねばならない[4]。

被害者等の扱いの変化

1　被害者学

　歴史的に見ると、犯罪被害者は、犯罪予防の観点から取り上げられていたこともある。第二次大戦後の1950年代に、ハンス・フォン・ヘンティッヒ（Hans

---

4　法務省は、2000年、2004年、2008年、2012年、2019年に、全国から無作為に抽出された者に、犯罪被害経験等について尋ねる、犯罪被害実態（暗数）調査実施しており、その結果を公表している。それによれば、一定の割合で、犯罪被害を受けながらも警察に当該被害を申告していない者がいることが明らかになっている。これらの調査結果については、以下のURLからダウンロードすることができる〈https://www.moj.go.jp/housouken/houso_houso34.html（2023年11月11日最終確認）〉。

von Hentig）らの、初期被害者学に位置づけられる論者による犯罪被害者への注目は、犯罪被害者が犯罪発生にどのように寄与しているかという点に向けられていた[5]。

　しかし、1970年代以降の犯罪被害者への注目はこうしたものとは異なり、犯罪発生に寄与する被害者という観点は、被害者バッシングをもたらすもの等として批判にさらされた。その後、被害者学においては、犯罪被害者のみならず、公害等の被害者、刑事司法手続における捜査機関等による不適切な対応によりさらなる被害を受ける第二次被害者化や、被害者に対して適切な対応がなされず放置されることによる第三次被害者化による被害者をも対象とする[6]、幅広い被害者を扱うものが主流となっていった。

2　国際的な犯罪被害者等の扱いの変化

　欧米においては、1960年代後半から、犯罪被害者等の保護や救済のための施策が実施されるようになった。そして、被害者等が刑事手続の過程で二次被害を受ける可能性があり、それを防止することの必要性も認識されるようになった。他方、被害者と犯罪者との間で、ある種の和解がなされるのであれば、刑事手続や刑事処分による国家の介入は避けられるべきであって、それは刑事手続への国家予算の投入を減らすことができるという観点からも、被害者等へのスポットライトが当たるようになった。

　また、民間レベルにおいても、1970年代初頭からは、アメリカ、イギリス等で、被害者等に対し、さまざまな支援を行うことを目的とする団体が誕生し、そのネットワークがそれぞれの全国的規模にまで拡大していった。

　そして、1985年8月にイタリアのミラノで開催された、犯罪防止及び犯罪者の処遇に関する第7回国際連合会議において、犯罪及び権力濫用の被害者に関する司法の基本原則の宣言（国連被害者宣言）と題する決議案が採択された。そ

5　初期の被害者学理論については、瀬川晃『犯罪学』（成文堂、1998年）295〜301頁参照。

6　二次被害、三次被害については、諸澤英道『新版被害者学入門』（成文堂、1998年）133〜138頁参照。

の内容は多岐にわたる。被害者が、その尊厳への配慮と敬意をもって扱われるべきこと。被害者が、被った被害について、司法制度を利用し、すみやかな賠償を受ける権利を与えられること。重大な身体的・精神的被害を受けた被害者が加害者から十分な賠償が得られない場合には、国が経済的補償を行うよう努力すべきこと。被害者に対して事件の処理および手続の進捗状況に関する情報を提供し、関連する国内の刑事司法制度と抵触しない範囲内で、被害者の意見の提出等を許すことによって、司法・行政手続を被害者の要望にこたえるものとすべきこと。被害者が、政府、民間ボランティア等から、物質的、医学的、精神的および社会的援助を受けられるようにすること等がそれである[7]。

　このように、国際的には、被害者等はさらなる被害から保護され、その被害の救済等、さまざまな援助がなされるべき者として位置づけられるようになり、現在に至るも、その拡充が目指されている。

3　日本の動き

　他方、日本においては、本格的な被害者等に対する公的支援制度創設に向けた動きは、日本弁護士連合会(以下、日弁連)による第3回人権擁護大会(1960年)における「被害者の人権擁護の件」の決議や、少年による殺人事件の遺族が立ち上げた「犯罪による被害者補償制度を促進する会」によるものが嚆矢とされている。その後、1974年の三菱重工ビル爆破事件以降、野党を中心に犯罪被害の国家補償に向けた制度構築について提案がなされるようになり、1980年に、ようやく故意の犯罪により命を奪われた者の遺族や、重大な傷害を負った被害者に対して一定の給付金を国が支給する、犯罪被害者等給付金支給法(以下、犯給法)が制定される等、欧米諸国に比べると遅れたものであった。こうして、1990年代中頃までは、被害者等が刑事司法手続で受ける二次被害等への対策はほとんど取られることはなかったと言えよう。

7　国連被害者宣言の内容については、諸澤英道『被害者のための正義』(成文堂、2003年)2〜6頁参照。

このような状況を変える大きなきっかけとなったのは、1995年に起こった、いわゆる地下鉄サリン事件である。これをきっかけに、急激に、被害者等の声がマスメディアで取り上げられるようになり、その声に、警察庁や法務省も耳を傾けるようになった。それが2000年に成立した、いわゆる被害者保護二法に直結した。そのひとつが、特定の刑事事件の被害者を証人として尋問する場合において、被害者が被告人と法廷で同席することなく証人として尋問されるビデオリンク方式を取ることができること等、刑事手続における被害者保護を定めた刑事訴訟法の一部を改正する法律である。もうひとつが、公判の優先傍聴や民事上の争いについての刑事訴訟手続における和解等を定めた、犯罪被害者等の権利利益の保護を図るための刑事手続に付随する措置に関する法律（以下、被害者保護法）である。

　これらの被害者保護二法に続いて、2004年には、犯罪被害者等基本法も定められた。同法1条は、その目的を、犯罪被害者等のための施策に関する基本理念を定め、国等の責務を明らかにするとともに、その施策の基本となる事項を定めること等により、犯罪被害者等の権利利益の保護を図ることを掲げた。そして、同法は、犯罪だけでなく、これに準ずる心身に有害な影響を及ぼす行為をも「犯罪等」に含め、「犯罪被害者等」を、犯罪等により害を被った者及びその家族又は遺族と定義した（2条1項、2項）。その上で、すべて犯罪被害者等は、個人の尊厳が重んぜられ、その尊厳にふさわしい処遇を保障される権利を有する（3条）と、日本において、初めて、犯罪被害者等の権利を正面から保障する規定を置いた。

　この犯罪被害者等基本法が、それ以降に実施された、刑訴法改正による刑事手続への被害者参加制度（2007年）の導入や、犯給法の改正（2008年）等の、日本における犯罪被害者等への施策を牽引したと言える。

　しかし、後述するように、日本における被害者等への施策は、諸外国におけるものとは異なり、刑事法の枠内での施策に止まるものがほとんどで、被害者等の被害回復をもたらすには程遠いものであるばかりか、すでに見たように、さまざまな被害や「被害」を、さらに犯罪被害者等に積み重ねさせるものとなっ

ていると言わざるをえない。

　そこで、以下では、そうした日本における被害者等への施策をあるべきものに変えていくために[8]、まず、広義の刑事手続におけるものから順次見ていこう。

刑事手続における被害者等の保護

1　捜査段階における被害者等の保護

　かつて、強姦罪や強制わいせつ罪と呼ばれていた性犯罪は、告訴がなければ処罰できない罪である、親告罪とされていた。しかも、刑訴法に基づく被害者による告訴は、犯人を知った日から6カ月経過後はできなくなる。そのため、被害者にとってショッキングな性的な被害を受けた場合であっても、犯人を知った日から6カ月以内に、被害者は告訴するか否かの決断を迫られていたのである。しかし、性犯罪の被害を受けたことによる精神的ショックがある中で、このような短期の間に告訴の意思を決定することは困難であることが認識されるようになり、性犯罪についての告訴期間の制限は2000年の刑訴法改正で撤廃された。さらに、2017年の刑法改正によって、これらの性犯罪は非親告罪化された。

　また、犯罪捜査規範によれば、捜査にあたって、捜査官は、被害者等の心情を理解し、その人格を尊重しなければならず、被害者等の取調べにふさわしい場所の利用その他の被害者等にできる限り不安又は迷惑を覚えさせないようにするための措置を講じなければならない(犯罪捜査規範10条の2)。また、同規範には、捜査にあたって、被害者等に対し、刑事手続の概要を説明するとともに、当該事件の捜査の経過その他被害者等の救済又は不安の解消に資すると認められる事項を通知しなければならない(犯罪捜査規範10条の3)とも定められ

---

[8]　かつて筆者は、被害者等に保障されるべき権利を出発点に、被害者等への施策を検討したことがあり、それが本稿の基となっている。岡田行雄「犯罪被害当事者の権利と刑事法」内田博文=佐々木光明『〈市民〉と刑事法第3版』(日本評論社、2012年)27‐34頁参照。

ている(これらは1999年の犯罪捜査規範の一部を改正する規則で新たに追加された)。

　加えて、2008年の犯給法の改正に併せて、犯罪被害者等の支援に関する指針も定められ、犯罪被害者のニーズに即した支援として、たとえば、性犯罪被害者が同性の警察官に事情聴取等を望んでいる場合には、可能な限りそれを満たすこと等が挙げられている[9]。

2　公訴提起段階における被害者等の保護

　刑事事件について警察によって捜査が行われた後に、事件の送致を受けた検察官は、当該事件について公訴提起(起訴)するか否かを判断しなければならない(20歳未満の少年事件については家庭裁判所に送致しなければならない〔少年法42条〕)。

　この起訴段階における被害者等の保護施策としては、1999年に制定された、被害者等通知制度実施要領(法務省刑事局長通達)による、公判請求か略式命令請求の起訴、不起訴等の事件の処理結果、および、起訴した場合は公訴事実の要旨、不起訴処分の場合は、その裁定の主文と理由の骨子、さらには、逃亡や罪証隠滅防止のために勾留されていた、起訴後の被告人が保釈されたか否かについて、被害者等に通知するというものがある。

　このように、刑事事件について、検察官が不起訴で処理したことが被害者等に通知されることで、被害者等があくまで被疑者の処罰を望む場合には、検察審査会に検察官による不起訴処分について審査申立てを行うことができるようになる。なお、かつては、この審査申立ては、被害者と告訴・告発人に限られていたが、検察審査会法の改正(2000年)により、被害者死亡事件では被害者の配偶者・直系親族・兄弟姉妹にまで拡大され(検察審査会法2条2項)、意見書又は資料を提出できるようになった(同法38条の2)。これも被害者等の保護の拡充と位置づけられよう。

9　下田玲子「犯罪被害者等の支援に関する指針の策定について～捜査過程における留意事項を中心に～」捜査研究692号(2009年)13頁参照。

　なお、不起訴事件の記録については、公判開廷前の訴訟に関する記録に当たるので、公にしてはならないことが原則とされる（刑訴法47条）。しかし、法務省は、2000年の指針等に基づき、被害者等の保護等の観点と開示により関係者のプライバシー等を侵害するおそれや捜査・公判に支障を生ずるおそれの有無等を個別具体的に勘案し、相当と認められる範囲で、不起訴事件の記録を被害者等に開示することに弾力的な運用を行うようになったとされる。そして、2008年以降は、後述する被害者参加対象事件については、その不起訴処分後に、被害者等が当該事件の内容を知るためだけに記録の閲覧を求める場合であっても客観的証拠については原則として閲覧を認めるという、より弾力的な運用を図る通達が法務省により発出されている[10]。

3　公判段階における被害者等の保護

　公判段階においては、被害者保護二法の立法を契機に多様な被害者保護の施策が用意されている。

　まず、被害者等から申出がなされれば、閲覧又は謄写を求める理由が正当でないと認める場合、及び犯罪の性質、審理の状況その他の事情を考慮して閲覧又は謄写をさせることが相当でないと認める場合を除き、裁判所によって記録の閲覧又は謄写が認められる（被害者保護法3条）。被害者等により当該被告事件についての公判手続傍聴の申出がなされた場合、傍聴への配慮がなされなければならない（同法2条）。

　性犯罪等の被害者等が証人として採用される場合には、被害者等証人への付添い、被告人や傍聴人との間の遮へい措置、裁判所の別室にいる被害者等証人と公判廷とを映像でつなぐビデオリンク方式の証人尋問もなされうる（刑訴法157条の4〜6）。加えて、性犯罪等の被害者等からの申出に基づき、裁判所は、被害者等の氏名、住所等の、被害者等を特定できる情報（被害者特定情報）を秘

10　不起訴事件の記録の開示については、法務省のウェブサイトで閲覧することができる〈https://www.moj.go.jp/keiji1/kciji_keiji23.html（2023年11月17日最終確認）〉。

匿する決定をすることができる（刑訴法290条の2）。

　また、被害者等からの申出に基づき、被害者等が証人としてではなく、被害に関する心情等の意見陳述を行うことができる（刑訴法292条の2）。さらには重大な事件の被害者等であれば、これも申出に基づき、被害者等参加人として、一定事項について被告人質問・証人尋問、事実や法律の適用についての意見陳述を行うことができるという被害者参加制度も、裁判員制度の開始直前の2007年から導入された（刑訴法316条の33〜39）。

　なお、被害者等の個人特定事項の記載がない起訴状等の抄本等を被告人に示すことができる刑訴法改正が2023年5月に成立し、2024年2月15日に施行された。

4　犯罪者処遇段階における保護

　被告人への有罪判決確定後、受刑者として刑事施設で処遇を受け、あるいは仮釈放者として社会内で処遇を受ける段階においても、さまざまな被害者保護の施策がある。

　まず、先述した被害者等通知制度実施要領に基づき、被害者等が加害者たる受刑者の処遇状況等の通知を希望し、これが相当と認められる場合には、刑事施設の長からの通知に基づき、検察官が受刑者の処遇状況等に関する事項を当該被害者等に通知する。加えて、再被害防止の観点から転居等の措置を講じる必要があるため、被害者等が特に通知を希望する場合で、検察官が相当と認めるときには、受刑者の釈放予定時期および帰住予定地等についての通知を行う制度も実施されている。さらに、被害者等通知制度の一環として、2020年10月21日から、被害者等からの希望に基づき、当該被害者等に対し、死刑を執行した事実も通知されることとなった。

　なお、刑事収容施設及び被収容者等の処遇に関する法律（以下、刑収法）が2022年に改正され、被害者等から被害に関する心情等を述べたい旨の申出があったときは、当該心情等を聴取し、受刑者の処遇要領策定にあたって、被害者等の心情等を考慮すること、そして被害者等から聴取した心情等を受刑者に

伝達することを希望する旨の申出があったときは、当該心情等を受刑者に伝達することが定められた（刑収法84条の２、103条４項）。この被害者心情伝達制度は2023年12月に施行された。

　次いで、仮釈放審理の開始とその結果に関する事項については、これも被害者等通知制度実施要領に基づき、地方更生保護委員会によって、被害者等に通知がなされる。この仮釈放審理にあたっては、被害者等から申出があった場合、地方更生保護委員会によって、被害者等から仮釈放に関する意見等が聴取される（更生保護法38条）。

　そして、仮釈放者が保護観察に付されてからは、保護観察所長によって、保護観察の開始・処遇状況・終了に関する事項について、被害者等に通知がなされる。保護観察中の者であれば、刑の全部または一部の執行が猶予された者についても、同様の通知が被害者等になされる。この保護観察中に、被害者等から、被害に関する心情、被害者等の置かれている状況又は保護観察対象者の生活若しくは行動に関する意見の伝達の申出があったときは、保護観察所長によって、当該心情等が聴取され、保護観察対象者に伝達される（更生保護法65条）。加えて、主に保護観察所が、被害者等からの相談に応じ、関係機関等の紹介等を行う相談・支援の制度も実施されている。

少年司法手続における被害者等の保護

1　家庭裁判所における少年事件被害者等の保護

　以上で見た広義の刑事手続における被害者等の保護とは別に、少年非行事件を管轄する家庭裁判所（以下、家裁）においても、少年法に基づく少年司法手続の枠内で少年事件の被害者等へのさまざまな保護施策が実施されている。

　まず、家裁は、ぐ犯を除く少年事件について審判開始決定を行った後、その被害者等から申出があれば、刑事手続の場合と同様の要件で、保管する記録の閲覧謄写を認める（少年法５条の２）。これは、2000年の少年法第１次改正で導

入されたが、2008年の第3次改正で、被害者等に損害賠償目的がなくとも可能となった。

次いで、ぐ犯を除く少年事件の被害者等から被害に関する心情その他の事件に関する意見の陳述の申出があるときは、家裁による聴取がなされる（少年法9条の2）。

少年審判は非公開であり（少年法22条2項）、一般人の傍聴は許されない。しかし、被害者等が少年審判での在席を希望し、さらに被害者等が少年の健全育成に資する者である場合は、少年審判規則29条に基づき、「その他相当と認める者」として、被害者等の在席が認められる例があった[11]。これを、被害者が死亡あるいはその生命に重大な危険を生じさせる傷害の非行事実の場合、被害者等から申出があった場合、家裁は、少年の健全な育成を妨げるおそれがなく、相当と認めるときは被害者等に傍聴を許すことができるよう、大幅にその要件を拡大したものが、2008年の第3次改正で導入された被害者等の少年審判傍聴制度である（少年法22条の4）。あわせて、ぐ犯を除く少年事件の被害者等から申出があった場合、少年の健全な育成を妨げるおそれがなく相当と認めるときは、その被害者等に審判期日における審判の状況を説明する制度も導入された（少年法22条の6）。

なお、少年審判は、少年院送致、保護観察等の保護処分決定か不処分決定によって終局する。この審判結果は、ぐ犯を除く少年事件の被害者等から申出があった場合、少年の氏名及び住居、決定の年月日、主文及び理由の要旨が被害者等に通知される（少年法31条の2）。

2　保護処分執行段階における少年事件被害者等の保護

少年審判において保護処分決定を受けた少年に、少年院送致や保護観察が執行される段階においても、さまざまな被害者保護施策が導入された。

11　2008年の少年法第3次改正以前に、傷害致死事件の被害者遺族が少年審判で意見を述べた実例については、井垣康弘『少年審判ノオト』（日本評論社、2006年）138〜142頁参照。

　保護処分を受けた少年の処遇状況等に関する事項についても、まず、被害者等が通知を希望し、これが相当と認められる場合には、少年院長が、少年が収容されている少年院の名称、少年院における教育状況、通常は仮退院で出院する年月日等について、被害者等に通知する。

　同様に、この少年院からの仮退院を許可する地方更生保護委員会は、仮退院審理の開始・結果を、保護観察所の長は、保護観察処分を受けた少年および少年院仮退院者の保護観察の開始・処遇状況・終了に関する事項を、それぞれ被害者等に通知している。また、仮釈放等による保護観察対象者の場合と同様の根拠規定に基づき、被害者等からの意見聴取、被害者等の心情伝達、および相談・支援も実施されている。

　なお、これも受刑者の場合と同様に、2022年に少年院法が改正され、少年院においても在院者に対して被害者心情伝達制度が適用されることとなった（少年院法23条の２）。これも2023年12月に施行された。

被害者等に積み重ねられるさらなる「被害」

1　被疑者扱いがもたらしうる「被害」

　以上、刑事司法と少年司法における被害者保護施策を見た。しかし、被害者等の中には、刑事司法や少年司法において、さらに「被害」が積み重ねられる場合がある。以下では、それを見ていこう。

　すでに見たように、犯罪被害者等が捜査段階で、捜査機関や司法機関から不適切な言動を受けて、さらに傷つけられる二次被害が生じることは知られており、これを防ごうと、捜査機関や司法機関がさまざまな取組みをしていることもこれまでに見たとおりである。

　しかし、捜査機関がいかに被害者等に配慮しようとも、被害者等の中には、刑事事件の捜査段階で被疑者扱いを受けることで、さらに傷つけられる場合が

ある。日本で起こる殺人事件の半数は家族間で生じていると言われる[12]。その結果、殺人事件の被害者の遺体が被害者の自宅で見つかった場合等、同居していた家族、つまり、被害者遺族に当たるはずの者も被疑者として疑われてしまう構造がある。その結果、被害者遺族として被害者が亡くなったことの心痛に加えて、捜査機関によるさまざまな取調べによる苦痛も被害者遺族に積み重ねられる場合も生じるのである。なお、被疑者として扱われたわけではないが、被害者等でありながらも、被疑者とも親族関係にある者が、捜査機関において、被害者等として保護されるわけではないことは、本Part被害実態編の事例1に示されている［→24頁］。

2 被害者等の選別がもたらしうる「被害」

ところで、ここまでで紹介してきた刑事手続および少年司法手続における被害者等保護制度は、被害者等の申出等、被害者等がその制度の利用を希望することが、その要件とされているが、被害者等の申出等があれば、必ず実現されるものとして法律に規定されているわけではない。

たとえば、いわゆる被害者保護法３条の文言を前提にする限り、被害者等によって刑事訴訟記録の閲覧・謄写の申出がなされたとしても、閲覧・謄写を求める理由が正当でない、あるいは犯罪の性質、審理の状況その他の事情を考慮して閲覧又は謄写をさせることが相当でないと裁判所が判断すれば、閲覧・謄写は認められない。このように、「相当でない」と裁判所が判断した場合には、たとえば、証人保護措置や刑事手続への被害者参加も認められない条文の内容となっているのである。さらには、被害者等による少年審判傍聴の場合は、「少年の年齢及び心身の状態、事件の性質、審判の状況その他の事情を考慮して、少年の健全な育成を妨げるおそれがな」いことが要件であるので、被害者

---

12 阿部恭子『家族間殺人』（幻冬舎、2021年）3頁参照。なお、殺人の検挙件数に占める被害者が被疑者の親族である事件の比率は1979年から2011年にかけてもほぼ40％から50％の間を推移していた。法務総合研究所『法務総合研究所研究部報告50　無差別殺傷事犯に関する研究』（法務総合研究所、2013年）8頁参照。

等による少年審判傍聴が少年の健全な育成を妨げるおそれがある場合には、許されないことになる。まして、通達等に基づく被害者等の保護施策の場合、法的な根拠がある場合に比べると、被害者等の希望が実現するかどうかは、検察官等の、さらに大きな裁量に委ねられていると言わなければならない。

　もっとも、たとえば、少年司法手続における被害者等の保護施策について、その運用がわかるデータを参照すると、2022年に被害者等から申出がなされた人員は、少年事件記録の閲覧・謄写が延べ772人（うち相当と認められた人員747人）、意見の聴取が延べ248人（同236人）、審判結果等の通知が延べ748人（同741人）であって[13]、被害者等から申出がなされれば、ほぼ認められることが示されてはいる。

　しかし、少ないとはいえ、申出がなされても希望がかなわなかった被害者には苦痛が積み重なることは想像にかたくない。

　現に、本Part被害実態編の事例7で取り上げられている原田正治さんは、死刑事件の被害者遺族として当該事件の死刑確定者との面会を希望したが、一度面会できたきりで、二度と面会は許されないまま、その死刑確定者に対して死刑が執行された[→39頁]。その苦痛はいかばかりであったろうか。

3　強い被害者等に偏る保護がもたらしうる「被害」

　被害者等の保護が申出による制度である以上、申出がない被害者等には、これらの保護はなされないことになる。

　たとえば、被害者参加制度の対象となる重大な事件の被害者等であれば、もちろん被害者参加の申出を行うことはできる。この申出は刑事裁判の途中であれば可能であるが、もちろん、刑事裁判の終了後には不可能になる。このことは、少年審判の被害者傍聴にも当てはまる。

　つまり、刑事裁判への被害者参加や少年審判の被害者傍聴は、それが認められて、実際に参加、傍聴ができるときまでに申出がなされなければ実現しない

13　法務省法務総合研究所『令和5年版犯罪白書』（2023年）294頁参照。

のである。とすると、その時点までに、被害者参加あるいは被害者傍聴の希望を持ち、申出の手続を行った者にのみ保護がなされうるという制度であって、それまでに、さまざまな事情から申出をすることができなかった被害者等には保護が行き届かないことになる。

　しかも、被害者参加の場合は、被害者等が犯罪によって一次被害を受けたときから、公判までの間には一定の期間が経過していることがほとんどであろうが、被害者傍聴の場合は、少年司法手続が迅速に進められることが原則であるために[14]、少年審判の傍聴の申出をするまでにはそれほどの時間がないことが一般的であろう。仮に、少年が事件直後に被疑者として逮捕されたとすると、逮捕と延長を含む勾留で23日。この期間内に家裁に送致されて、少年鑑別所に送致する観護措置が採られて、それが延長されるとして４週間。この長くとも51日の間に少年審判は終局してしまうのである。被害者が死亡した事件であれば、遺族にとって、いわゆる49日前に被害者傍聴の申出をしなければそれは実現しないことになる。

　したがって、上述した被害者保護の施策は、当該保護の申出ができる、ある意味では強い被害者に偏ったものと言わなければならない。つまり、そうでない被害者等には保護が行き届かないという「被害」がもたらされうるのである[15]。

---

14 少年司法の迅速性の原則については、武内謙治『少年法講義』（日本評論社、2015年）273頁参照。

15 犯罪被害者遺族である、片山徒有さんは、少年審判の被害者傍聴制度につき、「遺族にとっては、四九日までの時期は被害事実を受け止めるに至る過程でもっともつらい時期だと思われる。……事件直近から二ヶ月ほどの時期は遺族にとって疲労が重なると同時に、さまざまな社会的な処理をしなければならない時期でもあり、この時期の審判は並大抵の負担ではない」と指摘している。また、片山さんは、被害者参加制度は、「被害と同等の刑罰を目指して法廷で闘う被害者」を前提としており、この被害者像に当てはまらない被害者は刑事裁判に参加できなくなるとも指摘している。片山徒有「被害者の視点を取り入れた教育と最近の被害者を巡る法制度の環境の変化について」矯正講座30号（2010年）54頁、68頁参照。

4　変化する被害者等の感情に対応できない手続がもたらしうる「被害」

　犯罪被害を受けた者は千差万別であって、その置かれた状況やバックグラウンドも千差万別である。加えて、犯罪被害を受けた後の被害者等の感情は日々揺れ動く。

　他方、刑事手続は、もともと被疑者・被告人と国家との間で進められるものであって、この被疑者・被告人の憲法上の権利を保障するために極めて硬いものとなっている。少年司法手続は、刑事手続に比べると弾力性に富み、オーダーメイドと例えられることもあるが、それは、少年のためのものであって、被害者等のためのものではない。

　したがって、千差万別の被害者等に、しかも揺れ動くその感情に硬い刑事手続は対応することができない。たとえば、一度、被害者参加の申出を行い、それが認められた被害者等が、実際に被害者参加の期日となったときに、被害者参加をしたくなくなったとしても、その感情の変化に硬い刑事手続は対応できない。少年司法手続にしても、審判傍聴する気持ちを持てなくなった審判期日の被害者等の感情に合わせて期日を延期するわけにはいかないのである。その結果、被害者等にはさらなる「被害」がもたらされることもありうる。

5　さまざまな裁量等との衝突がもたらしうる「被害」

　被害者参加は、検察官を通して裁判所に申出がなされ、それを裁判所が許可して実現する仕組みとなっている（刑訴法316条の33）。

　ところで、検察官は刑事手続においてさまざまな権限と幅広い裁量を有している。それは裁判官も同じである。しかし、たとえば、各犯罪規定に定められた法定刑に法律上の刑の加重減軽事由に基づいて得られた処断刑と、これまでに積み上げられてきた、いわゆる求刑・量刑相場を超える、あるいは下回る処遇意見を、被害者参加をした被害者等が述べたいという場合には、こうした検察官や裁判官の裁量、あるいは、国家刑罰権と衝突することになる。これを避けるためには、検察官はそうした意見を言い出しかねない被害者等の参加申出

を拒絶することが考えられる。

　言い換えると、この被害者参加制度は、あくまで検察官や裁判官の裁量に合致する被害者等だけが利用できる制度とも言える。

　こうして、検察官や裁判官の裁量と被害者等が衝突することで、被害者等が傷つき、さらなる「被害」がもたらされることになる。

さまざまな被害回復手段とその限界

1　民法に基づく損害賠償

　被害者等が犯罪によって受けた被害を法的に回復していくにはいくつかの手段がある。ここでは、そのうち、まず、民法上の不法行為による損害賠償請求制度を見てみよう。

　民法は、故意又は過失によって他人の権利又は法律上保護される利益を侵害した者は、これによって生じた損害を賠償する責任を負う（民法709条）と定めており、この規定に基づき、犯罪被害者等は、犯罪者に対して、犯罪によって生じた損害の賠償を求めることができる。損害賠償は原則として金銭によってなされる（民法417条）。これにより、たとえば犯罪によって受けた身体的な被害等にかかった治療費等や当該被害によって生じた逸失利益を金銭で埋め合わせることができる。実際には、捜査段階から、被疑者の弁護人と被害者等やその代理人との交渉を通して、示談が成立し、損害賠償額が被害者等に支払われる場合も少なくない。

　この損害賠償に犯罪者が任意に応じない場合には、被害者等が民事訴訟を提起して、裁判所から損害賠償を命ずる判決を得て、なおも応じない場合には裁判所による強制執行を通して損害賠償に当たる金銭を得ることもできる。

2　刑事手続における和解や損害賠償

　上で示したように、実務上、刑事手続の過程で、被疑者・被告人と被害者等

との間で、損害賠償についての示談が成立し、その証拠として示談書が検察官や裁判所に提出されることがある。しかし、示談の後に、その内容が履行されない場合、この示談書では民事執行法上の強制執行ができないため、被害者等は改めて民事訴訟を提起せざるをえず、それは被害者等に費用、時間等の点で相当の負担を強いることとなる[16]。

　そこで、犯罪被害者保護法は、被害者等と被告人との間における民事上の争いについての合意が成立した場合には、この被告人の事件が係属している裁判所（最高裁判所は除く）に、共同して、当該合意を公判調書に記載するよう申立てをすることができるという、いわゆる民事上の争いについての刑事訴訟手続における和解制度を定めた（犯罪被害者保護法19条）。この刑事和解により、この合意が公判調書に記載された場合は、その記載が、裁判上の和解と同一の効力を有することになり、被害者等が別途民事訴訟を提起する負担を解消することができることとなった。

　もっとも、被疑者・被告人と被害者等が損害賠償について合意に至らなかった場合には、被害者等が損害賠償を得るために、別途民事訴訟を提起するよりほかない。民事訴訟を提起するとなると、訴訟費用や時間等の点で被害者等に負担が強いられる点に強い不満が被害者団体から寄せられ、それを契機に、2007年に被害者保護法が改正され導入されたものが、刑事手続における損害賠償命令制度である[17]。

　これは、故意の犯罪行為により人を死傷させた罪またはその未遂罪、不同意性交等罪等の刑法上の性犯罪、逮捕・監禁罪、未成年者拐取罪等の比較的重大な犯罪の被害者等が、刑事裁判の弁論終結までに、裁判所に対し、その刑事裁

16　松尾浩也『逐条解説　犯罪被害者保護二法』(有斐閣、2001年)158〜159頁参照。

17　旧刑事訴訟法では、職権主義の下、ドイツやフランスに見られるこうした附帯私訴が制度化されていたが、刑事裁判所がその申立てをいつでも却下でき、それへの不服申立てもできず、しかも刑事裁判官が民事法や損害額の算定に精通していないために却下決定が頻発したため、ドイツではほとんど活用されないままであって、日本でも実務上機能していなかった。土井和重「刑法への損害回復導入を巡る国際的潮流と我が国の損害賠償命令制度」法学研究論集40号(2014年)9頁参照。

判で審理されている事件を原因とする不法行為に基づく損害賠償を被告人に命じる旨の申立てができ、有罪判決言渡し後に、原則として4回の期日以内に終結する刑事の裁判で損害賠償が命じられるという仕組みとなっている（犯罪被害者保護法23条〜32条）[18]。

こうして、別途民事訴訟を提起することなく、2,000円という低額の申立て手数料で、刑事裁判での有罪判決に引き続く手続において、損害賠償命令が得られることによって、被害者等の負担の低減が図られることとなった。

3　さまざまな損害回復制度の限界

このように被害者等の損害回復に向けて、既存の不法行為に基づく損害賠償に加えて、犯罪被害者保護法によって、刑事訴訟手続における和解や刑事手続における損害賠償命令が導入された。しかし、刑事和解は年に20件程度、損害賠償命令は年に300件程度しか実施されておらず[19]、活発に利用されているとは言えない。

特に、損害賠償命令については、対象が訴因で特定された事実を原因とする不法行為に基づく損害賠償に限定されるため、その狭さに不満を持つ被害者等がこの制度を利用しようと考えないことや、逆に、賠償命令が出され、これに従う形で弁済がなされた場合、そのことが控訴審において刑を軽くする方向で作用することがありうるので、刑が軽くなるのであれば、賠償を受けたくないという被害者も存在すること等がその背景として指摘されている[20]。

しかし、より本質的な問題は、たとえ裁判所から民事裁判の被告である犯罪者に対して損害賠償を命じる判決が出されたとしても、現にその損害賠償の金額を支払う資力が犯罪者になければ、損害賠償が実現するわけではないという点である。これは、刑事和解や損害賠償命令にも妥当する。

18　この損害賠償命令に異議申立てがなされた場合は、通常の民事裁判に移行する（犯罪被害者保護法33条、34条）。

19　法務省法務総合研究所・前掲註13書293頁参照。

20　水谷規男「被害者参加と損害賠償命令」刑法雑誌53巻3号（2014年）158頁参照。

　とりわけ、殺人や強盗のような重大事件を犯す者ほど、極めて貧しいか、あるいは無資力であることが少なくない。仮に、加害行為によって得られた金銭があったとしても、それも費消されてしまっていることも多い。そうすると、損害賠償を命じた判決、それと同じ効力を持つ命令や刑事和解が記載された調書があろうとも、強制執行を行うことはできない[21]。

　結局、さまざまな被害回復手段が法に定められていても、Introductionで紹介したように、それ以前にさまざまな被害に遭っており、収入や資産に乏しい犯罪者や非行少年からは損害賠償を得ることは事実上できないために、被害者等にとっては、裁判所による損害賠償を命じる判決、および、被害者保護法に定められた刑事和解や損害賠償命令は、多くの場合に「絵に描いた餅」に過ぎないという限界がある[22]。

　さらには、本Part被害実態編の事例5で示されているように、そもそも被害者へのバッシングを恐れて、損害賠償請求さえできない被害者等がいることも認識されねばならないのである［→34頁］。

犯罪被害者等給付金制度等とその限界

1　犯罪被害者等給付金制度の概要

　上で見たように、被害者等が加害行為を行った犯罪者等からの損害賠償を通して被害回復を図るという制度には多くの困難がある。そこで、国による被害

21　仮に損害賠償を命じられた者に資産がある場合でも、その資産を探し出すことは困難であり、損害賠償命令が確定した後に10年経過することで時効にかかる（民法174条の2）ことを防ぐために時効を中断させようとすれば、改めて、訴訟費用等をかけて民事訴訟を提起する必要がある等、さまざまな困難が指摘されている。齋藤実「刑事手続における損害賠償命令制度の現状と課題」獨協法学106号（2018年）352頁参照。

22　日弁連が損害賠償命令制度施行後に同制度対象事件を担当したことがある弁護士に2018年に実施したアンケート調査の結果によれば、強制執行によって全額を回収した事例は1件もなかったという。番敦子＝江藤里恵「損害賠償を得られない被害者の現状とその課題」被害者学研究31号（2022年）80頁参照。

者等への給付制度を見ていくことにしよう。

　1980年に立法された犯罪被害者等給付金制度は、被害者等が持つ法秩序ないし刑事司法に対する不信感の除去を目的とし、社会の連帯共助の精神に基づく犯罪コストの社会全体への分散を根拠とするものと説かれた[23]。したがって、これは、被害者が受けた被害から生じる損害への補償を国が行うものではない。

　この給付の対象者は、日本国内における生命又は身体を害する故意の犯罪行為がなされた時点で日本国籍があり日本国内に住所を有している犯罪（緊急避難行為、心神喪失者ないし14歳未満の者による行為も含む）被害者又は遺族に限定されている（犯給法３条）。そして、この対象者が、原則として、被害を知った日から２年以内、被害が生じた日から７年以内に、給付の申請を都道府県公安委員会に行った場合、当該公安委は速やかに、犯罪被害者等給付金を支給、又は支給しない旨の裁定を行わねばならない（犯給法10条、11条）。

　この給付金は、被害者遺族の生活状況や被害者の重傷病や障害の状況に応じて一時金として支払われる。その算定は、たとえば、遺族への給付の場合、被害者の収入の日額（遺族給付基礎額〔犯給法施行令５条〕）を基礎にして、政令で定められた一定の倍数を乗じる等してなされ（犯給法９条）、最高で4,000万円弱になるとされる。

　しかし、被害者と加害者との間に親族関係（事実上の婚姻関係を含む）があるとき、被害者が犯罪行為を誘発した、被害について被害者にもその責めに帰すべき行為があったとき等には給付金の全部又は一部を支払わないことができると定められている（犯給法６条）。また、労災保険等に基づく給付が行われるべき場合、あるいは、被害者等が犯罪被害を原因として損害賠償を受けたときにも、一定の限度で支給されない場合がある（犯給法７条、８条）。

23　大谷実「犯罪被害者等給付金支給法─その概略と運用上の論点─」ジュリスト719号（1980年）64頁参照。

2　その他の被害者等への給付金支給制度

　被害者等への給付金支給制度は他にもある。

　犯給法による給付金は日本国内での生命・身体への故意犯による被害者等に限定されていることから、2016年に立法された国外犯罪被害弔慰金等の支給に関する法律に基づき、日本国外で同様の犯罪被害にあった日本人とその遺族に対して、国外犯罪被害弔慰金として200万円等が支給される。

　財産犯の被害者等に対しては、犯罪被害財産等による被害回復給付金の支給に関する法律（2006年）に基づき、没収・追徴された犯罪被害財産等を用いて、被害者等に対し、被害回復給付金が支給される。近時、大きな社会問題となっている、いわゆる特殊詐欺の被害者に向けては、犯罪利用預金口座等に係る資金による被害回復分配金の支払等に関する法律（2007）が、被害回復分配金の支払手続等を定めており、特殊詐欺による財産的被害の迅速な回復が図られている。

　自動車事故による被害に対しては、1955年に立法された自動車損害賠償保障法（以下、自賠責法）により、自動車運転者に損害保険への加入が義務付けられたことで、一定の保険給付がなされる仕組みが整えられたが、これに際して、いわゆる、ひき逃げ事故や無保険車による事故では保険給付がなされない点を補完する制度として、自動車損害賠償保障事業も定められた（自賠責法72条）。これは、ひき逃げ事故や無保険車による事故の被害者等が損害保険会社に請求を行い、それを受けて国が被害者等の損害を填補するものである。なお、後日、国は、その填補分につき加害者等に求償を行うという仕組みとなっている。

　また、刑事手続において、証人あるいは参考人として供述または出頭したことに関して、本人やその近親者が生命・身体に害を加えられた場合、および、国選弁護人またはその近親者が国選弁護人の職務遂行に関して、生命・身体に害を加えられた場合に、療養その他の給付を行う、証人等の被害についての給付に関する法律も、この自賠責法とほぼ同時期の1958年に立法された。なお、

被害者と加害者との間に親族関係(事実上の婚姻関係を含む)があるとき、被害者が犯罪行為を誘発した、被害について被害者にもその責めに帰すべき行為があったとき等には給付の全部・一部をしないことができる、他の法令に基づく給付が行われたとき、あるいは、損害賠償を受けたときにも、一定の限度で支給されない等、犯給法の規定の先駆けとなる規定も置かれている。

3　被害者等への給付金制度の限界

　以上で見たように、被害者等に国が一定の給付を行う制度が、日本においても、自動車事故の被害者等、証人等として刑事手続に関与したことにより生命・身体に危害が加えられた者とその親族を皮切りに、生命・身体に重大な被害を受けた者とその遺族を中心として、近年では、一定の財産犯の被害者等に対してまでも給付がなされる仕組みが整えられた。

　しかし、犯給法を中心に、以下のような限界を指摘することができる。

　まず、性犯罪被害を中心に、被害者が精神的・心理的に非常に大きな被害を受けた場合であっても、それが正面からは給付の対象として規定されていないという点である。たしかに、性犯罪被害に伴う精神疾患についても犯給法に基づく制度の対象となることの周知も含め広報はなされているというが[24]、精神疾患と診断されない程度の被害に止まる場合には、犯給法の適用はないと言わざるをえないであろう。本Part被害実態編の事例4で示された被害も[→32頁]、現行の犯給法の対象とはなりえないものと言わねばならないのである。犯給法に基づく給付がない性犯罪の被害者に何らの手当てもないとすれば、身体に重大な傷害が生じたのに何ら治療がなされない患者と同様に、月日が経過するにつれて、苦痛が積み重なるばかりであろう。

　次に、その給付される者が少なく、給付額が低いという点である。たとえば、犯給法に基づく給付の申請者と支給裁定を受けた者は、1981年の制度開始後20年間で、申請者が5,258人に対して、支給裁定を受けた者が4,496人で、支

24　国家公安委員会・警察庁『令和5年版犯罪被害者白書』(2023年)9頁参照。

給総額は106億円程度であった[25]。つまり、支給裁定を受けた者の平均人数は220人強でその平均受給額は236万円程度に過ぎない。この傾向は、近時もさほど変わっていない。2022年度を例に取ると、支給裁定を受けた者が368人で、支給総額が14億8,447万円であるので、平均受給額は403万円程度であって[26]、平均受給額は約70％増となっているが、すでに見た、被害者等への損害賠償等の状況を前提にすると、給付を受けられる場合が、被害者の死、重傷、ないし重い障がいが残る場合に限られる以上、その給付を受ける者は少なく、その給付額は低きに失するのではないかとの疑いを拭うことができない。これは、この制度が、社会の連帯共助の精神に基づき、犯罪被害を早期に軽減するとともに、犯罪被害者等が再び平穏な生活を営むことができるよう支援するためのものに過ぎないことから生じる限界とも言える。

　さらに、申請から給付裁定までに長期間を要する点である。2021年度における申請から裁定までに要した期間の平均は約9.3カ月、2022年度のそれは9.8カ月と[27]、申請後半年から1年は待たねば給付が受けられない現実がうかがえる。到底、迅速な給付がなされているとは言えない。被害を受けた直後から、被害者等の苦しみは続き、いわば「被害」が積み重なっている状態にあるのに、迅速な給付がなされないことが、さらに「被害」を積み重ねさせているとさえ言えよう。

　最後に、加害者と被害者等が親族関係にある場合、給付金が全部または一部給付されない点である。かつて、親族間の被害には給付されないことが原則とされていたため、夫婦間で起こった殺人事件の遺族である子どもには給付されないケースもあった[28]。この点については、犯給法施行規則が2018年に改正され、犯罪行為時18歳未満であった者が犯罪被害者等給付金を受給する立場にあるときは、その者と加害者との間の親族関係を理由とした支給制限を行わない

25　法務省法務総合研究所『平成13年版犯罪白書』(2001年)128頁参照。

26　法務省法務総合研究所・前掲註13書297頁参照。

27　国家公安委員会・警察庁編・前掲註24書9頁参照。

28　川出敏裕他「座談会：犯罪被害者支援の現状と課題」論究ジュリスト20号 (2017年)149頁参照。

との手当てがなされた。しかし、現在も、上記のような夫婦間で起こった殺人事件において、夫婦の間に19歳の子どもがいた場合等、一定の減額がなされる規定は残されている。いまだ大学生として、親の生計に依存して生活している場合であれば、親の片方は亡くなり、もう一方は刑事手続の対象となり、生活どころではないはずなのに、給付がなされるとしても、減額によって、さらに「被害」が積み重ねられることが大いに危惧される。

4　他国の被害者等への給付制度

　このように日本における被害者等への給付制度には限界が指摘できるが、他国の場合はどうであろうか。ここでは、日本と同じ形での被害者等への給付を行っているイギリスと、日本とは異なり、被害者等に補償として給付を行うドイツの制度を簡単に見ることにしたい。

　まず、イギリスでは、1964年に、暴力犯罪による被害者の補償実施要綱が議会で承認され、制度が始まったが、その後さまざまな改正を重ねつつ、1988年に刑事司法法（Criminal Justice Act、1988）108条から117条で法律化され、それが1995年に犯罪被害者補償法（The Criminal Injuries Compensation Act）として独立し、現在に至っている。ここでは補償という文言が使われているが、その趣旨は、犯罪の被害を国家が補償するものではなく、恩恵的な給付に止まる。しかし、この間に、当初の要綱では対象外であった同一家族間の被害については、かつては「同じ屋根」ルール（'same roof' rule）の下、給付対象外とされていたが、1979年の改正以降、一定の要件を満たせば給付対象とされるようになり、2019年にはこのルールは撤廃された。また、性犯罪被害についても、1979年の改正によって補償を行う（PTSD等の精神的障がいにも支給する）ことが定められた。加えて、暴力事件の目撃によって精神的な打撃を受けた者も給付の対象とされている。最新のデータ（2022年度）によれば、この法律に基づいて、1年間に計1億7,300万ポンド（約277億円）の給付がなされた。また、年度内で処理した申請が34,753件で、そのうち12カ月以内で最初の決定まで処理できたものは

66%とされている[29]。

　次いで、ドイツでは、1976年に被害者補償法（Gesetz über die Entschädigung für Opfer von Gewalttaten: Opferentschädigungsgesetz）が立法されて、暴力犯罪被害者を中心に、その被害が、戦争犠牲者に対するそれと類似しているとして、戦争の犠牲者に準じる形で犯罪被害への国家補償がなされるようになった。これは、国家が犯罪を予防できなかったことから、その犯罪により生じた被害について補償を行うという性格を持ち、日本の犯給法とは前提が異なるものである（申請受理と給付も社会保障に関する部局が担当する）。なお、被害者等がこの給付を受けた場合、民事上の損害賠償請求権は国家が取得するので、被害者は加害者に対して、損害賠償請求を行えず、慰謝料を請求できるに過ぎなくなる。もちろん給付対象には性犯罪被害者やDV被害者も含まれる。なお、給付には、心理カウンセリング等も含まれる[30]。2020年のデータによれば、3,579人に給付がなされ、給付総額は6,728万ユーロ（約80億円）に達していた[31]。

　このように、簡単な比較をしただけでも、イギリスやドイツがはるかに広い範囲で給付を行っており、給付を受けた人数や給付額が日本の犯給法によるものとは桁違いであることが明らかとなる。言い換えると、日本の犯給法に基づく給付が、立法から40年経過した現在もなお貧弱なままであることが鮮やかに示されるのである。

29　以上の内容については、大谷實「イギリスにおける犯罪被害者の救済」警察学論集44巻12号（1991年）、奥村正雄「イギリスの犯罪被害者補償制度の現状と課題」産大法学34巻3号（2000年）、Criminal Injuries Compensation Authority, Annual Report & Accounts 2022-23に依拠している。最後に挙げた年次報告については、以下のURLからダウンロードできる〈https://www.gov.uk/government/publications/cica-annual-report-and-accounts-2022-23（2023年11月23日最終確認）〉。

30　ドイツの被害者補償法については、滝沢誠「犯給制度と社会保障制度との関係について―ドイツを例に―」被害者学研究25号（2015年）148頁以下参照。

31　ドイツの犯罪被害者への給付については、「vgl. Statitik der Kriegsopferfürsorge, 2020, S.9f.」。なお、この統計は、以下のURLからダウンロードできる〈https://www.destatis.de/DE/Themen/Gesellschaft-Unwelt/Soziales/Publicationen/Kriegsopferfuersorge-5227301209004.html（2024年3月4日最終確認）〉。

日本の刑事法の枠内での
被害者等の保護や給付がもたらすもの

1　日本における被害者等のための施策の特徴

　以上で見てきたさまざまな日本における被害者等のための施策の特徴として
は、以下の4点を挙げることが許されよう。

　第1に、被害者等の施策は刑事法の枠内において被害者等の要望に応えるも
のが中心であること。

　当初は、証人や参考人として生命・身体に関わる故意犯による被害を受けた
場合の給付や犯給法等による被害者等への給付が優先され、1990年代末以降は、
刑事手続における被害者保護が優先する形で被害者対策立法が進展したと言う
ことはできる。

　しかし、改めて振り返ってみると、被害を受けた証人等への給付の目的は、
「証人又は参考人の供述及び出頭を確保し……、もつて刑罰法令の適正かつ迅
速な適用実現に寄与すること」（証人等の被害についての給付に関する法律1条）で
あって、犯給法についても、法の目的に明示されてはいないものの、立法当時
に同様の目的があることが示唆されていた[32]。そうすると、これらの立法も刑
事法の枠内のものと言わなければならない。言い換えると、憲法が求めている
被害者等に保障されるべき人権がこれらの施策の出発点というわけではないの
である。

　第2に、刑事法の枠内における被害者等の保護や犯給法等による給付につい
ては被害者等の権利性が弱いこと。

　たしかに、犯罪被害者等基本法では、「すべて犯罪被害者等は、個人の尊厳
が重んぜられ、その尊厳にふさわしい処遇を保障される権利を有する」（3条）

---

[32] 立法当初、この制度は、犯罪行為による被害者等の物心両面にわたる気の毒な立場と実態を出
　　発点とし、社会福祉政策の不均衡、被疑者・被告人の人権保障と被害者等に対する刑事司法上
　　の措置との不均衡によって生じている被害者等の法秩序ないし刑事司法に対する不信感の除去
　　を目的とすると説かれていた。大谷・前掲註23論文64頁参照。

と定められてはいる。そして、刑事手続や少年司法手続における被害者等の保護は、申出がなされればほぼ認められる運用が定着していると見ることが妥当であろう。しかし、法律上、これらの保護の最終的な決定権者は、裁判官や検察官であって、種々の要件が満たされて「相当な場合」にのみ認められる構造となっており、裁判官や検察官に大きな裁量があると言わねばならない。言い換えると、被害者等が申出を行えば必ず実現するものではないのである。これは刑事手続や少年司法手続における被害者等の保護が、憲法が被疑者・被告人に保障する権利や少年法の目的等と衝突しかねないことから設けられた制約とも言える。このような事情もあいまって、被害者等の保護は、官による恩恵的色彩が強いものと言えよう。そして、このことは、給付にも妥当する。したがって、官の意に沿わない被害者等には、保護や給付が行き届かないことも大いにありうると言わねばならない。

　仮に、個別法において被害者等になされる保護や給付は被害者等の権利であるという解釈を施したとしても、法の構造や文言上、被疑者・被告人の黙秘権や弁護人依頼権のように権利性が強いものとはなりえない。したがって、日本における被害者等への保護や給付の権利性は弱いと言わざるをえないのである。

　第3に、保護や給付がなされない被害者等が残らざるをえないこと。

　これは、すでに見たように、被害者保護の申出や給付の申請をしたのに、保護や給付がなされなかったという場合だけを指すのではない。

　これもすでに見たように、たとえ犯罪被害に遭ったとしても、さまざまな事情があって、刑事手続における保護等の申出ができない被害者等には何ら保護や給付がなされない。保護や給付を求めない被害者等に保護や給付がなされない仕組みであるため、必然的に、保護や給付がなされない被害者等が生じざるをえないのである。

　しかも、捜査はなされているのに被疑者が検挙されない場合には、そもそも刑事手続における被害者等の保護の一部はなされようがない。さらに、実は犯罪被害に遭ったのに、そもそも刑事事件として立件されないという場合も、同

様に保護がなされないことになる。加えて、この場合、犯罪被害に遭ったことの証明が困難なこともあいまって、犯給法による給付も受けられない可能性が極めて高い。その意味で、本Part被害実態編の事例2で取り上げられた被害者は[→27頁]、こうした 保護や給付がなされない者の典型と言える。

つまり、刑事法の枠内で定められたと言える、被害者等保護立法や犯給法等は、被害者等が申出や申請をできる状況になく、しかも、その被害が犯罪によるものであることが明らかでない場合には、単に被害者等を泣き寝入りさせるものと言わねばならないものなのである。

第4に、以上を前提とすると、刑事法の枠内での被害者等の保護や犯給法等に基づく給付は構造的に被害者等に「被害」をさらに積み重ねること。

上で見たように、刑事法の枠内であるがゆえに、被害者等が、申立てをしても、保護がなされない、あるいは、申立てすらできず泣き寝入りせざるをえないのであれば、保護や給付がなされないために、犯罪による一次被害に続けて、二次被害、三次被害が生じることになる。もちろん、こうした二次被害、三次被害の中には、被害者等が受忍すべきではない被害ばかりとは限られないものもあるので、「被害」と表現せざるをえない。

しかし、被害者等にとっては「被害」とはいえ、一次被害に続いて、苦痛を強いるものであることに変わりはない。こうした「被害」の積み重ねが、被害者等に、被疑者・被告人を含む「加害者」憎しの感情を生じさせ、さらに強めることも容易に想像できよう。それは何をもたらすのであろうか？

2 被疑者・被告人等との相克

上で見たように、日本における刑事法の枠内での被害者等の保護や犯給法等に基づく給付が構造的に被害者等に「被害」をさらに積み重ねる以上、被害者等は、被疑者・被告人や特定されない「加害者」に対して、憎悪の感情を強めざるをえないであろう。

さらには、刑事手続への被害者参加が認められた被害者等であっても、被疑者・被告人が黙秘権等の憲法上保障されている権利を行使したことを被害者等

が見聞すれば、その権利行使に対して烈火のごとく怒りの感情を募らせることも想像にかたくない。あるいは、検察官の求刑にも納得しない被害者等であれば、求刑よりも軽い量刑がなされた場合も、怒りの感情を募らせることになろう。

しかし、すでに見たように、刑法には法定刑の枠があり、法律上の減軽事由に該当すれば、法定刑を下回る量刑がなされなければならず、それを上回ることは違法となり、上訴審でそうした違法な判決は破棄を免れない。

もちろん、検察官による立証活動によっては、被告人が罪を犯したことに合理的な疑いが残るがゆえに無罪判決が言い渡される場合もある。しかし、神ならぬ警察官や検察官が誤りを犯すこともある。裁判官が誤りを犯し、後日、上訴や再審によって当初の被告人が雪冤を果たすこともありうる。

そのことに、被害者等が怒りを募らせるとすれば、刑事法の枠内でのみ被害者等の保護や犯給法等に基づく給付がなされることは、被害者等と被疑者・被告人等との間に相克を生じさせると言わねばならない。

しかし、そもそもこうした相克自体は必然的なものなのであろうか？　実は、被害者等の中にも、被疑者・被告人に保障されるべき諸権利の重要性を説く者もいる。また、死刑制度そのものに疑問を呈する被害者等もいるのである[33]。そうすると、こうした相克は必然的なものではない。

Introductionで見たように、犯罪者等にも犯罪や非行以前にさまざまな被害が積み重ねられている。しかも、後で示されるように、そうした被害にも国が大きく関わっているのである。被害者等の場合も、二次被害、三次被害を受ける場合には、それには国が大きく関わっている場合が少なくない。さらには、一次被害にも国が大きく関わっているのに、なぜ、同じく国が関わっている被害を受けた者が対立し合わねばならないのであろうか？

33　このような被害者等の1人が先の註で取り上げた片山徒有さんである。犯罪被害者遺族としての片山さんがどのような経緯から、被疑者・被告人の適正手続保障、犯罪者・非行少年の立ち直りに関心を持ち、死刑を廃止すべきという立ち位置に至ったのかについては、大日方信春他「シンポジウム『冤罪被害者と犯罪被害者を結ぶ』」熊本法学153号（2021年）37～44頁参照。

このような被害者等と、後述の冤罪被害者も含みうる「加害者」との相克を可能な限り回避する方向で、被害者等の権利が保障される道筋が見いだされるべきであろう。

■被害支援編

被害者等の被害とその上に積み重ねられる「被害」にどう向き合うべきか？

1　被害者等に積み重ねられる「被害」にどう向き合うべきか？

以上で見たように、被害者等には、捜査機関・司法機関で不適切な対応を受けるという二次被害や被害者等に対して適切な対応がなされず放置されることによる三次被害も生じうるが、そもそも犯罪被害という一次被害を受けたのに、それを申告できないまま被害に泣き寝入りしなければならないという「被害」や、刑事手続における保護や被害者等として給付金の申請をしたのに給付されないといった「被害」も構造的に生じうる。

これらの被害や「被害」に向き合わないこと、言い換えると、放置することは、到底妥当ではない。

それでは、どのように、これらの被害者等に生じる被害や「被害」に私たちは向き合うべきなのであろうか？

2　被害者等に保障されるべき人権

まず、被害者等にも保障されるべき人権があり、それに基づいて、被害者等に公的な手当てがなされるべきことは言うまでもない。それでは、被害者等にも保障されるべき人権とはどのようなものであろうか？

まず、憲法13条で保障される幸福追求権が挙げられる。とりわけ一次被害によって立ち上がれないほど傷つけられた被害者等であっても、当然、その幸福

を追求することは保障されねばならない。しかし、それは、憲法が被疑者・被告人に保障しているさまざまな権利を制限してまでも保障されるべきものとは言えない。憲法13条がいう、「公共の福祉に反しない限り」という、幸福追求権への制約はそうしたものとして理解されるべきである。

なお、犯罪者や非行少年にも、憲法13条で保障される幸福追求権は及ぶ。もちろん、ここでも「公共の福祉に反しない限り」という制約は及ぶが、犯罪者や非行少年であっても、社会で生活する可能性をまったく否定することは許されるべきではない。したがって、被害者等の幸福追求権が、犯罪者や非行少年を永遠に社会から抹殺することまで含むと解されるべきではない。

次いで、憲法25条で保障される、健康で文化的な最低限度の生活を営む権利である、生存権も挙げられる。もちろん、この生存権とは、最低限度の生活さえ保障すれば足りるというものではない。犯罪被害に遭うことで、ただちに生活に困窮してしまう被害者等もいることが忘れられるべきではなく、犯罪被害を受けたのに、適切な支援を受けられなかったという三次被害を生じさせないために、被害者等にも、まず、犯罪被害を受けても、健康で文化的な最低限度の生活を営む生存権が保障されねばならないのである。

この他、被害者等に障がいがあれば、日本国憲法14条、そして障がい者の権利条約に基づいて、差別が禁止され、合理的な配慮等が提供されねばならない。また、被害者等が子どもであれば、子どもの権利条約に基づいて、成長発達権や意見表明権等も保障されねばならない。これらの日本が締結した国際条約は、憲法98条2項に基づき、誠実に遵守される必要がある。

犯罪被害者等に積み重なる「被害」を防ぐために必要なこと

1　事件直後からの被害者等への支援

以上で確認した、被害者等に保障されるべき人権に照らすと、被害を受けた事件直後からの被害者等への支援が、まずなされねばならない。

被害者等が被害を受け、あるいはその被害に気がついたときからただちに適切な支援がなされることで、少なくとも三次被害を防止することができるからである。逆に、被害者等が被害を受けた後に適切な支援が受けられないのであれば、そのことが三次被害に直結することになる。治療が必要な受傷をしたにもかかわらず、治療がなされないままであれば、受傷が悪化することを思えば、被害を受けた事件直後からの支援が必要不可欠なことは明らかであろう。

　たとえば、被害者遺族が、被害者の殺害現場での生活を余儀なくされることは、一次被害をますます重大なものにしてしまうという三次被害を生じさせるのである。これを防ぐには、被害者等が事件現場で生活しなくてもすむように、一時避難所の提供等の支援が実現される必要がある。

　さらには、一次被害の直後から被害者等に支援がなされることによって、たとえば、自宅で家族が殺された事件で、同居人全員が被疑者とされ、ポリグラフにかけられる等、厳しい取調べを受ける等で二次被害が発生することを、それぞれの弁護人が未然に防止することも可能となろう。

　また、刑事事件として立件されるか否かにかかわらず、被害者等から申出があれば、まずは被害者等の気持ちを受け止める支援から、その提供がなされるべきであろう。その延長線上に、本Part被害実態編の事例２[→27頁]のように、被疑者が検挙されていない事件の被害者等も健康で文化的な最低限度の生活ができるような支援が提供される必要がある。

　もっとも、大きな課題が残らざるをえない。それは、事件直後だけでなく、被害に気づいても、それを誰にも言えない場合に、いかなる支援がなされるべきかという点である。この課題は、本Part被害実態編の事例３[→30頁]における被害女性にいかなる支援がなされるべきかという点にまさに妥当する。一般論としては、被害を誰にも言えないほどの人間不信に陥っている場合等が考えられる。そうした場合には、まずは、そうした状況の被害者等に最も身近な立場にある適切な者が声をかけ、寄り添うところから始めるしかないように思われる。

　なお、これらの支援には、もちろん公費が投入されねばならない。しかし、

その担い手が警察や警察と強く関連している団体である必要はない。なぜなら、警察が被害者等の支援をしようとすると、必然的に被疑者の有罪を立証するための捜査に方向づけられた支援に偏る危険性があり、それこそが二次被害、三次被害を生じさせかねないからである[34]。

2　さらなる「被害」からの即座の救済

次に、刑事手続において、捜査機関や司法機関から不適切な対応を被害者等が受けた場合に、即座に被害の救済が受けられることが必要である。

もちろん、不適切な対応といっても千差万別であって、すべてが違法な手続というわけではない。したがって、捜査機関や司法機関から受けた不適切な対応から、すべての場合で、受忍されるべきではない被害が、被害者等にさらに生じるわけではなく、むしろ圧倒的に多くの場合では、「被害」に止まると言わざるをえないであろう。

しかし、「被害」に止まるとはいえ、すでに一次被害を受けた被害者等にさらなる苦痛を与えるものであることは否定できない。そこで、そうした「被害」の積み重ねを防止するためには、たとえ「被害」であっても、そこで受けた苦痛を適切な者に共有してもらい、さらなる「被害」の防止あるいは軽減のためのあらゆる手立てを捜査機関や司法機関とともに検討してもらい、実際にそれを講じることが、ある種の救済として考えられる。

ところで、こうした「被害」の中には、被害者参加等で苦痛を受けることだけでなく、逆に、申出を行っても被害者参加が認められなかったことで苦痛を受けることも含まれる。どちらであっても、まずは、苦痛を適切な者に共有してもらうことが必要不可欠である。

また、死刑確定者との面会を求めたが、一度面会できたきりで、それからは

---

34 筆者は、イギリスの被害者等支援団体であるVictim Supportを2003年に訪問した際に、かつてはイギリスでも警察が被害者等の支援を担っていたが、それによって被害者等の支援に偏りが出たため、警察による支援から民間団体による支援に切り替えられていったという話を聴いたことを忘れることができない。

二度と面会が認められなかった原田さんが受けたような「被害」（本Part被害実態編の事例7［→37頁］）にも適切な救済がなされる必要がある。原田さんの場合であれば、それは面会が認められることにほかならない。

　もちろん、本Part被害実態編の事例6［→36頁］のように、被害の告発等を契機に、匿名の者等からバッシングを受けた被害者等も救済されねばならないことは言うまでもない。

3　国家による被害者等への補償

　すでに見たように、被害者等の損害回復に向けた諸制度だけでなく、犯給法等に基づく被害者等への給付金制度にも、さまざまな限界があり、被害者等が犯罪や少年非行によって受けた損害の賠償でさえ、必ずしも十分に受けられないのが現実である。

　そもそも、被害者等が犯罪を契機に受ける被害や「被害」は、直接犯罪からもたらされたものだけにつきない。二次被害、三次被害に含まれる「被害」も、被害者等から見れば、犯罪や少年非行を契機に受ける被害にほかならないのである。そして、こうした「被害」には、国が関与しているものもある。

　加えて、犯罪者や非行少年にも、犯罪や非行以前に、さまざまな被害や「被害」が積み重ねられており、しかも、そうした被害や「被害」の中には、後で示されるように、国が積み重ねさせたものもある。

　被害者等が受けたさまざまな被害や「被害」の中には、被害者の命等、そもそも回復不能のものもある。しかし、被害者等にも幸福追求権が保障されねばならない。少なくとも、被害者等が適切な損害回復を受けられないまま、ただただ「加害者」を憎み続けるだけというのであれば、到底、被害者等に幸福追求権が保障されたとは言えない。

　そこで、犯給法をドイツにおける被害者補償法のように、国家が犯罪を予防できなかったことから、その犯罪により生じた被害について被害者等に対して補償を行うという枠組みに改めることが必要である。

　たしかに、本来であれば、民法の定める通り、犯罪等によって被害者等に生

じた損害は、それを生じさせた「加害者」に賠償責任がある。しかし、そもそも「加害者」には、さまざまな被害等が積み重ねられていることもあいまって、到底損害賠償を行える資力がなく、たとえ後日若干の資力を得たとしても、先行していた自らの被害が何らの埋め合わせも受けていないのに、自己に責任があるとはいえ被害者等への損害賠償に心を配ることはできない状況にある[35]。そうした「加害者」を、被害者等にとことん追及させることは、何ら被害者等の幸福追求権の保障にはならない。ましてや、生存権保障にもならない。これも後で示されるが、「加害者」をそのような状況にしたことに、国には、ある種の「共犯」ないし「主犯」としての責任があるとも言える。そうであるならば、まずは、被害者等の幸福追求権や生存権の保障のために、国が被害者等に生じた被害等を補償し、後日、「加害者」にその分を求償する仕組みを作ることが、被害者等に迅速な支援が必要という点から見ても、合理的である[36]。

　なお、日弁連も、2017年の人権擁護大会で採択された「犯罪被害者の誰もが等しく充実した支援を受けられる社会の実現を目指す決議」の中で、「犯罪被害者等補償法を制定して、犯罪被害者に対する経済的支援を充実させるとともに、手続的な負担を軽減する施策を講じること」を挙げている。その根拠として、犯罪被害者の権利の淵源を憲法13条の幸福追求権と憲法25条の生存権に求めたうえで、犯罪被害者の権利という観点からすれば、現行の犯罪被害給付制度の改正によっては自ずと限界があるので、犯罪被害者が国家から補償を受ける権利があることを明記した犯罪被害者等補償法を制定し、経済的支援施策の抜本的な拡充を図るとともに、簡易迅速な請求手続を実現させ、補償項目や補償額を充実させるべきというのである[37]。

35　「加害者」が損害賠償から逃げているとも見える現実は、「加害者」自身に加えられてきた被害には何らの賠償がなされていないこととおおいに関係しているのではないかと考えられる。この点については、今後、さらに研究が深められる必要がある。

36　被害者の損害回復を第一に考え、国による損害賠償の立替払いを実施し、国から加害者に対して求償するという方策を検討する必要性については、番＝江藤・前掲註22論文85頁参照。

37　この決議については、以下のURLで参照できる〈https://www.nichibenren.or.jp/document/civil_liberties/year/2017/2017_1.html（2023年11月26日最終確認）〉。

国家による損害賠償の肩代わりについては、すでに紹介した自賠責法72条に基づく自動車損害賠償保障事業があり、決して先例がないわけではない。

　このように、犯給法を国が被害者等にまずは補償を行う制度に改めることが、少なくとも被害者等の幸福追求権や生存権保障の第一歩として必要不可欠である。もちろん、その被害者等には、刑事裁判に証人として関与したがゆえに被害を受けた者等も含まれねばならない。そうすることで、証人としての被害者が被害を受けた場合であっても、適切な補償がなされるようになるのではないかと思われる。

4　被害者等への施策の刑事法からの解放

　ここまでに示してきたように、日本における被害者等の保護等の被害者等への施策が刑事法の枠内のものであるがゆえに、被害者等にとってのさまざまな限界が生じてきたと言えよう。つまり、刑事法の枠内に止められてきた被害者等の施策こそが、被害者等の幸福追求権や生存権の保障を妨げてきたとも言えるのである。

　また、いわゆる被害者心情伝達制度も、刑事法の枠内のものであるがゆえに、それが受刑者等に打撃を与え、むしろその立ち直りや被害者等への損害賠償を妨げることになり、損害賠償だけでなく受刑者等の立ち直りをも望んでいた被害者等に、さらなる「被害」をもたらすことも強く懸念される。

　そこで、今後の被害者等の施策を刑事法の枠内に止められることがないように、言い換えると、被害者等の施策を刑事法の枠から解放し、被害者等の幸福追求等の権利を真に保障するものにすることも必要不可欠である。

私たちが学ばねばならないこと

　最後に、被害者等を可能な限り早急に支援すること等を通して、被害者等の幸福追求等の権利を保障することを実現していくにあたって、私たちが改めて認識しておかねばならないことを挙げておく。

　それは、「加害者」が処罰されることは、被害者等が被害を受けたことによって「失ってしまったもの」を、言わば、埋め合わせるものにはならないという点である。被害者等にとって現在進行形の被害や「被害」に対して、裁判は、過去の個別具体的な事件についてしか判断を示すことができないという限界を持っているのである[38]。つまり、刑事裁判が被害者等の被害を埋め合わせるに果たす役割は決して大きいものではない。このことは刑罰の執行についても妥当する。死刑が執行されたからといって遺族にとっては何も解決していないのである[39]。

　以上で提言したことが実現し、被害者等に迅速な支援が提供され、真に幸福追求権が保障されることが当たり前となった場合に、被害者等はそれでも刑事裁判で被告人に厳罰を求めるのであろうか？　しかも、「加害者」に厳罰を求めた被害者等にとって、後にその「加害者」が実は冤罪被害者であることが明らかになった場合の打撃は想像を絶するものになろう。こうした悲劇を絶対に回避することこそ被害者等への施策にとって最も重要であることを強調して、本Partをまとめることにしたい。

38　岡田・前掲註8論文32頁参照。
39　岡田行雄＝長塚洋「トークと映像で考える〜死刑って何？〝世論〟って何？」熊本法学147号（2019年）164頁参照。

Part 2
「加害者」と その家族の被害

実名報道を契機に、「加害者家族」はさまざまな被
害を受け、生活がままならなくなる。また、犯罪者
は社会から非難されて当然とされてきたが、犯罪者
にはさまざまな被害や「被害」が積み重ねられてい
る場合も少なくない。刑事手続や処分はいかに改革
されるべきであろうか？

■被害実態編

事例1　実名報道の影響

1　奪われた日常

　「○月○日、○○線の車内で女性の身体をさわる等した行為により、東京
　都条例違反で○○○○を逮捕した」
　「○○○○って、華凛のお父さんだよね？」
　友人から送られてきた、父の実名報道に関するメールの文面は、華凛にとっ
て死刑宣告に感じた。
　「私は社会に存在してはいけないと告げられているようでした」
　華凛(仮名・20代)は都内の大学に通う学生である。苗字は非常に珍しく、父
親の逮捕記事から華凛の家族であることが一部の人に知られてしまった。
　「家族と本人は別だっていうのは、頭ではわかるんだけど……。私の心が
　狭いと思うんだけど、ちょっと一緒にいるのが辛い……」
　痴漢被害を経験した友人は、華凛の下を去っていった。
　華凛は大学で女性学を専攻しており、性被害者救済のための運動にも参加し
ていた。それが事件をきっかけに、仲間と顔を合わせることができなくなって
しまったのだ。
　「お父さんは痴漢なんてしていないの」
　華凛が両親に問い詰めると、父親は痴漢等していないというのだ。
　「じゃあ、何で戦わないの？」
　「仕事に穴をあけるわけにはいかなかったんだよ」
　華凛には理解できなかった。
　「犯罪者の家族になっちゃったんだよ。戦ってよ！」
　「仕方ないでしょ。お父さんが働けなくなったら私たちどうなるの？」

母親の言葉に、華凛は衝撃を受けた。

　（私立大学に通うことになってお金がかかっている……。私が馬鹿だから悪いん
　だ……）

華凛は自分を責めた。

華凛も満員電車内で痴漢の被害に遭った経験があった。それでも、性犯罪者
の家族となって以来、「性被害」という言葉を聞くたびに自分も加害者であると
罪悪感を抱くようになってしまった。

ある時、華凛を心配した友人のひとりが声をかけてくれた。

　「実はね、私の兄も痴漢で逮捕されているの」

友人は、性犯罪者の家族であることをカミングアウトしてくれた。

　「お兄さんは本当に痴漢をしたの？」

　「そうみたい」

　「それからどうなったの？」

　「特に何も……。普通に働いてるよ」

　「新聞とかに出て大変じゃなかった？」

　「それが、新聞に載らなかったんだよね」

　「え……？　どうして？」

華凛は友人の話に衝撃を受けた。

　「どうして報道されなかったの？」

　「それは私にもわからないけど……」

　「じゃあ、ネットとかにも情報は残っていないのね」

　「そうだよ」

華凛は複雑な心境になった。どうして冤罪の父親が報道され、痴漢をした加
害者が報道されないのか……。華凛は、気になり調べてみると、たしかに同じ
事件でもその日のニュースとの兼ね合いによって報道されないケースもあるよ
うだった。

華凛の父親の事件は、ネット上に残り、消えることはないのだ。華凛は絶望
的な気持ちになった。

「お父さんは仕事に復帰しているし、上司も理解してくれてるんだからも
　ういいでしょ」

　一刻も早く事件を忘れたい母親は、華凛の葛藤が理解できなかった。

「結婚すれば苗字なんて変わるんだからいいじゃない」。母親はそう言って突
き放した。そんな単純な問題ではない。華凛にとっては、自分のアイデンティ
ティが崩壊する出来事なのだ。

　華凛は自分の存在が汚らわしく感じ、リストカットを繰り返すようになっ
た。

「安易に報道する人たちは、私から人生を奪っているって自覚してるので
　しょうか……。それとも、家族が巻き込まれ、社会的制裁を受けるのは当
　然なのでしょうか……」

2　コメント──実名報道による被害

　世間の耳目を集めた重大事件のメディアスクラム（集団的過熱取材）では、加
害者の親族のみならず、近隣住民や勤務先まで巻き込まれる。しかし、こうし
た過熱取材が権力の監視や真相究明というメディア本来の役割を果たしている
かといえばそうではない。むしろ、加害性を強調し、あたかも犯人であるかの
ような有罪推定の方向に誘導しているのである。

　日本の犯罪報道のピークは逮捕前後であり、継続的に取材が続くケースはそ
う多くはない。人々の記憶やインターネット上に残る記録はたいてい、捜査段
階の報道である。捜査中は、あらゆる可能性をはらんだ情報が大量に流出する
が、真偽は定かではなく、不十分なゆえに誤解を招く表現もたびたび見受けら
れる[1]。こうした情報は、責任を持って随時更新されるべきであるが、真実より
好奇心を煽る内容に人々は飛びつき、拡散され多くの人が目にした情報だけが
残っていくのである[2]。

1　阿部恭子『家族が誰かを殺しても』（イースト・プレス、2022年）9〜65頁。

2　阿部恭子『息子が人を殺しました─加害者家族の真実』（幻冬舎、2015年）62〜73頁。

こうしたメディアスクラムは、実名報道に端を発して行われ、SNSへと発展していく。本件のように、警察が逮捕した事件がすべて実名報道されているわけではない。しかし、報道されるか否かで、加害者の人生は180度変わると言っても過言ではない。ネット上に残るデジタルタトゥーは、加害者の社会復帰の妨げのみならず、加害者家族への社会的制裁まで誘発し、追い詰めているのである。

事例2　塀の中と外

1　拘置所までの往復2時間、面会時間20分

森山優香(仮名・30代)は、最近ようやく自動車免許を取得した。目的は、拘置所にいる夫に面会に行くためである。

夫が収容されている拘置所まで車で1時間。公共交通機関はなく、タクシーもつかまりにくい非常に不便なところだ。足の不自由な夫の母親を連れて行くためにも車の免許を取りたいと考えた。

「まるで私たちが罰を受けているみたいね」

ここの拘置所のトイレはいまだに和式で、足の不自由な母親は利用できない。こうした劣悪な環境は、犯罪者の家族となった人々への制裁のように感じる。

「優香さんごめんね。息子が馬鹿なことしたもんだから、私たちのことは
　気にしないで新しい人生を歩んでいいのよ」

優香は離婚について悩んでいた。優香の夫は殺人罪で起訴されており、弁護人によれば、10年以上の実刑判決は覚悟しなければならないというのだ。拘置所に通うだけでも時間と費用を要するのだが、刑務所となれば、さらに遠方に収監される可能性が高い。はたして待ち続けることができるだろうか……、優香は答えが出せずにいた。

諸外国では刑務所の「夫婦面会」(Conjugal Visit)を婚姻しているカップルに

限って認めているところも多いが、日本では完全に認められていない。優香は、塀の中との交流が続けられるのであれば、たとえ長期にわたっても夫を待ちたいと思った。アメリカでは、夫婦面会は憲法で保障された権利であり、認めない州法は違憲だと受刑者や配偶者が訴訟を起こしているというのに。

　優香は、もし子どもがいたならば、ひとりで待つよりずっと心強いと思った。夫が出所できる頃には、出産は難しい年齢になっているかもしれない。夫を支えたい気持ちがあるにもかかわらず、制度がそれを許してくれないのだった。

　新型コロナで面会が禁止されたときも、イタリアでは受刑者たちが抗議をし、塀の外では受刑者家族支援団体がデモを行っていたという記事を読んだ。当事者が積極的に声を上げていかなければ制度は変えられないかもしれない。しかし、自分の身に置き換えると、たとえ実名を伏せたとしても、加害者家族として公に姿をさらせば、世間からどのような攻撃の矢が飛んでくるのかわからない。社会を変えたい、でも怖い……。優香は、加害者家族としての葛藤に悩まされていた。

2　コメント──外部交通のハードル

　近年、収容人数の減少により、施設老朽化の建て替えコストや職員配置の合理化を理由に、地方で拘置所の廃止や収容停止が相次いでいる。山口県宇部市の宇部拘置支所も法務省広島矯正管区および山口刑務所から収容業務停止の勧告を受けた。収容業務停止の決定は、被告人と弁護人が接見する権利の侵害で違法にあたるとして、宇部市の弁護士が決定の取消しを求め、山口地方裁判所に提訴した。山口県弁護士会は、宇部拘置支所の収容停止に強く反対してきた。元収容者や被告人の家族といった当事者が声を上げることが難しい日本では、弁護士会によるソーシャルアクションは重要である。

　宇部拘置支所が廃止されれば、下関市にある下関拘置支所が代替施設となるが、下関拘置支所は宇部拘置支所から約48キロ離れており、被告人と弁護士の接見交通権が著しく制約される。収容業務が停止され下関拘置支所に集約され

ると、弁護士は常に遠距離の接見を強いられ、必要に応じて適時に被告人と接見できる権利が著しく制約され、国選弁護を引き受ける弁護士がいなくなることも懸念されている。

時間と費用を要する面会は、家族や支援者を遠ざけ、被収容者を社会から孤立させていく。WOHでも代理面会や面会費用の建て替えといった外部交通の支援を行っているが、すべてのケースに対応できる経済力はなく、民間団体の支援ではあまりにも限界がある。再犯防止の視点からも、外部交通の積極化を検討されたい。

事例3　隠された動機

1　被告人が発すべきは謝罪と反省の言葉だけなのか

森山直哉(仮名・30代)は、妻の優香(仮名・30代)と順調な結婚生活を送っていたが、ある日、出張先で再会した元交際相手の恵(仮名・30代)と関係を持ってしまった。

恵は直哉に復縁を求めたが、妻のいる直哉は申し出を断っていた。それでも、恵は何度も直哉に連絡をしてきて、復縁を迫った。

恵の行動は次第にエスカレートしていき、ふたりの過去の写真を会社や自宅に送りつけることがあった。

「結婚前の写真だし、もう何も関係ないよ」

心配する妻に、直哉は浮気の事実を告げることはできなかった。

「一緒になれないなら死にたい」

恵は、自傷行為の写真をたびたび送るようになった。

「死ぬなんて言うなよ」

直哉の返信に、

「ありがとう。その一言で救われるから見放さないで」

と恵は返信した。

直哉は内心、面倒だったが、恵からのメールには必ず返信して暴走させないようにしていた。しかし、いつまで経っても復縁を諦めない恵に、直哉はストレスが溜まり、苛立ちを隠せなくなっていた。

　「俺はこれ以上、かまえないから」

　思わず厳しいメールを返すと、恵はいきなり自宅に訪ねて来たのである。

　「警察に通報するからな！」

　怒鳴る直哉に、恵はその日は引き返した。ところが、数時間後、「優香を殺して私も死ぬ。一生、後悔させてやる」といったメールが送られてきた。

　ちょうどその頃、優香の妊娠が判明したが、流産してしまっていた。直哉にとっても非常に辛い出来事であり、優香は口にしないが、直哉は本当は恵のことがストレスになっていたのではないかと考えるようになった。じわじわと湧き上がる怒りは、殺意へと変わっていった。

　直哉は恵の自宅に向かい、刺殺してしまったのである。

　「つまり、殺された恵さんが悪いって言いたいの？」

　直哉の国選弁護人は、被告人と目を合わすこともなく、面倒くさそうに言った。

　「違います。理由を説明しただけです」

　「人を殺したんだから、理由なんてどうでもいいでしょ。余計なこと言わずに謝罪すれば十分」

　「情状証人に奥さん呼びたいんだけど、まだ離婚はしていないんでしょ？」

　「そうですが、彼女を人前にさらすことはできません」

　「じゃ、母親は？」

　「母は車椅子なんですが、当日はサポートしてもらえるのでしょうか？」

　「それは奥さんとか、ご兄弟に頼んだらいいでしょ」

　「だから、家族を法廷に呼びたくないんです！」

　「じゃ、証人はなしで仕方ないね」

　「もう、私は死刑でかまいません。もう来ないでください！」

　直哉はその後、弁護人の接見を拒否し続けた。そのまま突入した裁判では、

被告人の情状に関する証拠は一切提出されず、「他人の生命を奪ったにもかかわらず、真摯な反省の態度は微塵も見られない」と判示され、懲役15年の刑が言い渡された。

2 コメント──刑事裁判における真相究明の意義

被害者による不貞行為やハラスメントが事件の背景に潜んでいるケースは実際、少ないとは言えない。

被害者側の加害行為が報道されると、途端に被害者と加害者の立場が逆転し、被害者側に批判が集まることがある。しかし、たとえ被害者が加害行為を行っていたからといって、犯罪が正当化されるわけではない。どんな事情があろうと奪われた命、奪われた家族という被害者の地位は揺るがず、被害が軽視されてはならない。

筆者は、500件以上の殺人事件の加害者家族から相談を受け、100人以上の殺人犯と面会をしてきた。事件が凶悪であればあるほど、その背景には複雑な事情が存在し、その動機の解明と加害者の改悛の情を導くには長い時間を要する。裁判員裁判が導入されるにあたって、刑事裁判の長期化が問題視されていたが、凶悪事件と呼ばれる事件の支援の立場から長期的な視点で見れば、裁判員裁判が結審するまでの1〜2年は決して十分とはいえず、十分に審理がつくされないまま死刑判決が下されている事件さえある。

犯罪報道が伝えるべきは、人を裁くべき材料ではなく、なぜ罪を犯すに至ったのか、そして、再び同じ過ちが繰り返されないためには何が必要なのか、その教訓を導くことである。

事例4　死刑囚を取り巻く人々

1　死刑囚の家族の苦悩

もし、我が子が人を殺したら？　まさか、そんなことは起こるはずない……。

誰もがそう思うかもしれない。ところが、前科前歴もなく、他人に暴力を振るうこと等なかった我が子が突然、世間を震撼させる事件の犯人になってしまうことがある。

当時、22歳だった奥本章寛さんは、2010年3月1日午前5時頃、生後5カ月だった長男の首を絞める等して殺害、妻(24歳)と義母(50歳)をそれぞれ包丁やハンマーを用いて殺害し、長男の遺体を自宅近くの資材置き場に埋めた。

「まさか……」

事件の知らせを聞いた奥本氏の両親は、福岡から事件現場の宮崎に向かおうとしていた。きっと何かの間違いだ……。衝撃が大きすぎて事実を受け止めきれないまま、とにかく職場の上司に事情を話すと、

「仕事のことは心配するな、お前たちは子どもを守れ、お前たちは俺が守る」

その言葉に、親としての使命を果たさなければという思いが込み上げてきた。

「正直、なぜ息子が……、と思いました」と奥本夫妻は申し訳なさそうにそう話す。それもそのはずである。幼少時代から章寛さんを知る友人たちは皆、事件の知らせに驚いていた。

「章寛君が理由なく人を殺すはずがありません。必ず、事情があったのだと思います」

幼馴染のひとりはそう話し、事件の経過を見守ってきた。奥本夫妻は地域の人々に守られ、章寛さんが死刑囚となった現在も地域で暮らしている。

2 穏やかな青年はなぜ家族3人を殺めたのか

章寛さんは、福岡県の豊かな自然に囲まれた地域でのびのびとした幼少期を過ごした。小学生の頃から剣道を始め、高校卒業後は航空自衛隊に入隊し、宮崎県の航空自衛隊基地に配属されていた。被害者の妻とは地元で出会い、妊娠を機に結婚した。この地域の一部の女性の間では、自衛隊員と結婚するのが人気だったという。

結婚後は自衛隊を除隊し、土木会社に勤務していた。高校の先生方の勧めも

あり自衛隊に入ったが、いつかは土木関係の仕事に就きたいと考えていた。職場でも評判が良く、仕事は順調だったが、宮崎での結婚生活は決して順調ではなかったのだ。

章寛さんは、妻と生まれたばかりの長男と義母の3人と宮崎で生活を始めることになった。義母は気性が激しく支配的で、章寛さんは同居し始めてすぐに、義母との関係に悩まされていった。

長時間の肉体労働にクタクタになって帰宅しても、食事は用意されておらず、残り物を食べるしかなかった。生活はすべて、義母が決めたルールに従わなければならず、義母の前に風呂に入ることも許されなかった。妻は義母の言いなりで、次第に家庭の中に章寛さんの居場所はなくなっていった。

章寛さんの約20万円の月収で家族4人の生活を支えており、奥本夫妻も現金やお米等を定期的に援助していた。家族にいつまでも迷惑はかけられないと、章寛さんは昼間の仕事に加えて夜のバイトを探すようになった。

奥本夫妻が宮崎に行ったとき、義母と妻は立派な服装をしているのに比べ、息子だけがボロボロの服を着ていたという。

ところが、生活に余裕のないはずの章寛さんは、ローンで高級車を購入する等、その暮らしぶりは派手になっていた。義母と妻は、章寛さんが自衛隊を除隊したことが気に食わず、章寛さんは、仕事や給料についてたびたび不満をぶつけられていた。章寛さんは彼女たちの機嫌を損ねないようにと無理を重ね、借金は600万円にまで膨れ上がっていた。

それでも章寛さんの努力は報われず、義母の嫌がらせは酷くなる一方だった。肉体労働に疲れて布団に入る章寛さんを義母は、「若いのに寝るな」と布団を取り上げ蹴りつけた。

そして、ついに章寛さんに殺害を決意させる出来事が起こる。

「あんたの家族は何もしてくれない。部落に帰れ！」

義母はそう言って章寛さんを殴りつけた。殺害の5日前の出来事である。

愛する家族や地域への侮辱に、章寛さんの理性は崩壊する。殺害のためのハンマーを購入し、家族3人が寝静まるタイミングを待つ。

そして、2010年３月１日午前５時、生後５カ月の息子の首を両手で絞めつけた後、浴槽の残り湯にうつ伏せの状態で浮かべて窒息させた。次に、妻の首をを刃渡り12センチの刃物で刺し、ハンマーで頭を数回殴打、義母の頭もハンマーで数回殴打して３人を殺害した。

　2010年12月７日、宮崎地方裁判所は、「家族生活全般に鬱憤やストレスを募らせ、義母からの叱責をきっかけに自由で１人になりたいと殺害を決意」「我が子への愛情は感じられず無慈悲で悪質。自己中心的、冷酷で、責任は重大で極刑に値する」として奥本章寛さんに死刑判決を言い渡した。さらに、残された被害者遺族の峻烈な処罰感情をも加味し、２人以上殺害した場合、死刑適用という永山基準で示された「動機」「殺害方法」等の要素に言及し「若年であること等から更生可能性は否定できないが、極刑を回避すべき決定的な事情とは認められない」と結論づけた。

　判決では、被告人質問で動機を問われた際、「わからない」と答えていることが多く、「反省は表面的で内省の深まりは乏しい」と判断されたが、控訴審の段階で心理鑑定が行われ、章寛さんは専門家の介入を通して徐々に犯行当時の自分を客観視できるようになっていった。

3　支える会の発足

　真面目で素朴な青年が起こした殺人事件は、彼が育った地域の人々の心にも波紋を広げていった。多くの事件では、家族から離れていく人が多いにもかかわらず、本件では奥本一家を支えようと地域の人々が結集し、オークス「宮崎家族三人殺害事件から学び奥本章寛さんと共に生きる」という団体を立ち上げた[3]。

　裁判員裁判で被害者参加した遺族のひとりは、判決後、支援者や加害者家族との交流を経て、死刑判決に対する考えに変化が生じ、上告審では死刑を支持

3　オークス「宮崎家族三人殺害事件から学び奥本章寛さんと共に生きる」〈https://aoka. shakunage.net/index.html（2024年3月18日最終確認）〉。

しない上申書を提出したが上告は棄却された。

　死刑囚となった奥本章寛さんは、生まれ育った故郷の絵を描き続け、支援者がその絵をもとにカレンダーや団扇を製作販売し、売り上げを遺族に送り続けている。

　章寛さんのように、虐待やいじめの経験がなく純粋に育った青年が世に「凶悪事件」といわれる犯人になってしまうこともある。非常に未熟であり、むしろ問題のない環境で育っただけに、問題解決能力が著しく欠如していた。章寛さんは、支援者らとの交流を通して精神的な成長を遂げてきた。

4　コメント——死刑囚の支援者たちの葛藤

　死刑囚生活も10年を超えた章寛さんのモチベーションは低下し、一時は生きる気力を失いつつあった。こうした塀の中の生活での「スランプ」は長期受刑者にも見られるが、どれだけ先になっても出所できる見込みがある無期受刑者と死刑囚では雲泥の差がある。死刑囚の面会人は非常に限られており、外部からの働きかけにも限界がある。

　「○○を差し入れてくれませんか」

　「どうか面会に来てください」

　筆者は、拘置所から届く一方的な手紙に対し、率直に怒りをぶつけてしまおうかと考えたが、思い止まった。手紙を送ってきた被収容者には、死刑判決が下されていたからである。死刑囚の支援者やその家族から、同じような葛藤が語られることがある。筆者は、他人の命を奪ったことは事実であるのだから、罪を後悔し、できる限りの償いをしてほしいと考える。一方で、生きて社会に戻ってくることはないのだと思うと、厳しい態度を取ることを躊躇するのである。この心境は、加害者側の関係者だけではなく、被害者遺族の原田正治さんからも語られていた。死刑囚の家族、特に親たちは、死刑囚は親より早く亡くなる可能性が高いのであるから、子に同情的に接したとしても責めることはできない。

　事件と向き合うということは、決して綺麗事ではなく、本音をぶつけ合う場

面も必要である。しかし、死刑囚との面会においては、「心情の安定を害さない」という要件によって、本音は封じられ、当たり障りのない会話しかできないのだ。一定期間、死なないようにするだけの死刑囚の処遇に意味はあるのか。そして、「死刑になりたい」と事件を起こすケースが続く現在、死刑はなくてはならない制度なのか、存置の有無のみならず、執行の在り方や処遇の面からも議論されるべき問題である。

■被害背景編

刑事手続とは

1　刑事手続

　本Partでは、被疑者・被告人を含む「加害者」とその家族が刑事手続を通して受ける被害と、「加害者」が刑事事件以前に受けてきたさまざまな被害を踏まえて、その家族と「加害者」が受けてきたさまざまな被害にどのように向き合うべきかを検討する。

　Part1でも簡単に触れているが、まず、刑事手続の内容について見ておこう。刑事手続とは、捜査機関による刑事事件の認知から始まり、捜査、検察官による公訴提起、公判、そして有罪判決後の刑の執行まで含む広いものを言う。刑訴法にも、刑の執行まで規定されている。

　この刑事手続は、捜査機関から犯罪の嫌疑をかけられた被疑者、および検察官により公訴提起を受けた被告人が、同じく当事者たる、国を代表する検察官と、お互いに主張を展開する形で進行していく。

　そして、刑事裁判においては、被告人の無罪推定を打ち破る、「合理的な疑いを超える証明」が検察官によってなされたか否かを、公正中立の裁判所（司法機関）が判断し、その証明がなされなかった事件については無罪判決を言い渡

し、その証明がなされた事件について有罪判決を言い渡し、その中で適切な刑罰を定める（量刑）[4]。

　この有罪判決に対して不服を申し立てる上訴の手段がつきるか、被告人が定められた期間内に上訴をしなかったときに、有罪判決は確定し、この確定有罪判決に基づき、刑罰が執行される（刑訴法471条）。しかし、死刑確定者に対する死刑は、確定有罪判決だけでなく、法務大臣による命令がなければ、執行されない（刑訴法475条）。

2　刑訴法の不備

　日本国憲法の制定・施行に伴い、憲法31条以下に詳細に「加害者」の人権保障規定が置かれた。とりわけ、特筆されるべきは、憲法39条が、何人も、すでに無罪とされた行為については、刑事上の責任を問われない旨、定めている点である。裁判も、神ならぬ人間が行うものである以上、誤りは避けられないが、憲法は、その誤りのうち、無罪とするものについては、その誤りの修正を禁じている。つまり、憲法は、誤って有罪とした場合は、草の根わけてもそれを見つけ出し、誤りを正すように求めていると言うべきであろう[5]。

　しかし、現行憲法制定後に大きく改正され生まれ変わったはずの刑訴法には、上訴、再審の改正にまでは手が回らず、旧刑訴法下のものがほぼ踏襲されているために、さまざまな不備が残されている。これによる冤罪被害については、Part5で検討を加える［→255頁］。

---

[4]　厳密な意味での裁判の一種である判決が記された書面である判決書は、民事訴訟事件の場合、必ず原告・被告の双方に裁判所から送達される。しかし、刑事訴訟の場合、民事訴訟と同じく当事者主義の原理が妥当するにもかかわらず、被告人はおろか弁護人といえども、判決書の謄本の交付を請求し、1頁につき60円を支払わなければ、交付されない。この問題については、内田博文=春日勉=大場史朗『省察　刑事訴訟法─歴史から学ぶ構造と本質』（法律文化社、2023年）208頁参照。

[5]　その大前提として、憲法39条が、誤って犯罪者を無罪とするよりも、誤って無辜の者を処罰することこそが、大きな人権侵害であり、基本的人権尊重の原則に悖るとする決断の上に成り立っていると解することがより妥当である点につき、岡田行雄「上訴」九州再審弁護団連絡会出版委員会『緊急提言!刑事再審法改正と国会の責任』（日本評論社、2017年）304頁参照。

「加害者」に対する捜査・公訴提起段階における「加害者」家族の被害

1 被疑者への捜査のプロセス

　刑事事件が捜査機関に認知されることが捜査の端緒となる。この捜査には、捜査の対象者の意に任せて捜査が遂行される任意捜査と、捜査の対象者の権利を制約する強制手段を伴う強制捜査とがある。後者の典型として、よく知られているものが逮捕（刑訴法199条〜）である。

　逮捕は、罪を犯したと疑うに足りる相当な理由があること（刑訴法199条）に加えて、被疑者に逃亡または罪証隠滅のおそれが存在していることが要件で、現行犯の場合を除いて、裁判所が発する令状を得て、執行される。逮捕による身体拘束の期間は72時間であって（刑訴法204条1項、205条2項）、その後も、被疑者に逃亡または罪証隠滅のおそれがあることを理由に捜査機関から請求がなされ、裁判所が令状を発した場合は、勾留がなされる。勾留は10日間の期間制限があるが、やむをえない場合、さらに裁判所が最長10日の延長を認めることができ（刑訴法208条）、実務上は、20日間、警察の留置施設で逮捕に引き続き身体拘束が行われる。

　なお、勾留がなされる場合に、資力がない被疑者には国選弁護人が選任される（刑訴法37条の2）。この弁護人や弁護人になろうとする弁護士と、身体拘束されている被疑者は接見し、さまざまなやりとりを行う接見交通権が保障されている（刑訴法39条）。この弁護人等との接見交通を通して、被疑者は自らの事件についての反論等の防御の準備を行うことができる点で、被疑者にとっても、また、弁護人にとっても接見交通権は重要なものである。

　最終的に、多くの場合で、勾留が満期になるまでに、検察官が裁判所に事件の公訴を提起するか、不起訴処分を行うかで、被疑者が被告人となるか否かが決められるということが、身体拘束された場合の一般的な捜査のプロセスである。なお、この間に、一般的には、被疑者取調べがなされ、自白が追求される。また、参考人として関係者が捜査機関に出頭を求められ、取調べを受け、

その供述が録取され調書がまとめられる。捜査機関によって、供述の他に、証拠となりうる物も収集される。

　他方、逮捕・勾留といった強制手段で被疑者の身体が拘束されない任意捜査の場合は、被疑者が捜査機関から呼び出しを受け、それに応じて出頭し、取調べがなされる。参考人等も出頭を求められ、取調べを受け、供述を録取されることは、強制捜査がなされる場合と同じである。証拠となりうる物についても、被疑者等が任意提出に応じることで、収集がなされる[6]。しかし、逮捕・勾留されている場合と比べると、検察官による起訴・不起訴は遅くなりがちである。

2　「加害者」の運命を決める起訴

　20歳以上の者による刑事事件について捜査を遂げると、検察官は、この事件を裁判所に起訴するかどうかを決める。

　起訴には、公開の刑事裁判を求める公判請求と、100万円以下の罰金又は科料を簡易裁判所が命じる略式命令を求める略式請求（刑訴法461〜470条）とがある。後者の場合、略式請求に当事者が14日以内に異議を申し立てることがなければ、簡易裁判所から命じられた罰金額を検察庁で支払うことによって、刑事手続は終了する。

　公判請求がなされると、被疑者は被告人と呼ばれ、公判の期日を待つ身となる。しかし、無罪となることは極めて稀であって、99.9％の確率で有罪判決を受けることになる。その意味で、被告人となった時点で有罪という運命は決すると言っても過言ではないのが、日本の刑事司法なのである。

　他方、不起訴処分となると、ほとんどの場合、ここで刑事手続は終了する。

6　警察での捜査が遂げられた後に、事件は検察官に送致されるのが原則である（刑訴法246条）。しかし、検察官が指定した一定の軽微な事件については、例外として、警察限りで検察官に送致せず刑事手続を終結させることができる（犯罪捜査規範198条）。これを微罪処分という。微罪処分に関するさまざまな問題については、武内謙治＝本庄武『刑事政策学』（日本評論社、2019年）166頁参照。

被害者等が検察審査会に不起訴処分の見直しを求めることもできるが、検察審査会の議決を経て、起訴されるケースは多くない。また、職権濫用罪については、被害者等が付審判請求(刑訴法262条〜)を行い、これが認められると刑事裁判が始められるが、これが認められることはほぼない。

なお、少年事件については、捜査が遂げられると、全事件が家裁に送致されねばならない。また、心神喪失や心神耗弱で不起訴処分となった場合、一定の罪種の事件については、地方裁判所(以下、地裁)に医療観察の手続が申し立てられ、それ以外の罪種の事件については、精神保健福祉法上の通報がなされ、いずれも精神病院への強制入院の手続が取られることもある[Part4参照→217頁]。

3 「加害者」への捜査がもたらす「加害者」家族への「被害」

「加害者」が逮捕されることで、「加害者」家族(以下、家族)の生活は一変する。

まず、逮捕されることで、「加害者」は家庭からいなくなる。家族は「加害者」のことを心配しても、連絡を取ることができない。また、裁判所が、検察官の請求等により、被疑者が逃亡し又は罪証を隠滅すると疑うに足りる相当な理由があるときは、弁護人や弁護人になろうとする者以外の者との接見を禁じることができる(刑訴法81条、207条1項)。この接見禁止がなされている場合、家族が「加害者」が留置されている警察署に赴いたところで、面会することはできない。したがって、この段階で、「加害者」と接見できるのは、弁護人か、弁護人となろうとする弁護士だけなのである。家族が「加害者」に依存して生活していた場合、「加害者」がいなくなることは、家族に大きな負担を引き起こす。家族の精神面にも大きな不安を生じさせる。家族には、捜査がいつ終結するかの見通しはない。いつまで、こうした状態が続くのかという不安に苛まれることは、刑事手続に伴い受忍せざるをえないものとはいえ、「被害」であることに間違いはない。

「加害者」の身体拘束が長期に渡ると、「加害者」の収入に家族が依存している

場合には、経済的にも大打撃となる。賃貸住宅に居住している場合、家賃が支払えない。住宅ローンを組んでいる場合には、ローンの返済ができない[7]。子どもの就学等にも大きな影響が生じる。家族が稼働している場合には、急激な生活の変化や、家族としての自責の念から、稼働先での勤務にも悪影響が生じる。家族支援を行っている、NPO法人WOHでは、家族から「加害者家族としてこのまま働き続けてよいのかどうか」という相談が最も多く寄せられるという[8]。こうした経済的な面での家族への影響も「被害」のひとつと言えよう。

　他方、任意捜査であって、家族が参考人として捜査機関に呼び出され、それに応じた場合であっても、「被害」は生じうる。たとえば、呼び出しに応じたが、任意の取調べが終わらず、延々と続いた場合、家族が帰りたいと言えるであろうか？　帰りたいと言うことで、「加害者」に不利益にならないかと心配になるならば、家族は長時間に及ぶ取調べに事実上応じざるをえなくなる。したがって、任意捜査であっても、家族の生活に影響が出ないわけがない。これも「被害」のひとつと言えよう。また、その際、取調べに当たる捜査官から、家族が屈辱的な事情聴取を受ける事例もある。こうした屈辱的な事情聴取によって受ける精神的なダメージも「被害」のひとつと言わねばならない。

4　「加害者」の事件報道がもたらす「加害者」家族への「被害」と被害

　「加害者」逮捕が実名報道された場合は、上で見た「被害」に加えて、さまざまな被害が生じる。

　「加害者」が殺人事件等の重大事件の被疑者として逮捕されたことから、その実名が報道されると、マスメディアから派遣された記者やカメラマン等が一斉に家族の住居やその周辺で「加害者」に関するありとあらゆる情報を得て、それ

7　殺人事件で主たる生計維持者である夫が逮捕されてから、残された加害者家族が住宅ローンを払えなくなり、子どもの治療費も支払えなくなる実態については、鈴木伸元『加害者家族』(幻冬舎、2010年)50〜51頁参照。

8　関孝エ=菊池登版「加害者家族の生活保障」阿部恭子『加害者家族支援の理論と実践—家族の回復と加害者の更生に向けて[第2版]』(現代人文社、2021年)342〜343頁参照。

がそれぞれ報道される。

このために、家族は、こうしたマスメディアから派遣された者たちを避けるために自らの住居に戻れなくなってしまう。また、マスメディアによる、いわゆるメディアスクラムは、家族の住居の周囲に住む者にまで大きな影響を与えるため、周囲の住民からもあれこれと苦情を受けることになる[9]。こうして、家族は転居せざるをえない状況に追い込まれる。不動産探しや転居費用等の経済的負担も加わることになる。なお、窃盗事件で逮捕された「加害者」が実名で報道されたために、自宅を出て行かねばならなくなった事例もある[10]。

さらに、「加害者」の実名報道は、見知らぬ者からの家族への攻撃をも誘発する。電話で「人殺し！」と叫ばれて切れる、といった類のものから、住居に侵入され、「人殺しの家」と壁に書かれる等、いずれも、現在の判例を前提とすれば、偽計業務妨害罪、住居侵入罪、建造物損壊罪等の犯罪に該当する違法な攻撃と言うべきである。さらには、インターネット上で、家族に対する誹謗中傷も拡散される。これも、侮辱罪ないし名誉毀損罪に該当する違法な攻撃と言える。家族はまさに犯罪被害者なのである[11]。

このように、捜査段階での家族の被害を生じさせるものは、マスメディアによる実名報道と言える。実名報道については、憲法21条が保障する表現の自由に基づき、日本のマスメディアは、一般人の「加害者」を実名報道することは報道の自由の一環であって、捜査機関という国家権力の監視のために必要不可欠であると主張してきた[12]。この、報道の自由や権力の監視が、家族の被害をもたらす背景のひとつとなっているのである。

---

9 家族が、周囲の顔見知りの住民から受けた苦情については、鈴木・前掲註7書26頁参照。

10 阿部恭子『息子が人を殺しました』(幻冬舎、2017年)62頁参照。

11 こうしたさまざまな犯罪被害を家族が受ける点については、鈴木・前掲註7書34〜36頁参照。

12 たとえば、朝日新聞は、事件報道における実名原則の理由として、実名報道により、容疑者のアリバイを証言する人が名乗り出たりすること等で、捜査機関に恣意的な情報隠しや誤りがないかをチェックできることも挙げている。朝日新聞社『事件の取材と報道』(朝日新聞社、2005年)15頁参照。

「加害者」に対する公判段階における「加害者」家族の「被害」

1　公判手続

　検察官から公判請求という形で公訴提起がなされると、公判整理手続等の準備手続を経て、公判が始まる。

　この公判は、被告人が本人であるかを裁判官が確認する人定質問、検察官による起訴状朗読、裁判官による黙秘権告知に続いて、被告人が公訴事実についての認否を答える冒頭手続から始まる。

　次いで、証拠調べ手続がなされる。これは、検察官による冒頭陳述から始まり、その内容を証明するための証拠調べ請求がなされ、弁護側も必要に応じて、冒頭陳述と証拠調べ請求を行う。検察官と弁護人からのそれぞれの証拠調べ請求に対しては、弁護人と検察官がそれぞれの証拠調べについて意見を述べ、それを踏まえて裁判所が証拠として採用するか否かの判断を行い、証拠調べがなされることが決定されたものについてのみ、証拠調べが行われる。そして、証拠調べの結果に基づき、検察官、弁護人がそれぞれ最終の意見陳述を行い、証拠調べが終了し、判決に至る。

　単独の裁判官が訴訟指揮を行う多くの公判では、被告人が冒頭手続で公訴事実を認める自白をすると、極めてスピーディーに次の証拠調べが進み、ほとんどの事件は1日で結審し、早い場合には、即日で判決言渡しまで終わる。

　他方、被告人が公訴事実を否認すると、次の証拠調べの段階で、検察官の冒頭陳述に続く、検察官側の証拠調べ請求に対して、被告人・弁護人が徹底的に争うので、何回も公判が開かれることになる。しかし、多くの事件は数回の公判で終結する。裁判員裁判の場合でも、連日公判が開かれることによって、かつての重大事件よりもはるかに短期間で証拠調べは終了し、判決に至る。

　この公判において被告人となった「加害者」は、一定の軽微な法定刑に当たる事件の場合を除いては公判期日に出廷しなければならない（刑訴法284条、285条）。公訴提起をされると、それまで勾留されていた「加害者」は多くの場合で、

警察の留置施設から、拘置所に移送される。取調べを中心とする捜査はすでに遂げられており、もはや「加害者」に捜査機関は用がないからでもある。そして、公訴提起後は勾留されていた「加害者」も、公判への出廷の担保として保釈保証金の納付等が伴う保釈によって、社会での生活が可能になることもある。保釈されている被告人、あるいは、勾留されていない被告人は、普段の恰好で公判に出廷できるが、拘置所に勾留されている被告人は、自殺防止のため、ベルトやネクタイを着用することが禁じられているので、ジャージ姿で公判に出廷することになるのである。この拘置所での勾留が続くこととなっても、証拠隠滅のおそれがないと判断されれば、接見禁止が解かれ、家族も「加害者」と面会できるようになるのである。

2 公判段階における家族の「被害」

しかし、家族が面会するとなると、家族が拘置所に赴かねばならない。しかし、近時、この拘置所が次々と廃止ないし収容業務停止となり、弁護人でさえも、被告人との接見に多大の労苦を払わねばならないことが問題視されるようになった。日弁連の「拘置支所等の刑事施設の廃止や収容業務停止について反対し、長期的・広域的な整備計画の立案とともに協議を求める意見書」（2023年8月18日発出）によれば、2016年4月以降で廃止されたのが、黒羽刑務所（栃木県）、滋賀刑務所（滋賀県）、佐世保刑務所（長崎県）および奈良少年刑務所（奈良県）の4庁と拘置支所6庁で、また、2022年4月1日現在で存在している拘置支所97庁のうち、この時点ですでに収容業務停止になっている拘置支所が7庁あり、さらに2023年中に2つの拘置支所の収容停止も決定されているという[13]。そうすると、家族は、「加害者」が遠くの拘置所等に勾留されている場合、そこまで時間、労力、そして交通費をかけて面会に赴かねばならなくなる。従来に比べて、家族の負担が大きくなっていることは否定できない（本Part被害実

---

13 この意見書については、以下のウェブサイトで参照可能である〈https://www.nichibenren.or.jp/library/pdf/document/opinion/2023/230818.pdf（2023年12月4日最終確認）〉。

態編の事例2参照[→83頁])。

　さらに、家族は、とりわけ窃盗や覚醒剤取締法違反の公訴事実で公判が開かれる「加害者」にとっての情状証人として出廷することも多い。そこで期待されている役割は、「加害者」が社会において立ち直れるように支援することを証言することと言ってよい。しかし、その場では、検察官からの厳しい反対尋問にさらされることになる。情状証人として証言台に立つ家族も、「加害者」と同様に、検察官から、いわば攻撃を受けるのである。弁護人からの主尋問に、辛い状況にある中で力をふりしぼって「被告人の社会での立ち直りのために頑張ります」と証言しても、検察官からは、「今まで被告人の犯罪を防止するために何をしてきたのか?」「今までできなかったことを、どうしてこれからできるようになるのか?」等と、証言することが簡単ではない反対尋問を浴びせかけられる。しかも、傍聴人がいる公判廷で一方的に攻撃される家族は、いわば、さらし者状態となる。これらも、家族が受ける「被害」と言えよう。

3　「被害」の背景をなす家族の刑事法における位置づけ

　以上で見た、公判段階における家族の「被害」には、刑事に関する諸法律がその背景となっている点に注目する必要がある。

　まず、「加害者」に弁護人がいないときは、「加害者」が、被告人である自身の配偶者、直系の親族及び兄弟姉妹のうち一人を指定すると、その一人に「加害者」が勾留されたという重要な事実についての通知を受け、これら家族に、勾留理由開示請求権、勾留取消請求権、及び保釈請求権も保障されている(刑訴法79条、82条、87条、88条)。つまり、家族は、刑訴法において、「加害者」の権利保障の点で、弁護人に次ぐ位置づけにある。勾留され、弁護人がない場合に、このような権利が保障されている理由は、家族が勾留された「加害者」の利害関係人として、その身体の自由に大きな関心を持つ点にあるとも言えよう。したがって、これら家族は、拘置所に勾留されている「加害者」に原則として許可される面会の相手方として位置づけられている(刑収法111条)だけでなく、信書を発受することにより、刑事施設の規律及び秩序を害する等のおそれがある

として、刑事施設の長が禁止できる信書の発受の相手方から外されており（刑収法128条）、いわば特別な地位にあると言える。

　このことは、「加害者」が受刑者となってからも当てはまる。しかも、受刑者の親族は、刑事施設の長が受刑者の処遇にあたって必要がある場合に協力を求める者、つまり、受刑者処遇の連携先のひとつとしても挙げられている（刑収法90条）。家族は、加害者の社会とのつながりを維持するために重要な役割を果たすことが期待されており、受刑者が社会復帰する際の受け皿となれるように、刑収法でも特別な位置づけが与えられているのである。また、更生保護法においても、保護観察所長は、受刑者の仮釈放にあたって、受刑者の社会復帰を円滑にするため必要があると認めるときは、その者の家族等を訪問して協力を求めることその他の方法により、釈放後の住居、就業先その他の生活環境の調整を行うこととされている（更生保護法82条１項）。さらに、受刑等を終えて、行き場がなく、公共機関からの保護を受けられない、あるいは、これらの保護等のみによっては改善更生することができないと認められる場合に行われる更生緊急保護では、刑事手続等による身体拘束を解かれた後に親族の援助が受けられないことが、最初の要件として挙げられている（更生保護法85条）。ここでも、刑収法の場合と同様に、家族は元受刑者の社会での立ち直り支援を行う特別な地位が与えられていることがわかる。

　上で見たように、家族に「加害者」の立ち直りや社会復帰を支援する特別な地位が法律上与えられていることが、刑事施設等での面会にあたってさまざまな苦労に直面し、法廷の場で、検察官の厳しい反対尋問にさらされるという「被害」の背景となっていることは明らかと言えよう。

「加害者」に対する
刑の執行段階における「加害者」家族の被害

1　刑の執行手続

　すでに見たように、有罪判決が確定すると死刑以外の刑は執行手続が始ま

る。ただし、判決で刑の全部執行猶予(刑法25条)が付けられていた場合は、1年以上5年以下の期間で定められた執行猶予期間が、その取消しなく経過すると、そもそも有罪判決の言渡しの効力が失われる(刑法27条)。

罰金、科料の財産刑は、判決で示された額を「加害者」が検察庁に納付することで執行がなされる。「加害者」に財産があるのに、納付しない場合は、強制執行がなされる(刑訴法490条)。全額を納付できない場合、一定の日数、労役場に留置される(刑法18条)。これは、短期間の刑事施設への収容を意味する[14]。

懲役、禁錮、拘留という、刑事施設への収容を伴う刑罰を自由刑[15]といい、一部執行猶予[16]付きの懲役・禁錮刑(刑法27条の2)、ないし執行猶予が付かない自由刑の有罪判決が確定すると、勾留中の「加害者」は、有罪確定した既決の受刑者として扱われることになる。保釈等を受けて、社会で生活していた「加害者」の場合、検察庁から刑の執行のための呼び出しを受けて、しかるべき日時に出頭しなければならず、出頭しなければ収容状が発され、強制的に収容される(刑訴法484条)。そこから受刑者として、刑の執行が始まるのである。

2 死刑確定者の扱い

しかし、死刑が確定した者の場合、すでに触れたように、ただちに死刑が執行されるわけではない。

まず、死刑確定者は、執行までの間は、拘置所に拘置される(刑法11条2項)。したがって、被告人として拘置所に勾留されていた者が、死刑判決の確定に

---

14 労役場留置は、短期間とはいえ、刑事施設に収容されることによって、「加害者」の職や社会とのつながりを奪い、犯罪傾向が進んだ者との接点を増やすだけに終わるとして、避けられるべきものと論じられてきた。こうした労役場留置のような代替自由刑を避けるために、たとえば、ドイツ等ヨーロッパ諸国では、罰金刑の重さを日数で表し、犯罪者の収入や資産に合わせて、その日数に適切な金額をかけあわせて得られた罰金額を納付させる、日数罰金制度が採用されている国もある。

15 2022年6月の刑法改正で、懲役刑と禁錮刑は、拘禁刑に一本化されることになったが、その施行は2025年6月1日からとされている。

16 刑の一部執行猶予とは、有罪判決において言い渡された刑期の一部の執行が猶予されるものであって、まず、最初に刑事施設で受刑しなければならない。この点で、刑の全部執行猶予とは決定的に異なる。

よって、死刑確定者として扱われることになる。死刑執行設備がある拘置所は札幌、仙台、東京、名古屋、大阪、広島、福岡の7カ所しかないため、死刑執行設備のない拘置所に勾留されていた死刑確定者は、死刑執行設備がある拘置所に移送される（執行事務規定11条）。そして、法務大臣の命令によって死刑執行がなされるときを待たされる身となる。

　この死刑執行命令は、判決確定の日から6カ月以内になされなければならない旨定められている（刑訴法475条2項）。しかし、これは法務大臣に死刑判決確定の日から6カ月以内に死刑執行命令を発するよう義務付けた規定と解されておらず、法務大臣には死刑執行命令をいつ発するかについては自由裁量があると解されている[17]。なお、この規定の但書には、再審の請求等がなされ、その手続が終了するまでの期間および共同被告人であった者に対する判決が確定するまでの期間は、この6カ月に算入しない旨が定められており、かつては、再審請求の手続が終了するまでの期間は死刑を執行しない運用があった[18]。しかし、現在では、死刑確定者がした再審請求が裁判所に係属中であっても死刑執行がなされるケースが続出している。したがって、いつ、どの死刑確定者に死刑執行命令が出されるかは、法務大臣のまったくの自由裁量と化しており、死刑確定者は、死刑が執行されない、土・日曜日、祝日・休日、及び12月29日から1月3日まで（刑収法178条）を除いて、常に死刑執行に直面させられうるのである。

　この死刑執行がなされるまでの間、死刑執行設備のある拘置所に収容される死刑確定者に対しては、その処遇に当たって、心情の安定を得られるようにすることに留意する旨が定められている（刑収法32条）。また、死刑確定者の処遇

---

17 死刑確定者である原告が、法務大臣が自らに対する死刑執行を命令しないことにつき違法であるとして国家賠償を求めた事案において、「刑事訴訟法475条2項は、それに反したからといって特に違法の問題の生じない規定、すなわち法的拘束力のない訓示規定であると解するのが相当である」との判示がなされている（東京地判平10・3・20判例タイムズ983号222頁）。

18 たとえば、死刑確定者から再審請求があった場合、その手続が終了するまでは原則として死刑の執行をしない運用がなされている旨の記述が、1960年の『犯罪白書』になされている。法務省法務総合研究所『昭和35年版犯罪白書』（1960年）185頁参照。

は、原則として、昼夜、単独の居室で行われ、死刑確定者相互の接触も禁じられている（刑収法36条）。死刑確定者による面会や手紙等のやりとりは、その親族、重大な利害に係る業務の処理のため必要な者、心情の安定に資すると認められる者との間で、罰として禁じられる場合を除いて刑事施設の長によって許可され、それ以外の者とは、さらに限定された理由と、刑事施設の規律及び秩序を害する結果を生ずるおそれがないと認められるときにのみに許可される（刑収法120条、139条）。つまり、死刑確定者は、常に独居房の中で過ごし、家族等の限られた者としか面会や手紙等のやりとりが許されないまま、処刑の日を待たされるのである。

死刑執行は、法務大臣による命令から5日以内になされねばならない（刑訴法476条）。一般に、執行日の朝に死刑確定者に執行が伝えられ、刑務官によって死刑確定者は刑場に連行され、目隠し、手錠等が施され、その首に縄がかけられたうえで、複数の刑務官が一斉にボタンを押すことで、死刑確定者が落下し、絞首され死に至る方式が採られている（刑法11条、刑収法178条、179条）。死亡確認後は、家族等に死刑が執行されたこと、日時等の通知がなされ、その火葬等を行う者がないときは、刑事施設の長によって火葬等が行われる（刑収法176条、177条）。

3　自由刑受刑者の処遇

懲役等の自由刑受刑者は、まず、その犯罪傾向が進んでいるか否か等の属性が調査され、収容される刑事施設が決定される。

刑事施設に収容されてからは、工場等における刑務作業を中心とした矯正処遇が実施される。懲役受刑者の場合は、作業が義務付けられるが、禁錮・拘留の受刑者も希望して作業に従事している場合が多い。この作業に従事した受刑者には、作業報奨金が支払われるが、労働の対価としての賃金ではなく、1人当たり月額平均で5,000円を下回る。しかも、作業中、一切私語は許されず、わき目もふらず作業に集中しなければならない等、刑事施設の中では基本的に沈黙と、刑事施設内の規則および刑務官の指示に従うことが強制される。

受刑者の外部の者との面会は、その親族の他、婚姻関係の調整、訴訟の遂行、事業の維持その他の受刑者の身分上、法律上又は業務上の重大な利害に係る用務の処理のため面会することが必要な者、受刑者の改善更生に資すると認められる者等、死刑確定者に比べると、幅広く許されてはいる（刑収法111条）。しかし、弁護士等との面会を除いては、刑務官が面会に立会い（刑収法112条）、アクリル板越しに30分程度しか話をすることができない。また、面会できる時間帯も、おおむね平日の日中に限られている。

　受刑者は、刑期の満了、あるいは地方更生保護委員会の仮釈放決定によって、刑事施設から釈放される。仮釈放が認められる要件は、受刑者に改悛の状があることを前提に、定期刑の場合、刑期の3分の1、無期刑の場合、10年が経過したこととされている（刑法28条）。それまでの間、受刑者は社会に出る自由だけでなく、さまざまな自由を制限されて、刑事施設において刑務作業中心の生活を送ることになるのである。

　なお、仮釈放された者は、刑期の残りの期間、保護観察に付される（更生保護法40条）[19]。無期刑の者の場合、刑期に終わりはないので、保護観察は対象者が死ぬまで続くことになる。保護観察中は、対象者すべてに課された一般遵守事項（更生保護法50条）と対象者に合わせて定められた特別遵守事項（更生保護法51条）を遵守しなければならず、一定の間隔で、民間の篤志家から選ばれた非常勤公務員である保護司を訪れ、その指導監督を受ける。また、保護観察対象者には、宿泊・帰住、医療、職業補導等の補導援護（更生保護法58条）や応急の救護（更生保護法62条）もなされる。

　他方、満期釈放された者は保護観察に付されない。しかし、家族による援助を受けることができず、社会福祉制度による保護を受けられない場合には、更生緊急保護（更生保護法85条）により、保護観察所を通して金品や宿泊場所が提供される。

19　保護観察については、今福章二＝小長井賀輿『保護観察とは何か―実務の視点からとらえる』（法律文化社、2016年）2～6頁参照。

　なお、有罪判決が確定した者には、さまざまな資格制限もついてまわる。た
とえば、禁錮以上の刑に処せられた者は国家公務員の職に就く能力がない者と
される（国家公務員法38条）。また、犯歴も登録され、たとえこれを秘匿したう
えで職に就いたとしても、その秘匿したことが明るみに出た場合に懲戒解雇さ
れることを正当とする裁判例もある[20]。

4　死刑確定者の家族が受ける「被害」

　死刑確定者の家族は、死刑判決が確定する以前に、すでに、さまざまな被害
や「被害」を受けている場合があり、それは、「加害者」が死刑確定者になろうと
続くこともある。その上に積み重ねられることは、死刑確定者となった「加害
者」との面会が、さらに困難になるという「被害」である。もちろん、家族であ
れば、他の者に比べれば、はるかに面会できる可能性は高まる。しかし、受刑
者との面会と同じわけではない。心情の安定を害する可能性があると判断され
るだけで、せっかく家族が拘置所を訪れても面会が認められないこともありう
る。

　さらに、すでに述べたように、死刑判決が確定すると、「加害者」が死刑執行
設備のない拘置所に勾留されていた場合、死刑執行設備がある7つの拘置所の
いずれかに移送される。したがって、それ以外の地に居住している家族の場
合、面会は、未決勾留で収容されていた地元の拘置所におけるものと比べる
と、旅費、移動時間等でも負担となる。

　これらはもちろん法令に基づくものであってやむをえないと言うべきであろ
うが、それでも、死刑確定者と面会したい家族にとっては、「被害」と言うべき
ものであろう。

5　自由刑受刑者の家族が受ける「被害」

　自由刑を受けている「加害者」の家族も、もちろん、実刑や刑の一部執行猶予

20　名古屋地判昭56・7・10労民集32巻3・4号403頁。

の判決が確定する以前に、さまざまな被害や「被害」を受けている場合があり、それは「加害者」が自由刑受刑後も続くこともある。

　たしかに、面会については、死刑確定者よりは緩やかな基準で許可される。しかし、刑事施設における調査の結果、「加害者」が他の刑事施設に移送されることがある。この場合、刑事施設側から移送が家族に知らされるわけではない。「加害者」が移送された旨を手紙で家族に知らせなければ、家族には、移送を知るすべがないのである。したがって、ある刑事施設にいると思い、「加害者」に面会に赴いた家族が、その刑事施設に到着した後で、別の刑事施設にその「加害者」が移送されていたと知り、無駄足を踏まされることが起こりうる。そして、その無駄足が生じる場合も含めて、刑事施設の少なからずは、必ずしも公共交通機関の便が良いところにあるわけではないため、面会のために刑事施設に赴くことそのものに、家族は多くの労苦を払うことになる。

　そして、家族が「加害者」と面会できるにしても、30分程度で、アクリル板越しにしか話ができない。しかも立会いの刑務官もいる中では、いつ制止が入るかわからないので、本当に話したいことも話せない。加害者の手を握ることさえ許されないのである。

　これらも、法令等に基づくやむをえないこととは言え、家族にとっては辛いものであり、「被害」と位置づけられるべきものであろう。

　さらに、「加害者」の仮釈放に向けて、家族のもとを保護司等が訪れて、受け入れ状況について調査が行われる。これは、「加害者」を受け入れる意思のある家族にとっては何でもないことであろうが、逆に、加害者を受け入れる意思がない家族にとっては苦痛となりえよう。刑事法は、家族に犯罪者の立ち直りに向けて、特別な地位を与えているが、捜査・公判段階でさまざまな被害や「被害」を受けた家族からすると、「加害者」を受け入れるどころではない家族も少なくないはずである。こうした家族にとっては、保護司等の来訪も「被害」と言えよう。

「加害者」が事件以前に受けてきた被害や「被害」

1 「加害者」が事件以前に受けてきた被害や「被害」

　Introductionで触れたように、「加害者」は事件以前にさまざまな被害や「被害」を受けていることが少なくない。

　身体的虐待の被害を受けていたとするならば、それは、立派な犯罪被害というべきものである。しかし、身体的虐待の被害を受けていたとしても、たとえば児童相談所による適切な支援や介入がなされていたわけではない。Introductionで紹介した、20代から性犯罪を繰り返し、何度も刑務所に行った末に、50代で行き場がなくなった男性が性的虐待被害を受けていたという場合も、この性的虐待被害自体を相談した教師から話を聴いてもらえないという、これも受忍されるべきではない被害もあいまって、自立準備ホームにたどり着くまでに適切な支援を受けられなかったと言うべきであろう。もちろん、この場合、たとえ犯罪被害であっても、この男性に何らの給付がなされるわけではない。というのも、性的被害には当時の犯給法では対応せず、被害の申立てを誰にも受け取ってもらっておらず、捜査機関も何ら動いていないと考えられるからである。しかも、20代から50代までの間に犯罪を繰り返していたとなると、その間もさまざまな被害が積み重ねられていたと見るべきである。

　また、元家裁調査官の廣田邦義は、家裁に送致される非行少年が加害者として真摯に反省しているとは言いがたいというのが実務感覚であって、その原因のひとつが、非行少年が持つ被害感であると指摘している。廣田によれば、この被害感が強い万引きを犯した少年は、「みんなやっている。見つかったのは運が悪かっただけ」とよく言い、「自分の自転車が盗まれたので、代わりの自転車がほしかった」という自分勝手な言い分には、少年の被害感が隠れているという。そして、こうした被害感は、非行の動機と直接的・間接的につながっており、たとえば、少年院に送致されることでも被害感は高められ、生活史と深

くかかわる継続的な被害感は、容易には解決しない[21]。こうした廣田の指摘を前提とすると、被害が積み重ねられた者には、被害感も積み重ねられるというべきであろう。そして、それは、20歳となって以降の犯罪の動機にも直接的・間接的につながりを持つと言わなければならない。こうした被害感には、もちろん、少年院送致のように、法的には正当なものを契機としたものも含まれる。したがって、「加害者」による刑事事件以前には、さまざまな被害や「被害」が積み重ねられていると見なければならないのである。

2　加害者に対して事件以前に積み重ねられた被害の背景

こうした「加害者」が事件以前に受けてきた被害は、虐待被害のような犯罪被害の場合、加害行為を行った者は他者であって、もちろん個人である。しかし、そうした被害を誰にも申告できない場合、当然、児童相談所や警察等によって被害への対応がなされることはない。もっとも、そうした被害を誰にも申告できなかったのはなぜなのだろうか？

一般に、被害を申告したときに、その被害申告を聴いた側が適切に受け止め、被害に真剣に対処してもらえたという体験があれば、それ以降も、被害を受けた者が被害申告に前向きな気持ちになることは容易に理解できよう。それでは、逆に、被害申告が無視される、被害申告を聞いてもらっても、それ以降、被害への真剣な対処はなされない、さらには、被害申告をしたところ、かえって被害を受けたことを咎められるという体験をした場合はどうであろうか？　このように被害申告が適切に受け止められなかった場合、それ以降に、被害を受けた者が被害申告に消極的になることは否定できないであろう。このように、被害申告を誰にもできなくなってしまうことへの背景には、被害申告への不適切な対応があると考えられる。

また、たとえば、子どもの頃に虐待被害を受けた旨、申告したとしても、そ

21　廣田邦義「非行事例から少年の被害感と具体的援助を考える―元家庭裁判所調査官の視点」岡田行雄『非行少年の被害に向き合おう！』（現代人文社、2023年）180、187、190頁参照。

の被害に、多忙な児童相談所職員が適切に対応できないということもありうる。あるいは、児童相談所職員が対応しようにも、同種のケースが多すぎて、対応が後回しになり、さらに被害が累積されるということもありうる。

　さらには、Part1でも見たように、日本では、犯罪被害への給付や、犯罪被害者への支援や保護は立ち遅れてきたがゆえに、犯罪被害を申告しても、捜査がなされるだけで、被害者本人には何ら支援やケアがないという状態も長く続いてきた。そうすると、自力で犯罪被害への手当てができる者は別として、犯罪被害への支援や被害者本人がケアを受けられないことによって、被害がさらに増幅するということもありうる。したがって、幅広い犯罪被害に対して、被害者を支援し、ケアする体制を日本という国が作ってこなかったからこそ、犯罪被害が長期に渡って積み重ねられるという現象が生じると言うべきであろう。

　子ども時代の虐待被害、あるいは、いじめ等の被害も、犯罪被害と言えるものであるが、これも、児童相談所や学校がその被害に適切に対応できるマンパワー等が欠けていたために、被害を受けた子どもを支援し、ケアすることが怠られたという側面があることは否定できない。言い換えれば、国がもっと、これらの被害に真剣に対応していたならば、被害は防げないにしても、被害を受けた子どもたちに適切な支援やケアが提供されたはずなのである。そうすると、国が、憲法に基づく、子どもたちの生存権や教育を受ける権利の保障を実現するための枠組の整備を怠ってきたがゆえに、これらの被害が積み重ねられてきたと言うべきであろう。

　最後に、被害申告が適切に受け止められないことについても、もちろん、Introductionで紹介した事例［→17頁］で適切に受け止めなかったのは教員ではあるが、その教員が被害申告に耳を傾けなかったことには、子どもの被害申告に教員が耳を傾ける大切さを国が広めることを怠ってきたことに遠因があると言うこともできる。あるいは、国が教員の忙しさを増やすだけで、それを減らす取組みをしてこなかったことにも遠因があると言うべきであろう。そうすると、国が、「加害者」が被害申告をできなくなったことに間接的に関わっている

と言うべきであろう。

　このように見てくると、「加害者」に積み重ねられてきた被害は、直接的には、誰かがそれを引き起こしているが、その被害の発生に、国は不作為という形で、あるいは、間接的な形で関わってきたことは明らかと言えよう。つまり、「加害者」の事件の前に、廣田が指摘するところの被害感という「被害」も別途積み重ねられているはずであろうが、それを別にしても、「加害者」の事件の前に積み重ねられた被害に、国が関わっていることが忘れられてはならない。

「加害者」が刑事手続の過程で受ける被害と「被害」

1　「加害者」が捜査過程で受ける被害

　「加害者」が被疑者として捜査の対象となり、逮捕されると、通常は、捜査機関が満足する自白、そして「加害者」の反省が得られるまで、最長で1事件につき23日間に及ぶ取調べが続けられる。この取調べがなされる空間は、密室であって、「加害者」を除けば、捜査機関側の人間しかいない。

　この密室の空間で、捜査機関の意に沿わない言動をする「加害者」に対して、捜査官は、あの手この手で、「説得」活動を試みる。その過程で、「加害者」に対して、「おまえがやったんだろう！」「このクズが！」等と侮辱や名誉毀損に当たる言動がなされることもある。特に、被疑事実を否認する、あるいは、黙秘する「加害者」に対しては、こうした侮辱、名誉毀損に加えて、弁護士や家族についての虚偽の情報提示等もなされ、場合によっては、暴行が加えられることもある。あるいは、土下座等を強制される等の被害を受けることもある。つまり、「加害者」は、捜査の一過程である、取調べにおいて、被害を受けうるのである。

　なお、こうした捜査機関による「加害者」への行為は、特別公務員暴行陵虐罪（刑法195条）にも当たるものである。しかし、その被害申告がなされたとしても、圧倒的多数の場合で、そうした捜査官による犯罪の疑いは捜査されること

もなく、捜査がされたとしても、検察官による不起訴処分で終わり、たとえ、付審判請求がなされたとしても、正式の刑事裁判が開かれることは極めて少ないうえ、無罪で終わることの方が多いというのが現実である[22]。

　近時、警察における取調べにおける不法行為に対して、警察が属する都道府県が国家賠償請求を受け、裁判所が、都道府県に民事の損害賠償を命じる事例も散見されるようになった。さらに、取調べの可視化によって、一部事件の取調べはビデオで録画されるようにもなった。しかし、可視化されているにもかかわらず、捜査官による暴言が明るみになるケースもあり、「加害者」の被害がいまだに密室で積み重ねられていることが容易に想起できる状況にある。

2　「加害者」が刑事施設で受ける被害

　「加害者」に対する実刑ないし自由刑の一部執行猶予の有罪判決が確定して、刑事施設に収容されて以降も、被害が積み重ねられる場合がある。

　ひとつは、他の受刑者から、暴行等の被害を受けることである、統計上も、年に数件であるが、受刑者間での刑事事件が生じていることがわかる。これが明るみに出れば、もちろん、加害行為を行った者には懲罰（刑収法150条〜152条）が科され、あるいは、犯罪構成要件に該当する場合は、告発された後、捜査の結果、起訴され、さらに受刑期間が長くなることもある。

　もうひとつは、刑務官から、暴行等の被害を受けることである。2002年に、刑務官が受刑者の肛門に向けて高圧の放水を行い死に至らしめたこと等が発覚した名古屋刑務所事件が著名である[23]。この事件が、1908年以来、受刑者にお

---

[22] 1990年代初頭で、刑事裁判が開かれた事件の50%が無罪という、他の刑事裁判における99.9%有罪とは大きく異なる結果が出ていた。村井敏邦他『検証付審判事件：全裁判例とその検討』（日本評論社、1994年）13頁参照。なお、その後も、無罪判決が多い状況が続いている。

[23] 2002年5月と9月に革手錠付で名古屋刑務所の保護房に収容された受刑者が死亡、重症を負う事件が発生したことが公表され、その後、2001年にも同刑務所で受刑者が刑務官の暴行により死亡していたことも発覚した一連の事件をいう。名古屋刑務所事件とその後の行刑改革会議が、日本の刑務所における受刑者処遇を真に変えるものになったのかについては、内田博文＝佐々木光明『〈市民〉と刑事法第3版』（日本評論社、2012年）216〜219頁参照。

よそ人権を保障してこなかった監獄法改正の契機となった。しかし、近時、またもや名古屋刑務所で刑務官による受刑者への暴行事件があったことが発覚した[24]。行刑の密行性が日本の刑事施設における特徴として指摘されてきたことを踏まえるなら、これらの事件は氷山の一角に過ぎず、「加害者」が刑務官から暴行被害を受けることは少なからずあったと言わざるをえないであろう。

さらに、こうした受刑者ないし刑務官による暴行等の被害を受けた「加害者」に必ずしも、その被害を埋め合わせるような給付や支援がなされるわけではないということも、刑事施設内において、「加害者」に被害が積み重ねられる構造を作っていると言えよう。

このように考えると、やはり、ここでも、国による作為ないし不作為によって、「加害者」に被害が積み重ねられる構造があることが看取される。

3 「加害者」が刑事手続の過程で受けるさまざまな「被害」

以上で取り上げた被害は、たとえ被疑者段階であろうが、受刑段階であろうが、「加害者」が受忍すべきものではない。

他方で、「加害者」が刑事手続の過程で受ける「被害」にもさまざまなものがある。逮捕・勾留の要件が満たされ、裁判官の令状が発されているとはいえ、罪証隠滅や逃亡のおそれが事実上はないにもかかわらず、長期間身体拘束されるというものがそのひとつである。起訴後も勾留がなされ、保釈が認められなければ、さらに身体拘束期間が延びる。こうして長期間身体拘束が続くことで、本人は職を失うだけでなく、さまざまな社会とのつながりが失われる。家族

---

24 2022年8月に、名古屋刑務所の刑務官が受刑者の左目瞼付近に受傷させたことを契機に、名古屋刑務所において、2021年11月から2022年8月までに多数の刑務官が、受刑者に対して暴行、暴言等の不適正処遇を繰り返していたことが発覚した一連の事件をいう。この事件を契機に法務省に設置された、名古屋刑務所職員による暴行・不適正処遇事案に係る第三者委員会は、2023年6月21日に、「拘禁刑時代における新たな処遇の実現に向けて」と題した提言書を提出している。刑務官に、ウェアラブルカメラを装着させること等を内容としている、この提言書については、以下のURLから参照可能である〈https://www.moj.go.jp/shingi1/shingi06400003_00001.html（2023年12月11日最終確認）〉。

が、さまざまなバッシングを受けるという被害にさらされ続ける中で、家族が「加害者」に愛想をつかして、「加害者」が家族から見捨てられることも生じうる。これを自業自得と言うべき場合もあるだろうが、すべてのケースが単純に自業自得とは言えない場合もある。

さらには、刑事裁判において、検察官だけでなく、裁判官、さらには被害者等からも、「加害者」には反省が足りないと指弾される「被害」を受けることもあろう。しかし、事件以前からさまざまな被害や「被害」が積み重ねられてきた「加害者」には、自分が思ったことを、適切に表現できない者も少なくないはずである。そうすると、本人なりに反省の弁を述べようと思っても、検察官、裁判官、そして被害者等が求める反省には到底足りないことしか言えないこともあろう。

また、刑事手続の過程で、事件の動機について供述を求められるとしても、その事件を起こした「加害者」本人でさえ、事件の真の動機がわからないことも少なくないはずである[25]。そうすると、適切に表現できる力がないこともあいまって、真実ではない動機を述べたり、動機を述べることができなかったりということも起こりうる。それによって、上記の三者がその状況を理解できず、「加害者」に対して失望し、あるいは怒りを募らせることもあろう。のみならず、弁護人も困惑し、「加害者」は刑事手続において孤立感を深めることもありうる。これも、「加害者」にとっては「被害」と言えよう。

事件以前に、被害や「被害」が積み重ねられた「加害者」であれば、当該事件に関する刑事手続においても、その事件についての反省や、その事件の動機について供述する以前に、自らが受けたさまざまな被害や「被害」について訴えたい

---

25 事件直後の少年に、家庭裁判所調査官がいくら動機を尋ねても、わけがわからないと述べるのが実際で、非行後10数年経過する中で、次第に動機を説明できるようになることがあるという程度に過ぎない。動機とは、少年が「なぜあんなことをしたんだろうか」という自問を繰り返しつつ、一生背負いながら考えるべきテーマであるとの指摘がある。これは20歳を超えた者であっても、被害や「被害」が積み重ねられてきた者の場合、やはり動機を語れるほどに成長しているとは考えられないので、当然に妥当すると言えよう。この指摘については、高松少年非行研究会『事例から学ぶ少年非行』(現代人文社、2005年)38頁参照。

ということも少なくないと思われる。しかし、刑法理論上、「加害者」が受けた被害は、正当防衛（刑法36条）ないし緊急避難（刑法37条）の要件に挙げられている、急迫不正の侵害や、現在の危難に当たらない限り、刑事手続において必ず検討されねばならないものではない。せいぜい、情状酌量による刑の減軽（刑法66条）に当てはまるか否かで取り上げられるに過ぎないものである。情状酌量が刑事手続においてなされるか否かは、裁判官の裁量によるところが大きい。そうすると、「加害者」が刑事手続において、当該事件以前に、いかに重大な被害を受けたことを訴えようとも、まったく取り合ってもらえないこともありうる。まして、それが「被害」となると、なおさら取り合ってもらえないであろう。そうすると、「加害者」には、自分の被害や「被害」だけが取り上げてもらえなかったことを、さらに被害だと受け止める、被害感がさらに積み重なることになろう。つまり、刑事手続において、それまでに積み重ねられた被害や「被害」がまったく取り合ってもらえないならば、そのことが、「加害者」にとっては、さらなる「被害」となりうるのである。

　したがって、確定した有罪判決に基づく刑罰が、いかに法的に正当な手続によってもたらされたものであっても、事件以前に被害や「被害」が積み重ねられた「加害者」にとっては不当なものに映り、受刑そのものが「被害」の積み重ねになる。受刑期間が長期になればなるほど、その「被害」は積み重ねられることになる。ましてや、死刑となれば、その被害感はなおさらであろうことは想像にかたくない。

　こうした「加害者」にとっては、近時始められた、刑事施設における被害者等の心情伝達制度も、それが、被害者等の心情を一方的に刑務官が「加害者」に伝えるものである限りは、単なる「被害」の積み重ねに終わることも危惧される。

　また、仮釈放後の保護観察において設定される一般・特別遵守事項や、保護観察官や保護司による指導監督も、被害や「被害」が積み重ねられてきた「加害者」には「被害」となりうる。

　受刑後に「加害者」についてまわる、資格制限も、単に就職を困難にするだけであって、こうした「加害者」には、さらなる「被害」に過ぎないであろう。

家族や「加害者」に積み重ねられた 被害や「被害」がもたらすさまざまな悪影響

1 家族の死や「加害者」の孤立

以上で見た家族の被害や「被害」が放置されると、どうなるであろうか？

まず、家族に対する犯罪被害等の被害がそのまま放置されるならば、延々と、家族に対して、名誉毀損、侮辱等が繰り返される。家族への被害が積み重なれば、家族が死を選ぶこともありうる[26]。これを放置することが妥当なのであろうか？

しかも、「加害者」の収入に依存してきた家族であれば、「加害者」が逮捕・勾留されることで生活が成り立たなくなる「被害」を受け、弁護人がいない場合の「加害者」の権利保障に尽力するどころではなくなり、家族自身の生活さえおぼつかなくなる。そうすると、必然的に、「加害者」への家族からの支援を期待することはできない。最悪の場合、泣く泣くの場合もあろうが、家族が「加害者」を見捨てざるをえなくなり、最終的には、「加害者」は孤立無援という状況になろう。

仮に、刑事裁判の段階で、「加害者」が家族から見捨てられ、孤立してしまった場合、その孤立が、判決後に解消することは望み薄と言わなければならない。そうすると、刑の執行中や、刑の執行後の保護観察等の間も、「加害者」の孤立は続くことになる。

2 冤罪被害

さらに、「加害者」に対する被害が放置されることで何が起こるかを考えてみ

---

26 佐世保での女子高生殺害事件では、少年であったため実名報道はされなかったものの、少年の自宅の様子がテレビで報じられ、インターネットのまとめサイトで少年の実名や顔写真がさらされることによって、少年だけでなく、その親まで容易に特定される状況になった。その結果、父親は自殺している。日本弁護士連合会他編『第27回全国付添人経験交流集会報告集』(日本弁護士連合会、2017年)32頁、194~195頁参照。

よう。

　まず、押さえておかねばならないことは、捜査段階での、捜査官による、自白獲得を目的とした暴行や暴言等が放置されることは、誤った自白の獲得を推し進め、その自白を信用した裁判官による、誤った有罪判決をもたらすということである。つまり、「加害者」に冤罪被害が生じることになる。冤罪被害について、詳細は、Part5で概観するが、冤罪被害は、無辜の者を受刑させるという点で重大な人権侵害であるに止まらず、被害者等にとっても、真犯人を取り逃がさせるという点で、看過できない、さらなる被害を生じさせることが忘れられてはならない。この理は、市民にとっても当てはまる。

　神ならぬ人間は、真犯人か否かを完璧に見分けること等できない。まして、捜査段階でそれが見分けられるわけがない。そうすると、真犯人とおぼしき「加害者」に対してであれば、暴行が加えられ、暴言が発されてよいわけでは決してない。そもそも、被疑者取調べにおける、捜査官による暴行や暴言は、特別公務員暴行陵虐罪に当たるものであって、決して放置されてはならないのである。

3　量刑等の誤り

　「加害者」への捜査段階における、捜査官による暴行等の被害が放置されることは、冤罪被害を生むだけにはとどまらない。冤罪とまではいかないにしても、それは、誤った動機等の量刑事実の認定を導き、「加害者」への量刑の誤りという被害を導くこともある。この量刑の誤りは、現行刑訴法下では、量刑不当が控訴理由として挙げられている（刑訴法381条）ことから、上訴によって修正されることもありうるが、有罪判決が確定してしまうと、もはや再審によっては是正することはできないものとなる。再審は、通常、無罪等を言い渡し、または、原判決において認めた罪より軽い罪を認めるべき明らかな証拠を新たに発見したとき（刑訴法435条6号）にしか開始されないからである。

　死刑と言う量刑が誤っているとき、その誤りは、「加害者」にとって、まさに致命的となる。しかし、死刑判決が確定してしまうと、他の有罪判決が確定し

た場合と同様に、この誤りを正す再審への道はもはや閉ざされているのである。

　なお、本Part被害実態編の事例3［→85頁］のように、「加害者」家族がバッシングを恐れる等の事情があって、情状についての適切な証拠が提出されないままであれば、これも量刑の誤りに直結しうることも認識されねばならない。

4　再犯の危険性の増大

　上で見たように、家族への被害や「被害」が放置されることは、刑事手続の対象とされた「加害者」の孤立をもたらし、それは、刑の執行後も続きうる。

　加えて、「加害者」が事件前に受けた被害も、そして事件後の刑事手続において受けた被害も、損害賠償はおろか、そうした被害を埋め合わせるような暖かい支援は何も受けられないのであれば、「加害者」が、自らが受けた被害に対する謝罪を始めとする損害賠償等がなされるべきだと考えるのは当然であろう。そうした被害の上に、刑事手続上の身体拘束、公判における検察官や裁判官等による厳しい糾弾、そして受刑中や受刑後の「被害」も積み重ねられると、「被害」はなおさら放置されるので、「加害者」には被害感ばかりが重くのしかかることになる。

　こうした被害や「被害」を「加害者」が自らに対する攻撃だと受け止める場合、被害が積み重ねられることは、「加害者」にとっては、攻撃の積み重ねとなる。子どもの頃からのさまざまな虐待被害が、限界を超えた苦痛に直面した少年がより適切な対応を取れずに、他者への暴力に至ることを促進するものとなるとの指摘はすでになされてきた[27]。しかし、適切な被害の埋め合わせがなされなければ、そうした被害の悪影響が少年時のみに止まる保証はどこにもない。そうすると、「加害者」に被害や「被害」が積み重ねられたまま、それが放置されるとすれば、何かの「痛み」を受けたことをきっかけに、「加害者」による、自己よ

---

[27]　ヨアヒム・バウアー（Joachim Bauer）「少年の攻撃や暴力の予防：司法は脳に関する研究から何を学びうるのか？」熊本法学131号（2014年）188〜190頁、友田明美「脳科学・神経科学と少年非行」山口直也編『脳科学と少年司法』（現代人文社、2019年）42頁参照。

り弱い他者に対する攻撃となって現れることになる[28]。その攻撃が、犯罪構成要件に該当するものであれば、一般に再犯と評価される。

　したがって、「加害者」に積み重ねられた被害や「被害」が放置されるのであれば、それは「加害者」による再犯を生じさせる要因のひとつとなりうる。つまり、「加害者」への被害や「被害」の放置は、「加害者」による再犯の危険性を増大させるのである。この再犯によって、新たな被害者等も生まれる。そして、懲役刑の執行を終えて5年以内の「加害者」が犯した罪の懲役刑の長期は2倍の範囲で量刑されることになる(刑法55条、57条)。こうした結果は、新たな事件の被害者等や「加害者」だけでなく、以前の事件の被害者等や家族にとっても避けられるべきものであることは言うまでもない。

■被害支援編

家族に積み重ねられる被害と「被害」にどう向き合うべきか？

1　積み重ねられた被害や「被害」を放置しないとすれば……

　以上で見たように、「加害者」やその家族に積み重ねられた被害や「被害」の放置はさまざまな問題を引き起こす。したがって、積み重ねられた被害や「被害」の放置は論外であると言わねばならない。

　それでは、こうした被害や「被害」の積み重ねに、私たちはどのように向き合うべきであろうか？　この点を検討するために、まずは、家族に保障されるべき人権とは何かについて考えてみよう。

28　岡田行雄「少年司法における虐待被害」熊本法学133号（2015年）56頁参照。

2 家族に保障されるべき人権

　Part1で見たように、被害者等には、憲法13条に基づく幸福追求権や、憲法25条に基づく生存権が保障されるべきである。もちろん、個人の尊厳が重んぜられ、その尊厳にふさわしい処遇を受ける権利も保障されなければならない（犯罪被害者等基本法3条）。家族が障がい者であったり、子どもであったりすれば、それぞれ、障がい者の権利条約や子どもの権利条約に基づく諸権利も保障されねばならない。

　これを前提にすると、「加害者」による犯罪等を契機に、その家族に対して、誹謗中傷等の加害行為がなされるとすれば、家族もまた犯罪被害者であって、他の犯罪被害者等と同じく、その人権が保障されねばならないのである。

　そうすると、家族に積み重ねられた被害や「被害」は放置されるべきではなく、家族に対して、そうした被害や「被害」を受けたことを前提に、家族にも妥当する憲法や条約等に定められているさまざまな人権が実際に保障されるような支援等が実現されねばならない。

家族になされるべき支援

1 日本でなされている家族への支援

　家族は、「加害者」が逮捕されたことが実名で報じられたことをきっかけに、見知らぬ何者かから、侮辱、名誉毀損、あるいは偽計業務妨害に当たるような犯罪被害を受け、それが積み重ねられていく。しかし、そうした被害は、犯給法に基づく給付金制度の対象ではなく、また、見知らぬ者相手では、具体的な被害を損害賠償で償わせようにも、凄まじい労力がかかることもあり、ましてや刑事手続においては、その見知らぬ相手を告訴することすらできず、事実上、被害には何の埋め合わせもないという状態になる。もちろん、「加害者」が家族の家計を支えていた者であり、その逮捕・勾留を契機に、家族が属する世

帯の収入や資産等が生活保護基準を下回ることになれば、生活保護の給付はありうる。しかし、残された家族が稼働可能と判断された場合等は、生活保護の給付はなされない[29]。

　このような状態にある家族に、日本において、憲法等で求められる人権保障としての支援のうちの一部を担っているのが、NPOとして家族支援を行っている、WOH[30]、スキマサポートセンター[31]、そして山形県弁護士会の犯罪加害者家族支援センター[32]の３団体である。たとえば、WOHに、家族から支援の要請があったときには、家族からの電話相談への対応による支援、家族の経済的負担を減らすための転居の相談を受け、家族が所有している土地や建物の処分や福祉支援に関する情報提供等の経済的支援、さらには、心理専門家によるカウンセリングや家族が集まる家族会の設定等の心理的支援、家族に関する偏向報道を修正させる報道対応支援等がなされる。

　しかし、こうした支援に、国費が投入されているわけではない。WOHについて言えば、その活動は、さまざまな助成金に応募し、その助成が得られること等によって成り立っているのであって、家族の支援の全ニーズに応えられているわけではない。まして、管見の限り、日本にはこの３つの団体しか、家族支援を行っている団体は見当たらない。到底、全国に潜在している、家族が受けたさまざまな被害や「被害」に対応できているわけがないのである。

29　家族への支援については、岡田行雄「『加害者家族』に依存する刑事法の再検討に向けた序論的考察」熊本法学157号（2023年）71〜79頁を参照。

30　WOHが提供している家族支援活動については、阿部・前掲註8書172〜380頁参照。WOHが取り組んできた活動については、WOHのウェブサイトでも確認できる〈https://worldopenheart.com/（2023年12月12日最終確認）〉。

31　NPOスキマサポートセンターによる家族支援活動については、佐藤仁孝「家族支援と本人の再犯防止―スキマサポートセンターの取組みから」阿部・前掲註8書424〜435頁参照。

32　山形県弁護士会の犯罪加害者家族支援センターの設立経緯や活動等については、遠藤涼一＝原田いずみ「加害者家族支援に法律家として関わることの意義」阿部・前掲註8書383〜396頁参照。なお、この点については、山形県弁護士会のウェブサイト内のウェブページでも確認できる〈https://www.yamaben.or.jp/html/soudan14.html（2023年12月12日最終確認）〉。

2 諸外国でなされている家族への支援

　それでは、他の国々においては、家族への支援はどのようになされているのであろうか？ いくつかの例を挙げると、まず、イギリスでは、マンチェスターに拠点を置くPOPS（Partners of Prisoners and Families Support Group）という1988年に設立された団体を始め、さまざまな加害者家族支援団体があり、オーストラリアにも、シドニーに拠点を置くCOPSG（Children of Prisoner's Support Group）という団体があり、地元の行政機関から資金面での援助を受けて、受刑者の子どもたちを支援する活動に取り組んでいるという[33]。

　また、ドイツでは、ドイツの憲法である基本法6条1項が、家族を国の介入から特別に保護していると解されていること、さらに、ヨーロッパ人権条約8条が、すべての者にその私生活および家族生活の尊重を求める権利を保障していることを受けて、ベルリンの行刑法では、面会にあたって特別な支援を受ける対象として受刑者家族が位置づけられており、しかもその範囲には同性のパートナーも含まれている。加えて、配偶者等が勾留ないし受刑によって拘禁され、収入源が失われた場合に、社会法典(Sozialgesetzbuch)による社会扶助による給付とは別に、家族には、住居の家賃、転居費用、受刑者との面会のために家族が刑事施設を訪問する際の一定の交通費等が公的に負担してもらえる制度が構築されているのである。

　さらに、ドイツにも家族を支援する団体があるが、ドイツの受刑者支援団体の情報誌によると、その数は、ドイツの16州うち10州の計42にのぼる。その団体のひとつであるChanceの担当者によれば、家族からの相談に乗ること、支援が受けられる機関の場所や受刑者との面会の方法等を教えること、子どもが受刑者に面会したいというときの付添い、引っ越しを容易にすること等を通して家族支援活動を行っている。そして、その活動に必要な費用の90％は州の司法省からの財政支援で賄われており、州司法省がこうした財政支援を行う理論

---

33 これらの団体による家族への支援活動については、鈴木・前掲註7書174〜181頁参照。

的根拠は、受刑者の親族を支援することで自由刑執行終了後の元受刑者の受け入れがよりスムーズになり、それが再犯を減らすと考えられているからという点に求められている[34]。

ドイツを始め、EU加盟諸国では死刑はすでに廃止されており、死刑との関係で、日本の家族が受ける「被害」は、そうした国では生じない。なお、ドイツでは、有罪判決以前の段階で一般人である被疑者・被告人の実名等のプライバシーに関わる情報が報道されることはない点も[35]、日本との大きな違いである。また、ドイツのように、家計が苦しい状態にある家族には、受刑者への面会の旅費まで公的な負担があり、フランスも含めて、受刑者と家族は、アクリル板等なしに、直接面会して、お互いの肌の温もりまで感じることができるようになっている[36]。

このように、さまざまな被害や「被害」を受けた家族への支援がなされている他の国々においては、その支援を担う団体に、公的な財政支援がなされているほかに、ドイツでは、「加害者」を支援しようとする家族にはさまざまな公的支援制度も用意されている。何より、こうした国々では、日本で家族に生じている「被害」でさえも、極力生じないような制度がすでに構築されている点が注目されなければならないのである。

3 今後なされるべき家族への支援

「加害者」の実名報道等を契機に、家族にさまざまな被害や「被害」が生じており、支援を欲していても、支援団体の少なさや、支援への公的負担がないこと

---

34 筆者がChanceの担当者に行ったインタビューによる。岡田・前掲註29論文78頁参照。

35 ドイツ報道協議会(Deutscher Pressrat)が作成したドイツ報道綱領(German Press Code)8条では、報道にあたって個人の尊厳の保護が定められており、そのガイドラインによれば、犯罪報道にあたって、個々の事件における個人の保護の利益を超える公益が認められない限り、被疑者・被告人の氏名や写真等を報じるべきではないとされる。このドイツ報道綱領は、以下のURLで参照できる〈https://www.coe.int/t/dg4/cultureheritage/mars/source/resources/references/others/42%20-%20German%20Press%20Code%20-%20DP%202007.pdf(2023年12月13日最終確認)〉。

36 岡田行雄「『加害者家族』と刑事政策」刑法雑誌61巻3号(2022年)194頁参照。

から、必ずしも支援が受けられるわけではないという日本の状況は、家族の幸福追求権や生存権保障にもとるものと言わなければならない。日本の家族が置かれている、このような状況は、ヨーロッパ人権条約等に基づき家族支援に対して公的資金が活用されているヨーロッパ諸国と比較した場合、日本では憲法と家族が置かれている現実との間の落差があまりにも大きいことをあからさまに示している。

　そこで、まず、侮辱、名誉毀損等の犯罪被害を受けた家族に対しては、被害者等と同様に、被害を受けた直後から、その後の同種の被害を避けられるように、すみやかに転居ないし一時避難の場所が提供されるという支援がなされる必要がある。すでに、WOH等が、転居支援等を行ってはいるが、WOHに公的資金が投入されているわけではない。そこで、WOHのような民間団体にも、ドイツ等の場合と同様に、公的な財政支援がなされる必要がある。そして、何よりも、WOHのような民間団体が、被害者等への支援の場合と同様に、警察と関連づけられることなく、日本の至る所に設立される必要もある。現状では、家族支援のマンパワーは、ドイツ等と比べた場合、あまりにも少ないと言わざるをえないからである。その上で、被害者等に対してなされるべき、被害を埋め合わせるような支援が、同じく被害を受けた家族にも保障されねばならない。

　もちろん、被害者等の場合と同様に、家族の場合も、犯罪被害を受けたからといって、ただちに支援がほしいと、支援団体に申し出ることができない者がいることもおおいにありうる。たしかに、かつて、WOHが行った調査によれば、WOHに相談した家族の65％は有職者で、無職者35％のうち90％は定年退職によることが明らかにされている[37]。しかし、「加害者」の事件報道を受けて、仕事どころではなくなった等、より凄惨な状況にある者ほど、相談どころではないのではなかろうか。このような状況にある家族に対しても、被害者等の場

37　阿部恭子『加害者家族支援の理論と実践─家族の回復と加害者の更生に向けて』（現代人文社、2015年）13頁参照。

合と同様に、家族に最も身近な立場にある者が家族に声をかけ、寄り添うところから始めるしかないように思われる。

　現時点では、WOH等の活動を通じて、さまざまな支援がなされてはいるが、ドイツの場合のように、必要な場合には、「加害者」との面会のための交通費等の支給ができるような制度を確立することが、今後は望まれる。このような制度が確立することで、家族が受ける「被害」への手当てになりうるであろう。

　こうした家族へのさまざまな支援が実現することを通して、家族へのバッシングや、家族の生活苦から、家族が自殺に至るという最悪の事態が防がれなければならない。

　さらに、「加害者」が逮捕された段階からの実名報道が、家族への被害の契機となっている現状に照らすと、家族への被害を根本から減らしていくには、ドイツと同様に、一般の「加害者」については、刑事手続において、イニシャルや仮名等の表記による、匿名報道が実践されるべきであろう[38]。しかし、もちろん、憲法21条で保障される表現の自由の一環としての報道の自由が、国家によって制限されるべきではないので、あくまで私人匿名報道は報道機関の自主的な取決めによってなされなければならない。このような取組みがなされてこそ、本Part被害実態編の事例1［→80頁］で示されたような「加害者」の親族が自傷行為に及ぶ悲劇が避けられるのである。

　なお、以上で挙げたなされるべき支援の大前提として、これまで日本で取られてきた、ある種の政策が反省されなければならない。一方では、実名報道を契機とする、犯罪に該当するような、家族に対するさまざまな誹謗中傷等を、家族がこれらの被害を捜査機関に届け出るどころではないこともあいまって、放置してきた。他方で、国は、家族への支援には何らの公的な財政負担をしないにもかかわらず、その家族には、「加害者」の更生に向けて特別な法的地位を与え、「加害者」の再犯防止対策において、家族に依存してきたのである。こう

38　日本において、刑事事件の報道にあたって私人を匿名で報道すべきという見解は浅野健一によって説かれてきた。浅野健一『犯罪報道の犯罪』（学陽書房、1984年）301頁参照参照。

した、日本が家族に対して取ってきた、一貫性のない、相互に矛盾する態度が広く認識され、そうした姿勢の反省に立って、家族への支援が進められなければならない。

4　家族の支援と「加害者」との関係

　もっとも、さまざまな被害や「被害」を受けてきた家族が最悪の状況に陥ることを避けるために、憲法に基づく人権が保障されなければならないとしても、家族が、「加害者」の立ち直り等を支援しなければならないわけではない。たしかに、「加害者」と家族が夫婦や親子といった親族関係であれば、民法における扶養義務規定（民法752条、877条）に基づき、家族が「加害者」を扶養しなければならない。しかし、この義務も、扶養が可能な場合のものであって、扶養どころではない家族には、「加害者」を扶養することはできないのである。したがって、「加害者」の立ち直り支援も、家族に義務付けられるものではない。

　つまり、さまざまな被害や「被害」を受けた家族には、家族が「加害者」を支援するか否かにかかわらず、家族の幸福追求権や生存権等の保障のため、そうした被害や「被害」を埋め合わせるような支援がなされなければならないのである。言い換えると、家族への支援が、家族による「加害者」の支援の義務付けを招くことがあってはならない。つまり、家族への支援は、「加害者」への家族による支援と関係づけられてはならないのである。余力のない家族に、「加害者」の立ち直り支援を強いると、結局、「加害者」の社会における居場所を失わせ、「加害者」の再犯等に至るという悲劇を招きかねないことが忘れられてはならない[39]。

39　非行少年の母親を、少年院から仮退院する非行少年の身元引受先として強引に選定しようとしたばかりに、最後にその母親からその少年の引き受けを拒否されて、少年の仮退院が遅れたり、仮退院後の引受先との連携がうまくいかず、結局、その少年による再非行が起きたという悲劇については、岡田・前掲註21書34、35、50〜54頁参照。

「加害者」に積み重ねられた
被害や「被害」にどう向き合うべきか？

1 被疑者・被告人に保障されるべき人権

　すでに見たように、「加害者」にも、事件以前にさまざまな被害や「被害」が積み重ねられており、それをそのまま放置することは妥当ではない。それでは、これらの被害や「被害」に私たちはどう向き合うべきであろうか？

　それを検討する前提として、まず、「加害者」が被疑者・被告人として保障されるべき人権を確認しておきたい。

　本Partの被害背景編でも、すでに見たように、被疑者・被告人には、憲法31条から40条において、その人権が保障されるべきことが比較的詳細に定められている。

　まず、被疑者・被告人に対して、適正な刑事手続、いわゆるデュープロセス（適正手続）が保障されねばならない（憲法31条）。適正手続を欠いたまま処罰されることは許されない。なお、アメリカでの死刑存置州における、死刑の対象となる重大犯罪についての手続には、単なるデュープロセスではなく、より厳格な適正手続、具体的には、事実認定と量刑の手続が必ず分離され、いずれも陪審によらねばならず、被告人に対してより手厚い弁護費用が公的に支出され、死刑判決は自動的に上訴される等の内容を持つ、いわゆるスーパーデュープロセスが保障されねばならないと解されている[40]。

　次いで、以下のようなさまざまな人権も保障されている。何人も、裁判所において裁判を受ける権利が保障されねばならない（憲法32条）。現行犯逮捕を除いては、裁判所が発する令状がなければ、逮捕されない（憲法33条）。裁判所からの令状は、逮捕の場合を除いては、捜索・差押えの場面でも事前に発されねばならない（憲法35条）。弁護人依頼権が保障され、かつ、正当な理由がなけれ

40　スーパーデュープロセスの具体的内容については、笹倉香奈「死刑と適正手続」龍谷法学47巻
　　4号（2015年）150~151頁参照。

ば、身体拘束処分がなされてはならない（憲法34条）。公務員による拷問や残虐な刑罰は絶対に禁じられる（憲法36条）。公平な裁判所での迅速な公開裁判を受ける権利が保障され、刑事被告人には、証人を求め、証人に審問する権利も保障されねばならない（憲法37条）。自白は強要されず、不任意になされた自白は証拠とされてはならず、自白しか証拠がない場合は有罪とされてはならない（憲法38条）。実行の時に適法であった行為は、後で作られた法律で処罰されてはならず、無罪とされた行為も処罰されてはならず、同一の行為に対する二重処罰もなされてはならない（憲法39条）。逮捕・勾留された後に無罪の判決を受けた者には、刑事補償がなされなければならない（憲法40条）。

　被疑者・被告人にこれらの人権が保障されねばならないはずであるが、現実には、これらの人権が保障されているとは言いがたい。適正手続を欠く有罪判決、現行犯ではないのに令状なしでなされる緊急逮捕（刑訴法210条）、取調べにおける自白強要等の拷問、証人抜きの調書に基づく刑事裁判、事実上自白のみでの有罪判決、検察官上訴による無罪判決破棄等、憲法で保障されているはずの被疑者・被告人の人権が踏みにじられている現実は枚挙に暇がない[41]。

　したがって、これらの人権が保障されないということ自体も、「加害者」の被害や「被害」として捉え直され、刑事手続における、新たな被害や「被害」の発生は極力避けられなければならない。

2　犯罪者に保障されるべき人権

　上で見た、被疑者・被告人に、憲法に基づいて保障されるべき人権の中には、犯罪者にも妥当するものがある。適正手続保障や残虐な刑罰の禁止等が典型である。したがって、犯罪者が収容される刑事施設内で懲罰が科される場合であっても、その前に適正手続が保障される必要があり、いかなる犯罪者に対してであっても残虐な刑罰は絶対に禁じられねばならない。

---

[41]　これらの日本国憲法の要請を、戦後の刑事訴訟法改革で実現すると政府はGHQに約束していながら、その後の司法改革においてもいまだに実現していない点については、内田＝春日＝大場・前掲註4書10〜12頁参照。

加えて、犯罪者にも、一定の制約はあるものの、被害者や家族と同様に、幸福追求権が保障されねばならない。また、一般の者であれば、当然に保障されると考えられている、思想及び良心の自由（憲法19条）は、犯罪者であっても、もちろん保障されねばならない。したがって、たとえば犯罪者の移動の自由等を制約する必要があるから、ただちに、立法によって移動の自由等を無限定に制約してよいわけではない。犯罪者であっても、社会で生活する他の市民の利益と調和しながら生活することは可能なのであって、犯罪者の自由と人格の自立性に対する制約は、立法上、あくまで必要最小限度のものに止められなければならないのである[42]。

3 被害や「被害」の埋め合わせと防止

以上を前提とすると、「加害者」に積み重ねられた被害や「被害」を放置することも許されず、とりわけ被疑者・被告人段階における被害に対しては、ただちにそれを埋め合わせる法的な措置が採られる必要がある。また、「加害者」に積み重ねられたそれ以外の被害に対しても、「加害者」の幸福追求権保障の観点から、何らかの埋め合わせが必要であろう。

また、「加害者」への被害や「被害」の積み重ねは、防止されねばならない。したがって、「加害者」への被害や「被害」の積み重ねを防止するための施策も採られなければならない。

「加害者」に積み重ねられた 被害や「被害」の刑事法における位置づけ

1 「加害者」に積み重ねられた被害や「被害」への国の関与

従来、「加害者」に積み重ねられた被害や「被害」については、たとえば、被疑者段階で取調べに際して捜査官から受けた暴行や脅迫等による被害の有無を証

42　内田博文『日本刑法額のあゆみと課題』（日本評論社、2008年）282頁参照。

拠調べすることによって明らかにされてきた程度に過ぎなかった。

　しかし、「加害者」が行為前に受けてきた虐待等の被害は、単純にその加害行為者によるものとは言えない。たとえば、「加害者」に積み重ねられた虐待行為による被害は、これに対応する児童相談所のマンパワーの質・量ともに一向に増強されないという、国の不作為によってもたらされた側面は否定できないのである。

　ここで、合理性がないことが明らかになってからも「らい予防法」の廃止を怠る等の国の誤ったハンセン病隔離政策という先行行為に基づいて、ハンセン病患者の家族が被ったさまざまな差別等の被害を除去する具体的な作為義務を国に認めたうえで、法務大臣等の不作為を国家賠償法上の違法に当たるとしたハンセン病家族訴訟熊本地裁判決[43]を参照すると、国が関与している被害等の除去義務が国にはあると言わなければならない。

　もっとも、被害等の除去義務に反している国から、被害等についての国家賠償を「加害者」が得ることだけが、重要なことではない。「加害者」のほとんどが直面しているのは、「加害者」が犯したとされる刑事事件についての刑事手続であり、その手続の結果として科される刑罰なのである。そのような状況にある「加害者」が、被害除去義務に反しているとして国や自治体を訴えたところで、たとえ国や自治体の違法が認められるにせよ、膨大な手間と時間がかかり、しかも、被害等が、ハンセン病家族が受けてきた被害と比べると、はるかに多様であることから、的確な国家賠償を早期に得ることも期待できない。とすれば、「加害者」に積み重ねられた虐待被害等の被害の除去、そして、さらなる被害や「被害」の防止を、刑事手続やその後の刑罰の中でいかに実現するかが問われねばならないのである。

2　「加害者」に積み重ねられた被害や「被害」の位置づけ

　たとえば、捜査段階での「加害者」に対する、自白を求める捜査官による暴

43　熊本地判令1・6・28判例時報2439号（2020年）5頁参照。

行、脅迫等の事実が刑事裁判の中で証拠に基づいて明らかにされた場合、それは「加害者」にまぎれもない被害が生じていたことを意味する。その被害から「加害者」を救済し、その被害から生じるさらなる「被害」を防ぐために必要とされるものが、「加害者」から得られた自白を証拠から排除することである（憲法38条、刑訴法319条、322条）。

しかし、刑事裁判の実務において、「加害者」が受けた被害が論点となるのは、こうした場合か、せいぜい、介護殺人と呼ばれる事案において、「加害者」が被害者の介護に際して、公的支援を十分に受けられず、被害者の介護を一身に背負わねばならなかった「被害」が量刑上重要な事実として取り上げられる場合くらいである。

ところで、「加害者」にとっては、事件以前の虐待やいじめ等を通して積み重ねられた被害にせよ、その後積み重ねられた「被害」にせよ、その被害や「被害」は刑事手続で問題とされている犯罪行為を選んでしまった背景のひとつである。刑法の原則には、犯罪として処罰されるには、刑法で定められた犯罪類型に当てはまる行為をしただけでなく、その行為をしたことにつき、行為者に責任がなければならないという趣旨の責任原則がある[44]。加えて、この責任原則には、行為者に、当該行為について責任があるとしても、刑罰は、その責任に応じて科されなければならないという趣旨も含まれている。この責任とは、一般に、行為者がいくつもの適法行為を選択できたにもかかわらず、刑法に反するという違法行為を選んでしまった場合に認められるものであって、逆に、適法行為の選択の余地がなかった場合には、適法行為が期待できなかったとして責任は問われず（期待可能性の欠如）、犯罪は成立しないと説かれている[45]。そして、行為時に適法行為の選択が難しかった場合には、その難しさの度合いに応

44　たとえば、松原芳博『刑法総論［第2版］』（日本評論社、2017年）23〜25頁参照。

45　この適法行為の期待可能性が欠如した行為は処罰されないことは、刑法の規定上も承認されていて、その典型例として、犯人による証拠隠滅罪が処罰されないことや、窃盗犯を、驚愕等により現場で殺傷した場合の不処罰（盗犯等防止法1条2項）等が挙げられる。

じて刑は減軽されねばならない[46]。とすると、刑事裁判において、行為時までに「加害者」に積み重ねられた被害や「被害」によって、「加害者」が適法行為を選ぶことができなかったか、あるいは、できたにしても、それがいかに困難だったかが明らかにされることが、被害や「被害」の埋め合わせの前提として必要とされるのである。

　さらに考えてみると、そもそも、こうした被害や「被害」に、虐待被害の場合と同様に、さまざまな形で国が関与していることを前提に、そうした被害や「被害」が積み重ねられた「加害者」に刑罰が科されるべきなのかが、刑事手続の中で問われなければならないはずなのである。国が関与して生じた被害や「被害」が積み重ねられた「加害者」に刑罰を科すことは、決して、その被害や「被害」の除去にはつながらない。むしろ、さらなる被害や「被害」の積み重ねをもたらすだけとなることがおおいに危惧される。そこで、国家が関与している被害や「被害」の積み重ねが刑事事件につながっている「加害者」については、刑法に反する行為がなされとしても、その行為時における期待可能性欠如による不処罰、ないし、適法行為選択の困難性の高さに応じた刑の減軽がなされる必要がある。したがって、加害者に積み重ねられた被害や「被害」は可能な限り刑事手続において明らかにされるべきものとして位置づけられねばならない。そうすることによって、初めて、「加害者」に積み重ねられた被害や「被害」の除去が可能となるのである。

「加害者」への刑事手続と刑事制裁の改革

1　刑事手続における「加害者」への被害と「被害」を防ぐ必要性

　刑事事件以前に被害や「被害」が積み重ねられてきた「加害者」に、刑事手続において、さらに被害や「被害」が積み重ねられることは避けられなければならな

46　松原・前掲註44書495頁参照。

い。このことは、刑事事件以前に被害や「被害」を受けたことがなかった「加害者」についても同様である。憲法上、刑事手続における拷問は絶対に禁じられており、「加害者」の再犯を防止するという観点等からも、当然の帰結である。

　そのためには、刑罰の執行等までも含む広い意味での刑事手続、仮釈放後の保護観察という刑事制裁の一環でなされるものまでも含めて、その制度や実務が改革されねばならない。そこで、以下では、その改革の方向性を示すことにしよう。

2　刑事手続における「加害者」の人権保障

　まず、刑事手続の入り口である捜査段階から、「加害者」の人権保障がなされねばならない。そのためには、捜査段階における適正手続保障の実践が必要不可欠である。これに関連しては、多くの課題があるが、その中でも喫緊のものは、取調べにおける、不任意自白獲得を止めさせることである。

　そこで重要となるのは、捜査官による暴行、脅迫、偽計等を防止することになる。現在、これを実現するために、資力の乏しい者であっても、被疑者として勾留された段階から国選弁護人がつき、裁判員裁判対象事件等の一定の事件では、取調べ状況の録画がなされるようになった。しかし、録画されようとも、暴言を「加害者」にぶつける捜査官が存在することも明らかになった（詳細については、Part5参照[→274頁]）。こうした暴言をただちに止めるためには、取調べ中の「加害者」の側に、「加害者」をこうした被害から守る者の存在が必要不可欠になる。アメリカ等のように、取調べに弁護人が立ち会えるようにする改革が求められる。しかも、これを行うには、警察の留置施設に23日間も身体拘束できる現状を改め、それをアメリカ並みに24時間程度の短期間にしなければならない。これらの改革は、Part5のテーマである、冤罪被害防止という観点からも求められるものである。

　刑事手続における被害や「被害」を防ぐには、事件以前に積み重ねられた被害や「被害」を明らかにできるようにする制度の構築も不可欠である。捜査官にこれらを明らかにすることは期待できない。現時点では、弁護人が心理や福祉の

専門家と協力しつつ、事件前の被害や「被害」を訴える「加害者」からそれらを聴き取り、それらと事件との関連性を分析し、その結果を裁判で示せるようになることが考えられる。将来的には、「加害者」に寄り添いつつ、「加害者」とともに、積み重ねられてきた被害や「被害」の掘り起こしを専門家が行える制度を構築することが望ましい。

　ところで、現在、障がいや高齢が原因で、同種の軽微な犯罪を繰り返してきた「加害者」に、弁護人と地域生活定着支援センターが連携し、福祉的ニーズを把握し、福祉サービスの提供を中心とした計画書を作成し、起訴猶予や執行猶予を求める、入口支援がなされている。しかし、この入口支援は、無罪推定原則と抵触する等、さまざまな問題も抱えている[47]。こうした問題が、被害や「被害」の掘り起こしで生じないようにする手当ても検討されねばならない。

　刑事裁判においては、上で指摘したように、裁判前から「加害者」に積み重ねられてきた被害や「被害」を、可能な限り明らかにする証拠調べを実践することが求められる。他方、刑事裁判における被害者参加や被害者等による意見陳述については、それが、「加害者」にとって新たな「被害」の積み重ねとならないようにする取組みが求められる。被害者等と「加害者」が刑事裁判の場で対立することは、双方の人権保障の観点から決して望ましいものではない。

3　死刑の廃止

　「加害者」が刑の執行以前に、最も大きな「被害」に曝されるのは、死刑であることは言うまでもないであろう。死刑そのものが憲法36条等に違反しているのではないかという疑いは拭われていない。さらには、被執行者や執行日の選択に大きな裁量の余地があり、死刑確定者が苦痛にさいなまれることについても、かつてから残虐性が指摘されてきた[48]。確定死刑判決が誤っていた場合に、執行してしまえばもはや取り返しがつかない点で、死刑には他の刑事制裁とは

47　入口支援が「加害者」の人権保障を危うくする危険性については、内田博文＝佐々木光明『〈市民〉と刑事法第5版』（日本評論社、2022年）212〜213頁参照。

48　半川宗信「死刑制度と憲法理念（下）」ジュリスト1101号（1996年）74頁参照。

異なる決定的な欠陥があることも否定できない。死刑執行を担当する刑務官に、殺人の実行行為を強制し、さまざまな苦痛を与えている点も大きな問題である[49]。加えて、本Part被害実態編の事例4［→87頁］が示すように、日本の死刑制度は、拘置所に収容されている死刑確定者の支援者にも葛藤を生じさせてもいるのである。

　国際的に見れば、死刑を執行している国は圧倒的な少数派である。死刑を執行している州を持つアメリカにおいても、死刑事件に必要とされるスーパーデュープロセスの実施に多大な費用がかかること等から、死刑を廃止した州が増加している[50]。

　「加害者」へのさらなる「被害」を防止するために、そして、このような死刑の諸問題や国際的な傾向に照らせば、日本においても死刑は即刻廃止されるべきである。また、死刑廃止が実現するまでの間は、死刑量刑の誤りを理由とする再審が認められるとともに[51]、死刑が確定している「加害者」に対する死刑執行が停止されねばならない。

4　自由刑における受刑者処遇改革

　自由刑受刑者が刑務官から受ける暴行等による被害防止のためには、ウェアラブルカメラの装着等だけでなく、刑務官の労働者としての人権保障が必要である。少ない刑務官で多くの受刑者を処遇する「日本型行刑」を可能にしてきた

49　死刑執行を行う刑務官も、死刑執行によって大きな苦痛を与えられてきた点については、大塚公子『死刑執行人の苦悩［第2版］』（創出版・2006年）68〜70頁参照。

50　アメリカにおける適正手続保障と死刑廃止との関係については、笹倉香奈「死刑事件と適正手続（2）死刑事件と適正手続：アメリカにおける議論の現状」法律時報91巻5号（2019年）131〜133頁参照。死刑についての国際的な動向については、アムネスティインターナショナルのウェブサイトを参照〈https://www.amnesty.or.jp/human-rights/topic/death_penalty/statistics.html（2023年12月17日最終確認）〉。

51　日弁連は、刑事再審法改正意見書において、死刑量刑の誤りをも再審開始事由とするべきことを挙げている。日弁連の刑事再審に関する刑事訴訟法等改正意見書については、下記のURLから参照できる〈https://www.nichibenren.or.jp/document/opinion/year/2023/230713_3.html（2023年12月17日最終確認）〉。

のは、「アメとムチ」による恩恵的・懲罰的な処遇であった。これが、受刑者の人権を過剰に制約する背景であって、これにメスを入れ、単に受刑者の人権保障を進めようとするだけでは、刑務官の負担は過重になり、ストレスが溜るばかりである。したがって、受刑者に対する過剰な人権制約を止めさせるだけでなく、刑務官の必要な範囲での増員と、その労働者としての人権も保障されねばならないのである[52]。

なお、無期刑受刑者の仮釈放は、すでに見たように法律上は受刑開始から10年経過した後に可能とされているが、現実は、35年を超えたところでようやく仮釈放になることが常態化しており、仮釈放まで61年も要したケースもある[53]。このような気も遠くなるほどの長期間仮釈放が認められない背景のひとつとして、家族から見放された無期刑受刑者の仮釈放時の受け皿がないという問題がある。無期刑受刑者が刑事施設で一生を終えるという「被害」を受けずにすむような、家族から見放された受刑者が仮釈放となるための受け皿となりうる、自立準備ホーム等の受け皿を用意することが必要不可欠である。

なお、仮釈放に関しては別の問題もある。障がいがある受刑者や高齢の受刑者には、仮釈放の際の受け皿がなかなか見つからないために、満期釈放にならざるをえないという実状がある。そこで、刑事施設と地域生活定着支援センターとが連携し、そうした受刑者を特別調整対象者として、介護・医療等の福祉サービスにつなぎ、仮釈放や満期釈放後の再犯を防ごうとする、出口支援が実施されるようになって10年以上が経過した。しかし、受け皿となる社会福祉施設等が特定の施設に偏り、そうした施設での生活を望まない受刑者が、結局、満期釈放となり、社会での望む居場所が得られないという問題も生じている[54]。「加害者」の「被害」防止のためには、こうした出口支援における事実上の

52　内田＝佐々木・前掲註47書207〜208頁参照。

53　こうした無期刑仮釈放の運用は、2004年の刑法改正で有期自由刑の上限が30年に引き上げられたことが背景にある。こうした背景も含めて、仮釈放まで61年受刑した無期懲役受刑者については、杉本宙矢＝木村隆太『日本一長く服役した男』（イースト・プレス、2023年）140〜149頁参照。

54　武内＝本庄・前掲註6書272頁参照。

強制を防ぐ取組みもなされなければならない。

5 保護観察等の改革

仮釈放後の保護観察は、もっぱら、常勤の公務員である保護観察官と非常勤の公務員である保護司によって担われているが、全国に、保護司が圧倒的に多く、保護観察は保護司に依存していると言ってよい。しかし、保護司は、無給で(保護司法11条)、人格及び行動についての社会的信望、職務の遂行に必要な熱意及び時間的余裕、健康で活動力を有し、生活が安定していることが要件とされている(保護司法3条)。そのため、これらの要件を満たしうる者は、教員や警察官等を定年退職した者や地域の自治会活動等に長年従事してきた者に限られがちになることから、必然的に高齢化している[55]。しかも、保護司には、さまざまな被害や「被害」が積み重ねられてきた「加害者」への援助を適切に行える専門性が必ずしも備わっているわけではない。したがって、保護観察段階における、「加害者」への「被害」を防ぐには、保護観察の担い手の専門性向上が必要不可欠である。基本的には、必ずしも専門性が担保されない保護司への依存を止め、専門性が担保される保護観察官を保護観察の担い手とする改革がなされるべきである。

また、有罪確定者についてまわる資格制限も、単に有罪が確定したことだけを理由に広く制限することは妥当ではなく、「加害者」が就こうとする職業にとって、必要不可欠なものに限定されるべきである[56]。

---

[55] 2023年1月に全国に46,956人いる保護司の平均年齢は65.5歳であり、60歳以上の者が79%を占めており、49歳以下は6.3%しかいない。法務省法務総合研究所『令和5年版犯罪白書』(2023年)94〜95頁参照。

[56] 渕野貴生は、「加害者」の社会復帰の利益を阻害してまで資格制限が正当化される場合を見出すことはできないと指摘し、むしろ、資格取得に対する積極的な援助を「加害者」に行うことが考えられてよいと指摘している。渕野貴生「出所後の生活再建のための法制度試案」刑事立法研究会『更生保護制度改革のゆくえ』(現代人文社、2007年)122頁参照。

6 労役場留置の回避

　罰金等を完納できないときに労役場留置となることは、「加害者」を短期間とはいえ、社会から隔離するだけでなく、就職先から解雇されることも招きかねず、理論的には弊害が多いので避けられるべきと説かれる。

　実務上、罰金の延納・分納は、「加害者」から申出があった場合に、検察官の裁量によって認められているが、それにもかかわらず、罰金刑の高額化に伴い、罰金の延納・分納とともに労役場留置も増えている[57]。

　そこで、「加害者」への「被害」を生じさせる、労役場留置を回避するために、一定の条件がある場合には必要的に罰金の延納・分納を認める制度に改め、50万円以下の罰金刑について可能となっている執行猶予要件価額の引き上げの検討がなされるべきであろう[58]。

「加害者」や家族の被害と「被害」の 埋め合わせで留意されるべきこと

　以上、限られた内容ではあるが、「加害者」や家族に積み重ねられた被害と「被害」の埋め合わせにつながる改革や取組みを展望してきた。

　ここで注意すべきことがある。それは、一般に、被害が大きければ大きいほど、その埋め合わせにはより長い時間がかかることと同様に、「加害者」や家族に積み重ねられた被害や「被害」が大きければ大きいほど、その埋め合わせにもより長い時間がかかるということである。

　しかし、だからと言って、被害や「被害」が積み重ねられた「加害者」をあまりに長期に刑事施設に収容することは到底妥当ではない。「加害者」に積み重ねられた被害や「被害」が大きいものであれば、その埋め合わせは、社会においても

---

57 労役場留置、罰金の延納・分納と罰金等の平均額とが強い相関を持っており、罰金等の高額化は、労役場留置、罰金の延納・分納の増加に寄与することについては、小島透「統計データから見た罰金刑等運用の実態と問題点」刑法雑誌49巻1号（2009年）28頁参照。

58 武内−本庄・前掲註6書115頁参照。

なされなければならないのである。

　この社会における、被害や「被害」の埋め合わせで大事なことは、安心して自由に過ごすことができる居場所がない「加害者」にそうした居場所を用意することである[59]。さらに、近時の離脱研究の成果に照らせば[60]、「加害者」が周囲から肯定的に評価される場所も　用意される必要がある。この2つの場所を、たとえば、自立準備ホームや協力雇用主等が用意できるような支援も国が行うことが、「加害者」に積み重ねられた被害や「被害」に直接ないし間接に関与した国が履行すべき義務なのである。このことを最後に強調して、本Partをまとめることにしたい。

---

59 罪を犯した若者たちには、そうした若者を受け入れてくれる、安心できる居場所が必要であることについては、山下祈恵「児童福祉施設経験者を支援する立場から見える被害」岡田・前掲註21書122頁参照。

60 犯罪キャリアを積み重ねてきた者がどのようにして、そうしたキャリアから離脱できたのかを研究している、離脱研究は、犯罪キャリアから離脱した者には、周囲から肯定的に評価され、認められる体験をしている点が共通していることを明らかにしている。シャッド・マルナ（津富宏＝家野荘子監訳）『犯罪からの離脱と「人生のやり直し」』（明石書店、2013年）135頁参照。

Part 3
「非行少年」と その家族の被害

少年法に基づく匿名報道がなされても、非行少年の家族にもさまざまな被害が生じる。それ以前に、非行少年にも、犯罪者と同様に、事件以前からさまざまな被害や「被害」が積み重ねられている場合がある。そうした非行少年の立ち直りに向けて、少年司法はいかに改革されるべきであろうか？

■被害実態編

事例1　重大事件を起こした少年と家族の苦悩

1　死刑になるために人を刺した少年

　桜井俊(仮名・19歳)は今日も、死ぬ場所を探して街を歩いていた。電車に飛び込むにも、高層ビルから飛び降りるにも、その一歩がどうしても踏み出せなかった。今、生きているのは、ただ、死ぬことができないからだ。

　自殺をするなら、確実な方法でなければ嫌だ。助かって、今以上に不自由な生活を強いられるくらいなら刑務所に入った方がいい。そうだ、死刑になれば確実に死ぬことができる……。

　俊の殺意は、自殺願望から生まれていた。俊にはいなくなってほしい人物が3人いた。2人以上殺すことができれば、確実に死刑になるだろう。

　最初のターゲットは、中学時代にいじめを受けていたクラスメートのA子だった。俊は中学1年生の頃、A子に好意を抱き、告白したことがあった。A子は翌日、「俊から告白された。キモい」等とクラス中に言いふらし、クラス全体での俊へのいじめがはじまった。俊は、男子生徒からからかわれ、殴られ、女生徒の前で服を脱がされるといったいじめを受けるようになった。2年生になると、いじめは止まったが、俊は中学時代、友達ができず、学校は休みがちだった。

　俊は登校することが死ぬほど苦痛だったが、父親が厳しく、自宅に引きこもっていられるような家庭環境ではなかった。

　2人目のターゲットは、中学時代のクラスメートのBだった。俊は、第一志望の高校に入学し、今度こそ、充実した学校生活を送りたいと考えていたが、Bが中学時代のいじめの話を言いふらしたことから、俊は高校でも女子を中心に陰口を叩かれ、友達を作ることができなかった。俊は1年留年してなんとか

高校を卒業したものの、それからの進路が拓けず、行き詰まっていた。

　３人目のターゲットは、同居中の父親である。俊の父親は、俊が小学生の頃に病死し、生活力のない母親はすぐに現在の父親と再婚した。義理の父親は、経済力はあるが、機嫌が悪いと母や子どもたちに暴力を振るっていた。再婚してから、母親は義理の父の言いなりで、俊の悩みに耳を傾けてくれるようなことはなかった。母親は再婚して、義理の父親との間に子が生まれた。両親は、自分より生まれたばかりの子が可愛くて仕方ない様子だった。

　俊には、家庭にも社会にも居場所はなかったのである。底知れぬ孤独の中でどれほどもがいても、誰も助けてはくれない。その悲しみは、次第に怒りに変わっていった。

　俊は、A子とBを殺害後、父親を殺害するか、自宅に放火して殺す計画を立てていた。A子とBがいまだに中学時代の実家にいることは把握しており、行動パターンを調べるためにふたりの実家付近に向かうようになった。殺人を実行しようと決めてから、俊はナイフをジャケットに入れて持ち歩くようになった。街で殺したい人を見つければ、そこで殺してもよいと考えていた。

　ある日、俊が乗った電車に、女子高生数人が乗り込んできた。これまで静かだった車内は、たちまち彼女たちの笑い声につつまれた。俊は、女子生徒の集団を見るたびに、自分がいじめられていた当時を思い出し、いつも嫌な気分になっていた。

　輪の中心で話をしている女子は、かつてのA子に似ていた。

　俊は最寄り駅で降りようとしたとき、A子に似た女子高生のカバンが思い切り俊の腕に当たった。女子高生は、ぶつかっていることに気がついているにもかかわらず、俊に見下すような視線を送り、俊を無視して友人と話し続けていた。俊は思わずカッとなり、女子高生の後をつけた。

　「おい、今、カバン当たったんだけど」

　俊が女子高生に言い寄ると、

　「は？　何この人、キモい」

　女子高生はそう言って、再び俊を無視して歩き出そうとしたところ、床へ

143

たり込み、地面はみるみるうちに血で真っ赤に染まっていった。

　俊は一瞬、怒りで頭が真っ白になっていた。駅の職員に取り押さえられ、警察官が手錠をかけた瞬間、ようやくポケットに忍ばせたナイフで女性を刺したことを認識できた。

　女子高生は重傷を負い、俊は逮捕され、殺人未遂罪で起訴された。

　裁判員裁判において、俊は犯行動機について「人を刺したかった」とだけ述べ、被告人質問においても「わからない」「言いたくない」、沈黙といった投げやりな態度が多く、真摯な反省の言葉が語られることはなかった。裁判所は、少年の態度からまったく改悛の情を汲み取ることはできないと、少年に10～15年の不定期刑を言い渡し、判決が確定した。

2　無差別刺傷事件後の加害者家族

　電車内での無差別刺傷事件が連続して発生していたことから、本件にも注目が集まっていた。インターネット上には、俊の実名や出身校、家族構成やきょうだいの通っている学校、父親の職場等の情報が書き込まれていった。

　父親は、退職せざるをえなくなり、一家は自宅を売却して遠方に転居することを決意した。俊の両親が被害者に支払った金額は、治療費のほかに1,000万円。妹は、研究職を目指して博士課程まで進学したいという希望を周囲に伝えていたが、事件の影響で高校を中退し、働く道を選んだ。

　父と娘は、事件に巻き込んだ俊を許すことができず、二度と会うつもりはなかった。唯一、母親の結子(仮名)だけは、息子に更生してほしいと面会に通っていたが、俊は家族に送った手紙の中で、「母親に人生をめちゃくちゃにされた」と書いており、母親の面会を拒み続けた。それゆえ、家族が情状証人として証言することも、裁判の傍聴に行くことさえなく、俊の情状のための材料は一切、用意されなかった。

3　母親の証言による少年の生い立ち

　裁判で掘り下げられることはなかったが、結子によれば、俊は複雑な家庭環

境下で育っていた。結子の母親は統合失調症で、結子もまた虐待を受けて育っていた。母親の虐待から逃げるように結婚した年上の相手は、俊が小学生の頃に病死し、父親を失った俊の心の傷が癒えぬ間に再婚しなければならなかった。再婚相手は俊を息子と見ておらず、早くふたりの子どもを望んでいることに結子は内心、心を痛めていたが、経済的に自立できない引け目から夫には意見を言えなかった。

　俊は小学生の頃から忘れ物が多かったり、集団生活に馴染むことが苦手だったりしたが、父親が亡くなってからその傾向が顕著に表れるようになった。俊は中学時代、ストレスから拒食症になり入院した時期があった。結子はこの時、俊が学校でいじめを受けていることを医師から告げられた。俊は自閉症スペクトラム、愛着障がいといった診断を受けたが、家庭や学校においてどのように対応していけばよいのかといった具体的な助言はなかった。長女が生まれて以来、長女の子育てに気を取られるようになり、学校で辛い思いをしていた俊に寄り添うことができず、家庭の中でも疎外されていると感じていたに違いない。

　再婚相手は子どもの成績にはうるさく、受験生になると俊に勉強するようによく言いつけており、その甲斐あってか第一志望の高校に進学することは叶った。しかし、再び、中学時代と同じ問題に直面し、すぐに高校生活が続けられなくなり不登校になってしまった。

　結子は息子の問題に対して何もしなかったわけではなく、病院に助言を求めたり、子どもの不登校に悩む親の会に参加することによって状況の改善を試みていた。

　ところが、結子が俊のために情報を求めて活動することを夫や長女は快く思わなかった。

　　「お母さんは自分が楽になりたいだけでしょ」
と長女に責められたことをきっかけに、不登校の親の会への参加を止めた。高校卒業後の進路が決まらず焦燥感を募らせる息子に対して、結子は成すすべがないまま、事件を迎えていた。

4 被害女性へのバッシング

　事件が報道されると、加害者側だけでなく、被害女性の自宅や女生徒が通う学校に批判が寄せられるようになった。俊が事件を起こした電車を日常的に利用している人々の中では、被害女性の通う学校の生徒たちの電車内でのマナーが悪いと証言する人々が複数存在し、SNSには「刺されて当然」「自分も殴ってやりたいと思ったことは何度もあった」といったコメントが並び被害者とその家族への二次被害を招いていた。事件の目撃者を名乗る人物による「被害女性は加害少年に暴言を吐いていた」といった証言に対し、被害者の父親が報道陣に「うちの娘は暴言を吐くような娘ではない」と反論すると、このコメントに「子どもの実態を把握できていない」といった批判が集中し、一時的に被害者と加害者が逆転するような状況に陥ってしまった。

　被害者の家族は、事件の影響に悩まされるようになり、被害女性はこうした世間の反応によって傷が回復しても外出することが困難となってしまった。

　社会からのバッシングに対するやり場のない感情は、すべて加害者への怒りとなって俊の両親にぶつけられた。

　　「もし、娘が自殺するようなことになったらどうしてくれるんですか！」
と俊の家族は、何度も詰問されたが、その場で返す言葉が見つからなかった。

　　しかし、自宅に帰り、

　　「もし、被害者家族から自殺者が出たら、我々が生きているわけにはいかない。その時は死のう」
家族3人はそう誓っていた。

5 コメント――少年による重大事件における支援体制の課題

（1）　生きるための支援の必要性

昨今、「死刑になりたい」と被疑者が供述する事件が連続して発生し、世間の

耳目を集めている[1]。2021年に甲府で発生した特定少年による放火殺人事件においても、加害少年は裁判で「社会復帰する気がない」と供述しており、死刑判決に弁護人が控訴したものの、翌日、控訴を取り消し、死刑判決が確定している。報道によれば[2]、少年は「生きることを諦めている」と語っていた。少年の母親は、判決確定までの2年間を振り返り、少年に対し、生きるモチベーションを引き出す支援が必要だったと述べている。

本件においても、俊の社会復帰への意欲は皆無であることから、裁判では反省も謝罪の言葉さえ述べることはなかった。しかし、受刑者になって数年後、かつての同級生や恩師等が手紙を送り、面会するようになってから徐々に投げやりな態度が変化し、事件から5年後には、報奨金を被害者に送るといった贖罪行動にも積極的になり、人としての成長を見せている。

やり直したいという意欲を喚起するものは、たいてい塀の外との関りである。俊は、自分を気にかけてくれる人等、誰もいないと言っていたが、手紙や訪問してくれる人の存在からそうではなかったことに気がつき、いじめや虐待による人間不信から、支援者との関係構築には時間を要したが、人とのつながりを信じ、微かな希望を見出すようになった。

長期的な戦いを強いられる重大事件では特に、裁判戦略と並行して、被告人の社会復帰を見据えた生きる意欲を引き出す支援[3]が公判段階から検討されるべきではないだろうか。

（2）　親への過度な期待がもたらす悪循環

加害少年の親への過剰なバッシングと懲罰的な期待は、親にとって過度なプ

1　阿部恭子「『"ジョーカー"京王線刺傷事件』『こども園殺人未遂事件』…『死刑になりたい』と凶悪事件を起こした二人の男の素顔」マネー現代（2023年8月9日）〈https://gendai.media/articles/-/114457（2024年4月15日最終閲覧）〉。

2　「死刑判決の当時19歳被告 控訴取り下げで死刑確定 甲府」NHK News（2024年2月2日）〈https://www3.nhk.or.jp/news/html/20240202/k10014344441000.html（2024年4月15日最終閲覧）〉。

3　具体例として、本書Part2被害実態編の事例4で紹介した「オークス―奥本章寛さんとともにいきる会―」のような支援活動の展開が挙げられる。

レッシャーとなり、少年にストレスを与え再犯につながるという悪循環を招いている[4]。再犯を繰り返す子に、追い詰められた親が、「あの子を殺して私も死ぬ」と発した声を筆者は何度も聞いてきた。親に厳しく子どもを管理させれば再犯を防ぐことができると考えている人々も少なくないようだが、プライバシーを侵害した過度な干渉や監視が一時的な犯行を抑止したとしても、長続きすることはない。

　本件の加害少年の母親は、不登校の親の会に参加していることを家族から「自分が楽になりたいだけだ」と批判され、参加を止めているが、自助グループへの参加について「ただの自己満足」「傷の舐めあい」と批判されるという話はよく聞く。それゆえ、家の外との関りを自粛し、家庭内に問題を閉じ込めてしまうのである。しかし、子どもが問題行動を起こしている親は、息抜きをしてはならないのだろうか。常に緊張感を持って子どもに接していなければならないとするならば、もはや家庭は、家族が安心して過ごせる場所にはならないであろう。

　加害少年と家族との関りについて、自助グループや専門家の見解と世間の反応とのギャップに葛藤を抱えるという家族からの相談も多い。子どもが罪を犯した後、家族が尻拭いのために被害弁償をする等、加害者本人の責任を親が肩代わりしてしまうことは、むしろ同じ過ちを繰り返すリスクとなることから経験者からはやめるべきだと助言される。一方で、グループに参加したことのない家族や周囲の人々からは「親なのになぜ支払わないのか、無責任ではないか」と責められるのである。月1回程度参加するグループより、日常的に接している世間の圧力に抗えないという状況も理解はできる。しかし、加害者家族が耳を傾けるべきは、根拠のない世間の一般論ではなく、経験者の言葉である。

　不登校の親の会や、依存症者の家族会等さまざまな問題に焦点を当てた自助グループに複数参加している人々もおり、「子どもの問題」から自分自身の問題

4　息子を犯罪者にしないためにと、私立探偵を雇って息子を監視するといったケース等、過度なプレッシャーが親の行動を異常にエスカレートさせる例として、阿部恭子著『息子が人を殺しました―加害者家族の真実』(幻冬舎、2018年)83～90頁参照。

に気がつき、向き合うようになることは、子どもにも大きな変化をもたらしている[5]。しかし、こうした活動は、都市部の方が活発で、すべての地域で利用できる状況にはなく、人口の少ない地域のニーズをどのように汲み取っていくかが今後の課題である。

（3） 虐待親を生む社会

ある事件の加害少年の親が、被害者家族に「私が虐待したことが原因です」と謝罪をすると、「子どもをぶっ叩いて育てるのは当然だ」と激怒されたという。犯罪に手を染めるような子どもには、善悪を暴力でわからせるしかないと考えている人々がいまだに一定程度存在することは事実である。体罰や虐待は、教育や躾として正当化されてきた時代があり、その時代に育っている親の中には、いまだに当時の価値観が刷り込まれており、暴力が犯行の原因であるにもかかわらず、犯行を暴力によって抑えよという矛盾した主張を親たちに押しつける場合がある。

虐待で親が逮捕されると、「子どもになんてことをするのだ！」と加害親は苛烈なバッシングにさらされるが、私たちはまず、その怒りを暴力を容認してきた社会に向けなければならず、社会の歪んだ価値観こそ矯正が必要である。

暴力的な思想は社会の至るところに溢れており、相談やグループの中で、暴力を正当化する発言や暴言が語られた場合は無視をせず、いかなる状況においても暴力、暴言を許してはならないという認識を高めていかなければならない。排除すべきは人ではなく、暴力そのものである。

（4） 子どもたちへの二次的被害の防止———再犯防止へのアプローチ

再び犯罪が繰り返されないことは、加害者本人、その家族、そして被害者とその家族に共通するメリットであり、国家の治安維持ではなく、犯罪によって傷ついている人々のニーズとして捉え直す必要がある。

その目的を達成するためには、犯罪によって傷ついた人々が声を上げやす

---

5 自助グループ参加がもたらした変化について、阿部恭子編著『加害者家族支援の理論と実践——家族の回復と加害者の更生に向けて［第2版］』（現代人文社、2021年）266頁を参照されたい。

く、沈黙を余儀なくされる人々を作らない社会にしていかなければならない。

　本件では、被害者やその家族にまで批判が集中し、被害者の通う学校にまで抗議が殺到する事態が起きた。SNS時代、報道には上がらなくとも、事件の目撃者らの投稿によって、地域で二次被害が生ずるケースが多発している。本件は、被害者も加害者も少年であり、子どもたちが安心して生活できる環境を取り戻すために、学校と連携した地域の見守り活動等の支援が検討されるべきだと考える。事件に関するコメントを見る限り、被害者、加害者、どちらに味方すべきか、あたかも加害者を追い詰めることが被害者支援で被害者を責めることが加害者の権利擁護であるかのような不毛な議論が展開され白熱している。現場の支援者は、こうした意見に振り回されることなく、二次被害の防止という点から被害者と加害者が生活している地域ができることを考えなくてはならない。

事例2　被害者と加害者の対話の実践①
　　　──被害の回復と少年の成長[6]

1　刺傷された被害者が加害少年と対峙するまで

　2000年5月3日、ゴールデンウィークの最中、佐賀発福岡行きの高速バスが17歳の少年に乗っ取られ、1人が死亡、2人の負傷者を出した。薄暗いバスの中、鋭く光る刃渡り30センチの牛刀を持って歩く犯人の映像は、日本中を恐怖に陥れた。

　家庭の中にも外にも居場所を見つけられず、犯罪によって怒りを社会にぶつける若者による事件はその後も続いている。本件の被害者でありながら、加害少年と対峙した山口由美子さんに話を伺った。

6　本事例は、阿部恭子「西鉄バスジャック事件の時、犯人の少年に『牛刀』で切りつけられた被害者が語ったあまりに『意外な想い』」現代ビジネス（2023年5月1日）〈https://gendai.media/articles/-/109682（2024年2月14日最終確認）〉で紹介した記事の一部の抜粋であるが、掲載後、「共感できない」「美化しすぎている」といった否定的な意見が寄せられた。

　23年前の5月3日、山口さんは友人と一緒に天神でのコンサートに行くため、高速バスに乗っていた。バスが高速道路に入ってしばらくした頃、一番前に座っていた少年が突然立ち上がり、牛刀を振りかざしながら、全員後方に座るよう命令した。

　その言葉に凄みはなく、山口さんは、

　　「なぜこんな子がこんなことを言うのだろう……」

と唖然としていた。

　すると、眠っていて少年の行動に気がつかなかった乗客が突然刺され、車内に戦慄が走った。

　しばらくして、運転手はトイレ休憩が必要だと少年を説得し、一部の乗客がバスを降りることを許された。トイレに行くとバスを降りた乗客のひとりが、隙を見て警察に通報した。

　その様子に気がついた少年は腹を立て、「あいつは裏切った。連帯責任です」。そう言って、いきなり山口さんを切りつけた。山口さんは倒れ込み、通路は傷口からの出血で血の海に見えていた。

　その後も、隙を見て窓から飛び降りた乗客がいた。少年は次に、山口さんの友人を刺し、友人はしばらくして息を引き取った。

　　「この子も私の傷と同じくらい傷ついている……」

　山口さんは少年の様子を見てそう感じ取っていた。そして、傷ついている子を殺人犯にしたくないという思いが湧き上がり、傷の浅かった右手で身体を支え、傷の深かった左手を心臓より高い位置にあるひじ掛けに置いた。この時、倒れたままだったならば失血死していたかもしれない。

　その後、警察の交渉により、怪我人が解放されるチャンスが訪れる。ようやく助かったと思った矢先、「こいつしぶといな、殺してやろうか」という少年の声が聞こえた。

　「もういいでしょ」。少年の側にいた女性の一言が、さらなる凶行を止めた。山口さんは、少年は暴走する自分を誰かに止めてほしいと思っていたのではないかと感じていた。

山口さんは無事救出され、広島市内の病院に搬送された。出血多量で輸血を受け、なんとか一命を取り留めた。

事件発生から15時間が経過した頃、警察の特殊部隊がバスに突入し、少年は逮捕され、乗客全員が救出された。

山口さんが退院してしばらくすると、少年の両親が謝罪に訪れた。少年は中学時代、学校でからかわれたり、暴力を受けるといった壮絶ないじめを受けていた。ある生徒から筆箱を取り上げられ、「返してほしかったらここから飛んでみろ」と踊り場から飛び降りることを強要された。運動能力の発達した子どもなら可能だが、少年はうまく着地できず、腰の骨を折る大怪我を負った。そのため高校受験も入院先での受験となってしまった。第一志望の高校は諦め、第二志望の高校に合格するも、学校に馴染めず、ひきこもりになっていた。

少年は、いじめへの復讐として中学校襲撃事件を計画しており、凶器の購入等、計画に気がついた両親は、精神科の病院に医療保護入院させることにした。少年は見捨てられたという思いからか、「覚えていろよ！」と親への復讐をほのめかした。少年は1日も早く退院するため従順を装い、医師たちを安心させた。そこで医師が外泊を認めた日、事件を起こしたのだった。

事件後、息子が殺人犯となったことで父親は失職し、家族は孤立した。親にとって、子どもに殺人を犯される以上の苦しみはない。少年は、事件によって家族への復讐を果たしたともいえる。

「どうしてちゃんと向き合ってあげなかったの？」

山口さんは、少年の両親の話を聞きながら問い詰めた。山口さんもまた、子どもの不登校に悩まされた経験があり、だからこそ、親としていじめの傷に苦しむ我が子に寄り添ってあげてほしかったという。

少年の両親は家庭で暴れる少年に隷従しており、暴力や脅迫によって人を支配できることを少年に教えてしまったようなものだった。

山口さんは事件の瞬間からずっと、少年のことが頭を離れず、少年と話をすることを望んでいた。

その後、山口さんは、医療少年院で少年と面会することが叶った。山口さん

の前に現れた少年は、深々と頭を下げたという。

　「これまで誰にも理解してもらえなくて辛かったね」

　山口さんは、そう言いながら少年の背中をさすると、孤独だった少年の苦しさが伝わり、涙があふれてきたという。学校で酷いいじめに遭い、不登校だったわが子と、少年の姿が重なっていた。

　事件で山口さんが負った傷は、少年の心に受けた傷そのものだったのかもしれない。

　それでも、彼を赦したわけではなかった。赦すのはこれからであり、これからの生き方を見ていくと少年に伝えていた。

　「私のことを思って泣いてくださったとき、自分の罪深さと温かい思いが
　　同時に沸き起こりました」

　後日、少年から届いた手紙にはそう書かれていた。山口さんは、心からの謝罪だと感じた。少年は山口さんを信頼し、本音を打ち明けてくれるようになり、面会や文通を重ねるたびに、少年の成長を感じることができた。

2　コメント──加害者はなぜ謝罪ができないのか

　本件記事は、2023年、事件が起きた5月3日にネットに掲載された。本件は、少年法改正に大きな影響を与えた事件であるが、事件に関する全国的な報道は本稿だけであり、事件を覚えていないという反応も少なくなかった。少年に傷つけられながらも寛容な山口さんの言動に衝撃を受けたという意見が多く寄せられ、加害者側の立場の人々が称賛する一方、被害体験を持つ人々からは「まったく共感できない」「そうした対応が加害者の更生につながっているとは思えない」という厳しい意見も寄せられていた。

　山口さんが少年の被害者性を受容できたのは、少年からも少年の家族からも謝罪があったことが大きいという。少年事件の被害者から、「少年からも家族からも一言の謝罪すらない」という意見はよく聞く。

　加害者側はなぜ、謝罪ができないのか。加害者側の支援を通して、少年や家族が必ずしも謝意を持たないわけではなく、被害者へのアプローチが困難で躊

踏するケースが多いことが明らかとなった。加害者家族の謝罪について、当団体が受理したケースにおいては本件のように、両親が揃った家庭は謝罪に出向いているケースが多い。しかし、母親ひとりのような場合、付添人や支援者なしでの被害者宅への訪問はハードルが高く実現が難しいという。

被害者側との橋渡しに積極的な付添人がいる反面、人が亡くなった事件において、「謝ってすむ問題ではない」「被害者と会えば、火に油を注ぐだけ」と付添人から謝罪の必要はないと止められているケースもある。

家族のいない少年については、未熟ゆえの拙い文章や言動が、被害者をさらに傷つけてしまう可能性があり、適切な大人による支援がなければ、二次的な被害を生む可能性がある。また、謝罪訪問した少年が被害者から暴力を受けたという報告もある。謝罪の表現のためには、被害者側との適切な仲介者の存在が要となるだろう。

次に、謝罪訪問に通った結果、被害者側の要求がエスカレートし、その感情についていけずに悩む加害者とその家族の事例を紹介する。

事例3　被害者と加害者の対話の実践②
　　　　──対話が生んだ軋轢

1　受け止め切れない遺族感情

木村翔(仮名・17歳)は、バイクに乗っていた幼馴染の佐藤翼(仮名・17歳)を見かけ、自分も運転したいと思い翼を呼び止めた。翼は嫌がったが、翔は強引に翼を後部座席に乗せてバイクを走らせ、途中、転倒してしまい、翼は打ちどころが悪く死亡してしまった。

翔は逮捕された。翔の両親は翼が運ばれた病院に駆けつけ、葬儀にも出席し、遺族に深謝し続けた。ふたりは幼馴染だったことから、親同士も顔見知りであったが、特別に親しかったというわけではない。翼の両親は、病院や葬儀の場では怒りを表すことなく、むしろ加害者家族という立場を気遣い、慰めてくれていた。

　ところが、翔の両親が被害者遺族宅を訪問したとき、態度が急変し、以来、罵詈雑言の数々を浴びせられることになった。それでも、木村夫妻は息子に非があることを自覚しており可能な限り、被害者遺族の要望に応えたいと、ふたりで毎週、謝罪訪問した。

　被害者遺族は、事故に至った原因は木村夫妻の育て方にあると、ふたりは両親それぞれから、どのように育てられたのかと問い質され、無知で愚かだと責められ続けた。木村夫妻にとってあまりに侮辱的な言葉を浴びせられ、ふたりは精神的に限界を迎えてしまった。

　翔は、審判の前に佐藤夫妻に謝罪の手紙を送り、少年院からも毎月、謝罪の手紙を送り続け、出院後、謝罪のために訪問することを約束した。

　木村夫妻から相談を受けた当団体は、翔本人が謝罪に行くので家族の訪問は待ってほしいと遺族に伝え、了承を得ていた。

　出院後、翔は両親と一緒に被害者遺族宅を訪問し、謝罪をしたが、「愚かな親に育てられてかわいそう」等と、目の前で親を侮辱され、申し訳ないという感情は一瞬、消えかけた。

　翔は、死亡させてしまった被害少年に対して申し訳ない気持ちはあるものの、侮辱的な言葉を浴びせる遺族の感情までは受け止めることはできなかった。被害者遺族は、翔に更生してほしいという感情もあることから、言葉遣いや服装についても事細かく指摘するのだが、翔は好意的に受け止めることはできず、むしろ反発を招く結果となった。

　翔は、身勝手な行動で友人を死に至らしめたことを心から悔いており、両親もまた、息子をわがままにしてしまった子育てを後悔している。翔も家族も更生に向かってはいるものの、被害者遺族との交流は頑なに拒否したままである。

2　コメント──修復的司法の可能性と限界

　フラン・クランツ監督の『対峙』（アメリカ、2021年）という映画が全国で上映された。アメリカの教会を舞台に、銃乱射事件を起こした少年事件の被害者の

両親と加害者の両親の対話を描いた作品である。

　司法で分断される被害者と加害者が、当事者だけで話をしたいというニーズは日本でもないわけではないが、本音をさらけ出し、ともに事件の真相に迫るような本作品が描く「対話」の実現は難しい。対話の基本は、たとえ被害者と加害者であっても、双方が対等な関係にならなければならず、そうでなければ本音を吐露すること等できないからである。

　日本では、たとえ被害者と加害者が同じテーブルについたとしても、加害者側は平謝りするばかりで「対話」というより「謝罪の会」にならざるをえない。

　本Partの事例２で紹介した山口さんと少年の対話は、前Partで紹介した原田正治さんのケース同様、矯正施設内で行われている。被害者側としてはニーズに十分沿うものではなかったかもしれないが、１回の面会時間も制限されており、加害者側の負担は少なかったと思われる。一方で、事例２では被害者・加害者間の居住地や関係性が近いだけに、加害者側はできる限り被害者側のニーズに応えたいと努力をしたが、爆発する被害者感情に、加害者本人および家族は精神的な限界を迎えてしまった。

　原田さんや山口さんのように、感情を抑えた接し方ができる被害者ばかりではない。原田さんが加害者と面会したのは事件から10年後であり、加害者と冷静に対峙できた背景には時間の経過も大きく影響していると思われる。

　交通事故のケースでは、保険会社はできるだけ早く謝罪に行くようにと指示を出すことが多く、被害者側の逆鱗に触れ、その後、謝罪には行けなくなってしまったという加害者も存在している[7]。

　2023年12月から、矯正施設において、被害者への心情伝達制度の実施が開始された。筆者は、被害者と加害者の対話を実現させるならば、複数の大人に見守られた少年院の中での実施が妥当だと考えるが、方法によっては、被害者を傷つけ、少年に改悛の状ではなく反抗心を植えつける最悪の事態も予測されよ

7　詳しい事例について、阿部恭子著＝草場裕之監修『交通事故加害者家族の現状と支援―過失犯の家族へのアプローチ』(現代人文社、2016)を参照されたい。

う。真相を知りたいという被害者側のニーズに即した機会を作ることは重要であるが、10代の未熟な少年が、遺族の心情を理解することは容易ではなく、謝罪を強制されるような状況が作り出されるならば、問題である。制度がさらなる制裁の手段とならないような配慮が求められる。

■被害背景編

非行少年を対象とする少年法の目的

1　少年法の対象とされる非行少年

　本Partでは、少年司法手続において、少年やその家族が受ける被害と、少年が、少年司法手続にかけられる前に受けてきたさまざまな被害や「被害」を踏まえて、家族と少年に積み重ねられたさまざまな被害や「被害」にどのように向き合うべきかを検討する[8]。

　そこで、まず、1922年に立法された、いわゆる大正少年法(旧少年法)を大きく改正して、1948年に立法された現行少年法(以下、少年法)の対象となる非行少年(少年法3条1項)について見てみよう。一般に、非行少年は犯罪少年と呼ばれることが多いが、それは14歳以上で罪を犯した少年(同項1号)であって、家裁の少年審判に付される少年の1類型に過ぎない。他に、14歳未満で刑罰法令に触れる行為をした少年(同項2号)と、保護者の正当な監督に服しない性癖がある等のぐ犯事由(同項3号イ〜ニ)に該当し、その性格又は環境に照して、将来、罪を犯し、又は刑罰法令に触れる行為をするおそれのある少年(同項3

---

[8]　本Partは、岡田行雄「少年事件から考える加害者家族支援」阿部恭子『少年事件加害者家族支援の理論と実践』(現代人文社、2020年)20〜36頁、岡田行雄『非行少年の被害に向き合おう!』(現代人文社、2023年)10〜22頁、226〜266頁を加筆修止したものである。

（人）

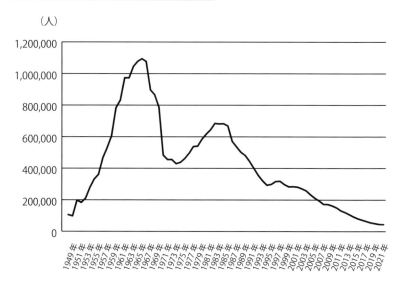

※司法統計年報による。

号）も含まれるのである。前者を触法少年、後者をぐ犯少年という。もっとも、これらの3類型のうち、例年、最も多いのは犯罪少年であり、ぐ犯少年はこの50年ほどで激減しており、家裁が受理した少年保護事件の人員を見ても、かつてないほどに減少していることが明らかである（上図参照）。

　これらの非行少年の事件について受理した家裁は、非行事実の有無や非行事実があるとして、保護観察、児童自立支援施設または児童養護施設送致、少年院送致の3種の保護処分のうちどれが必要かについて、調査と審判を行い、非行事実といずれかの保護処分の必要性が認められた非行少年に保護処分決定を言い渡すことが、少年事件処理の一般的な流れとなっている。なお、保護処分決定に対して、少年は抗告という手段で不服を申し立てることができるが、抗告には保護処分の執行を停止する効力はない（少年法34条）。そこで、たとえば、少年審判で少年院送致決定が言い渡された少年は、抗告をしようとも、少年院に送致されることになる。この点において、有罪判決が確定しなければ刑

罰が執行されない刑事手続と異なる。

2 少年法の目的と原則

こうした少年ならではの特則を定めている少年法は、少年の健全な育成を期し、非行のある少年に対して性格の矯正及び環境の調整に関する保護処分を行うとともに、少年の刑事事件について特別の措置を講ずることを目的として定めている（少年法1条）。

この目的から、少年法における非行少年の保護のためのさまざまな原則が導かれる。

第1が、保護手続・保護処分優先の原則である。たとえ罪を犯した少年であっても、捜査を遂げた捜査機関がいきなり少年を起訴することは許されない。まずは、家裁における保護手続が優先されなければならない。また、非行少年の健全育成に向けて、何らかの処分が必要だとしても、それは、まずは保護処分から選択されねばならない。たとえ犯罪少年であっても、刑罰は例外でなければならないのである。まして、触法少年やぐ犯少年には刑罰は科されない。

第2が、警察官と検察官からなる捜査機関は、捜査が遂げられた犯罪少年の事件をすべて家裁に送致しなければならないとする全件送致主義である（少年法41条、42条）。非行少年の健全育成に向けて、どのような処分が最適かを判断することができるのは、この点についての専門性を有する家裁調査官（以下、調査官）が配置されている家裁だけである。そこで、微罪処分や不起訴処分といった、捜査機関が刑事手続を打ち切る権限を、少年法は認めていない。

第3が、非行少年の健全育成に向けて最適な選択を家裁が行うため、調査官による社会調査にあたって、心理学、教育学等の諸科学の活用を求める原則である（少年法9条）。この原則は、少年の刑事裁判にも妥当する（少年法50条）。この原則から、調査官がまとめた少年調査票や、少年鑑別所でまとめられた鑑別結果通知書等からなる社会記録が、非行少年の処遇を家裁が選択する根拠とされるのである。

「非行少年」に対する少年司法手続において家族が受ける被害と「被害」

1　少年事件が家裁に受理されるまでの手続

　3種類の非行少年のうち、犯罪少年として捜査機関から家裁に送致される少年に対しては、20歳以上の場合の被疑者と同様に捜査が行われる。

　ただし、少年法は、少年を留置施設ないし拘置所に長期間身体拘束する勾留に代えて、検察官に観護措置を請求することができるとの特則を置いている（少年法43条1項）。この観護措置とは、家裁の事件受理後に少年審判のため必要があるときに、採ることができるもので、調査官による観護と少年鑑別所への送致とがある（少年法17条1項1号、2号）。少年法は、勾留の悪影響を避けるために使える、このような途を用意しているのである。

　これを踏まえて、少年法は、検察官に、被疑事件については、やむをえない場合でなければ、裁判官に対して勾留請求することはできないと定めている（少年法43条3項）。そして、裁判官には、勾留状はやむをえない場合でなければ少年に対して発することはできず、勾留する場合であっても、少年鑑別所に拘禁することができることも定めている（少年法48条1項、2項）。

　なお、逮捕については、少年法に特則はない。しかし、少年法は、可能な限り、少年の健全育成に悪影響を与える身体拘束を避けるよう求めている。そこで、下位規範には、少年の被疑者についてはなるべく身柄の拘束を避け、やむをえず、逮捕する等の場合には、その時期および方法について特に慎重な注意が必要との定め（犯罪捜査規範208条）が置かれている。加えて、少年事件の捜査一般についても、少年の特性にかんがみ、特に他人の耳目に触れないようにし、取調べの言動に注意する等温情と理解をもって当たり、その心情を傷つけないように努めなければならないとの定めもある（犯罪捜査規範204条）。

　他方、触法少年については、2007年の少年法第2次改正によって、警察官による調査が定められ、少年が警察官から呼出しを受けて質問される等の調査を受けたうえで、この調査の結果、児童相談所に送致された後に、さらに児童相

談所で、家裁に事件を送致するかどうかの検討がなされる(少年法6条の2～7)。この児童相談所では、少年を親等から引き離すために、一時保護がなされることもある(児童福祉法33条)。

ぐ犯少年の場合、法律上には家裁に事件が受理されるまでの手続の規定はなく、犯罪捜査や触法少年の調査過程でぐ犯事由やぐ犯性が明らかになるほかは、下位規範に基づき、警察官によるぐ犯調査がなされ(少年警察活動規則12条)、あるいは、ぐ犯事由にほぼ重なる事由がある少年が不良行為少年として補導される(少年警察活動規則14条)こと等を通して、ぐ犯少年事件が家裁に受理されることになる。

2 家裁における調査・審判と観護措置

家裁が「非行少年」(非行なしの少年も含む)の事件を受理した後は、すべての事件について、家裁が扱うべき法的要件が事件に備わっているかどうかの調査(法的調査)と、少年の成育歴や少年の両親や学校、職場等、周囲の社会環境についての調査(社会調査)がなされる(少年法8条)。この間、少年や保護者が付添人(少年法10条)を選任した場合には、少年が主体的に調査・審判に臨むことができるように付添人が少年や保護者に適切な援助や助言を行う[9]。

この間に、審判のため必要があれば、すでに触れた、観護措置が採られる。観護措置決定がなされると、ほとんどすべての少年は少年鑑別所に送致され、通常は、最長で4週間収容され[10]、その間に、少年の性格、心身の状況及び発達の程度や在所中の生活及び行動の状況等に関する調査を内容とする鑑別が行われる(少年鑑別所法16条)。審判で少年院送致決定がなされる可能性がある少

---

9 弁護士以外の者が付添人に選任されるには、家裁の許可が必要であるが、弁護士が付添人に選任される場合には家裁の許可は必要ない。この付添人が果たすべき役割については、さまざまに論じられてきた。武内謙治『少年法講義』(日本評論社、2015年)512～514頁参照。

10 禁錮以上に当たる犯罪少年の事件で、非行事実の認定に関し証人尋問等を行うことを決定した等の事由があり、少年を収容しなければ審判に著しい支障が生じるおそれがあると認めるに足りる相当の理由がある場合には、さらに最長で4週間、少年鑑別所に収容される(少年法17条4項)。これを観護措置の特別更新というが、年に数十人の少年に対してなされる程度である。

年に対しては、家裁の事件受理後、ただちに、この観護措置が採られるのが通常である。

この調査や鑑別の間に、必要な場合は、調査官等による保護的措置[11]も採られる。その上で、審判不開始決定(少年法19条)によって事件の処理が終わることもある。他方で、審判開始決定(少年法21条)がなされると、観護措置が採られている少年については、その期間内に、そうでない少年については、適切な時機に、審判が開かれる。

審判は公開されない(少年法22条2項)。少年、裁判官、書記官、調査官、付添人の他は、在席することが許された、少年の親族、教員、雇用主等、少年の健全育成に資する者だけが審判に出席できる(少年審判規則28条、29条)。なお、重大な事件で、一定の要件が満たされる場合には、検察官も審判に関与できる(少年法22条の2)。また、同様に一定の要件が満たされる場合には、被害者等の審判傍聴も認められる[Part1参照→50頁]。

この審判は、懇切を旨として、和やかに行われなければならない(少年法22条1項)。しかし、それ以上の詳細な方式は少年法には定められておらず、少年や事件内容に合わせて柔軟に進行を変えることができる。

審判の結果、非行事実が認定できず、または、非行事実があっても、保護処分の必要がないときは、不処分決定がなされる(少年法23条2項)。非行事実があり、保護処分の必要性があるときは、その必要性に応じて、最初に挙げた3種類の保護処分決定のいずれかがなされる。なお、保護処分決定のために必要があるときは、調査官の観察に付す(試験観察)決定もなされる(少年法25条)。

3 保護処分の執行

すでに見たように、3種類ある保護処分決定のどれかが審判で言い渡されると、少年がこの決定に抗告をしても、保護処分は執行される。

---

11 保護的措置は非定式的な多様なものである。その詳細については、武内・前掲註9書323〜325頁参照。

保護観察は、少年が20歳に達するまでの期間、仮釈放等で付されるものと同じく、少年に一般遵守事項と特別遵守事項が課され、それを遵守できるように、保護観察官と保護司が指導監督と補導援護を行いつつ、実施される。通常は、遵守事項違反なく一定の期間が経過すると、保護観察所長が保護観察を解除することで終了する（更生保護法69条）。ただし、その前に、保護観察の保護処分を受けた少年に遵守事項違反があると、保護観察所長から少年に警告が発されることがあり、この警告を受けた少年がさらに遵守事項に違反し、その程度が重いときは、家裁に少年院等の施設に少年を収容するよう申請することができる（更生保護法67条）。

保護処分として児童自立支援施設に送致される場合、児童相談所を経て少年が収容される児童自立支援施設が決められる。児童自立支援施設は、児童福祉法に根拠がある児童福祉施設のひとつであって、多くは都道府県が設置したもので、施設内の学校で少年たちが学びながら、その自立に向けたケアを受ける[12]。しかし、施設内の学校は、中学校の課程までしか置かれていないという事情から、家裁から送致される少年はほぼ15歳未満の者に限定されており、中学校卒業の段階で、児童自立支援施設での処遇は終了する扱いが一般的となっている[13]。

少年院は法務省管轄の矯正施設である点で、刑事施設と共通点を持つ。少年院に送致された少年の収容期間は20歳までとされているが（少年院法137条）、実務上は、少年が処遇の最高段階に達すれば、1年弱で仮退院（少年院法135条、更生保護法41条）という形で、少年院を出院する。ただし、重大な事件を犯して、少年院送致決定を受けた際に、家裁が3年や5年といった在院すべき期間を明記した「相当長期」や「超長期」の処遇勧告を行うと、この期間が経過しないと仮退院させない運用がなされている[14]。

---

12 守屋克彦＝斉藤豊治『コンメンタール少年法』（現代人文社、2012年）372〜378頁参照。
13 服部朗『少年法、融合分野としての』（成文堂、2021年）266頁参照。
14 保護処分決定にあたっての処遇勧告の法的性格と少年院における収容期間に関する拘束力の強さについては、武内・前掲註9書316〜317頁参照。

しかし、少年に犯罪的傾向が矯正されていない等の事情がある場合は、少年院長の申請に基づき、家裁で審判が行われ、収容継続決定がなされると、20歳を超えて、少年院での処遇が、最長で26歳まで継続されることがある(少年院法138条、139条)。

また、仮退院中は保護観察に付され、遵守事項違反なく一定の期間が経過すると、退院となり保護観察は終了する(更生保護法74条)。しかし、遵守事項違反があった場合、保護観察所長の申出を契機に、家裁に戻し収容の申請がなされ、家裁の審判で戻し収容決定がなされると、少年院に再び収容されることがある(更生保護法71条、72条)。

4　家裁における逆送決定とその後の刑事手続

通常は、審判が開かれたとしても、不処分決定か保護処分決定で家裁での手続は終了する。しかし、犯罪少年の禁錮以上に当たる罪の事件について、調査の結果、刑事処分相当とされた場合等には、家裁によって検察官送致決定がなされる(少年法20条1項)。この決定は、事件を家裁に送致してきた検察官に逆に送致するので、逆送決定とも言われてきた。2001年に施行された少年法第1次改正の前は、16歳未満の少年には逆送決定は許されなかったが、改正後は、14歳以上の一定の犯罪少年であれば逆送決定が可能になった。その上、16歳以上の少年が犯した一定の重大事件については、刑事処分以外の措置を相当と認めるときを除いて、逆送されることとなった(少年法20条2項)。これは、実務上、原則逆送と言われている[15]。

5　少年司法手続の段階で家族が受ける被害

20歳以上の「加害者」が逮捕された場合、実名で報道されたことを契機に、その家族にさまざまな被害が生じることは、Part2で見た通りである。

15　少年法20条2項を、原則逆送を定めた規定と解すべきか否かについては激しく争われている。武内・前掲註9書536頁参照。

　しかし、すでにIntroductionで紹介した通り、少年法61条が、少年審判に付された少年を推知できる報道を禁じており、この規定は少年が被疑者として捜査の対象となっている段階にも当てはまると解されていて、少年事件の場合、圧倒的多数のメディアは少年の実名を報じないにもかかわらず、その家族が匿名の者等からさまざまな被害を受ける例は枚挙に暇がない。

　このことは、今ほど少年事件が全国的に大きく報じられていなかった時代からすでに当てはまっていた。たとえば、1990年に男児を誘拐し殺害したとして当時17歳の少年が逮捕され、地元では大々的に報じられた事件があった。この少年の母親は、誹謗中傷に耐えてきたことを新聞記者に告白している[16]。

　このような状況は、インターネットを通した急速な情報拡散がなされる現代においては、大きな変化を遂げている。たとえ、「非行少年」の実名は報道されなくとも、逮捕段階での初動報道が大々的になされることとインターネットを通して当該少年に関するさまざまな情報が流されることとの、いわば「合わせ技」で少年が特定されてしまうからである。2014年の佐世保での女子高生殺害事件はその典型と言えよう。また、2015年の川崎市での男子中学生殺害事件のように、週刊誌が主犯格とされた少年だけを実名で報道したケースもあり、結果として、その家族にもさまざまな攻撃が加えられることになった。

　しかも、軽微な事件であっても、家族が被害を受ける例もある。すでに見たように、下位規範とはいえ、少年の逮捕をなるべく避け、やむをえず、逮捕する等の場合には、その時期および方法について特に慎重な注意が必要と定められている。しかし、重大な事件の疑いがあったわけではないにもかかわらず、朝早くから多数の警察官が中学生の少年宅に押しかけて、断りもなく少年の部屋に上がり込んで、寝ていた少年を起こして連行したという事例もある。その結果、少年の保護者はうつ状態になり、少年の家族全員が不安定な心理状態に置かれたと指摘されている[17]。

16　西日本新聞社編『少年事件・更生と償い　僕は人を殺めた』（西日本新聞社、2005年）6頁参照。
17　廣田邦義「少年・保護者から見た警察と家裁」高松少年非行研究会『事例から学ぶ少年非行』（現代人文社、2005年）84頁参照。

このようなさまざまな被害を受けた家族に対しても、調査官から家裁への呼出し（少年法11条）がなされ、面接が行われることもある。また、少年鑑別所や少年院に収容されている少年にとって、その両親等の保護者は、原則として面会が許される者と位置づけられている（少年鑑別所法80条、少年院法92条）。この呼出しに応じ、面会に出向くことは、家裁、少年鑑別所、少年院が必ずしも家族にとって近い場所にない限りは、相当の負担となる。しかし、少年の事件を契機に、さまざまな攻撃を受けて、転居等を強いられた、貧困な状況にある家族にとっては、何らの経済的な支援もないままに、そうした負担を求められることは、ある種の「被害」と言えよう。

非行以前に「非行少年」に積み重ねられた被害や「被害」

1　非行以前に「非行少年」に積み重ねられた被害や「被害」

　他方、Introductionで紹介したように、「非行少年」には、捜査や調査等の対象となる以前に、さまざまな被害が積み重ねられている。身体的虐待、性的虐待、ネグレクト、心理的虐待からなる虐待被害がその典型例である［→16頁］。

　他にも、虐待被害と同様に、犯罪被害と言えるものには、学校におけるいじめや体罰被害がある。2015年から翌年にかけての少年院における調査結果によると、言葉によるいじめを含む第三者からの被害体験があった少年は363人中289人で80％の高率に上るという[18]。また、体罰については、たとえば、傷害や窃盗等の非行で少年鑑別所に3回送致され、少年院に送致された少年が、空手をやっていた担任の教師に、馬乗りになられボコボコに殴られるという被害を受けていたことがインタビューで明らかにされる等、非行少年の中には小学校時代から教師の体罰を受けてきたことが多い旨が指摘されている[19]。

18　羽間京子「少年院在院者の被虐待体験等の被害体験に関する調査について」刑政128巻4号（2017年）18頁参照。

19　非行克服支援センター『何が非行に追い立て、何が立ち直る力となるか　「非行」に走った少年

　虐待被害を受けた子どもが、児童相談所によって措置されて入所した児童養護施設等で、体罰等のさらなる虐待被害を受けることもある[20]。この場合、二重の被害と言うべきであろう。

　望まない教育を親から強制されたり、逆に学びたいのに、学校教育の場から強制的に排除されたりすることも、教育を受ける権利の侵害であって、被害と言うべきものである。前者の具体的な例としては、佐賀で起こったバスジャック事件の少年が受けてきた被害が典型である[21]。

　貧困な状態にあり、あるいは、知的障がいや発達障がいがあるのに、行政機関による十分な調査がなされないまま、支援が受けられないという、不作為による被害もある。たとえば、他の少年や成人とともにいわゆるホームレスの人々を次々に襲撃した少年の付添人を務めた弁護士によれば、この少年は、行政や児童相談所等から受けられるべき支援を受けられていなかったと評されている[22]。

　最後に、以上で挙げたさまざまな被害を受けながらも、そうした被害からの救済制度が整備されていない等の事情から、「非行少年」に事件以前から積み重ねられてきた被害への埋め合わせがなされないということも、また被害と言わなければならない。

　しかし、虐待被害等を受けていても、誰も信用できる人がいない等のさまざまな事情から、被害を申告できない「非行少年」も存在することが忘れられては

をめぐる諸問題とそこからの立ち直りに関する調査研究』(新科学出版社、2014年)107〜108頁参照。

20　児童養護施設において子どもたちが虐待を受けていた事件として著名な恩寵園事件については、恩寵園の子ども達を支える会『養護施設の児童虐待』(明石書店、2001年)39〜43頁参照。なお、被害当事者が恩寵園で受けた具体的な被害については、平湯真人編著『子ども福祉弁護士の仕事―恩恵的福祉感から権利的福祉感へ』(現代人文社、2020年)75〜80頁参照。こうした児童福祉施設における虐待やいじめの被害を受けていた非行少年の存在については、都島梨沙『非行からの「立ち直り」とは何か　少年院教育と非行経験者の語りから』(晃洋書房、2021年)153〜154頁参照。

21　岡田行雄=山口由美子「少年犯罪被害者になって」熊本法学149号(2020年)83頁参照。

22　高岡健『少年事件　心は裁判でどう扱われるか』(明石書店、2010年)187、201頁参照。

ならない。つまり、顕在化していない「被害」も、非行以前の段階で、「非行少年」には積み重ねられているのである。他方、受忍されるべきではない被害とは別に、虐待や不適切な指導とは言えない、親や教員等の言動によって、少年に被害感、すなわち、「被害」が積み重ねられていることもある。

2 「非行少年」に積み重ねられた被害や「被害」と国の関与の影響

　このように、非行以前の「非行少年」に、被害や「被害」が積み重ねられ、相互に絡み合い、大きく複雑なものとなっている場合も少なくないのである。もっとも、Part2で見たような、20歳以上の「加害者」に積み重ねられてきたものに比べれば、それに適切な埋め合わせとなる支援がなされていないとすると、「加害者」の被害や「被害」の方が、より大きく、より複雑なものとなるのは当然であろう。

　しかし、いまだ成長の過程にある20歳未満の少年にとっては、より高齢の「加害者」と比べると、積み重ねられた被害や「被害」の量や複雑さは小さいものであっても、その悪影響は、一定の成熟がある「加害者」の場合より大きいものと言うべきであろう。しかも、被害や「被害」への適切な手当てが欠けていれば、少年の年齢が上がるにつれて、被害や「被害」の量や複雑さはやはり大きくならざるをえない。

　Part2で指摘したように、こうした被害や「被害」を直接引き起こしたのは、少年の親、教師等の個々人であろうが、その積み重ねには、国が、本来はなすべき、憲法に基づく子どもたちの生存権や教育を受ける権利等の保障を実現するための枠組みの整備を怠ってきたことが関わっている。この点は、こうした被害や「被害」にどう向き合うべきかを考えるに当たって、重要な点と言わなければならない。

「非行少年」が少年司法手続の過程で受ける被害と「被害」

1 捜査段階における被害

　「非行少年」のうち、犯罪少年は、家裁に事件が受理されるまでは、「加害者」の場合と同様に捜査の対象となる。たしかに、すでに見たように、少年法は特則を置き、勾留をやむをえない場合に限る等の限定を行っている。また、下位規範では、取調べの言動に注意する等温情と理解をもって当たり、その心情を傷つけないように努めなければならないとも定められている。しかし、少年が被疑者取調べにおいて、言い分を聞いてもらえなかったり、黙秘権を侵害されたりする等の被害を受けるケースは枚挙に暇がない[23]。

　また、刑訴法に基づく逮捕・勾留の要件とされる、逃亡や罪証隠滅のおそれは、少年の場合、一般的に小さいのに、逮捕・勾留が用いられ、少年が学校や職場に通えなくなってしまう。少年法は、勾留を「やむをえない場合」に限っているにもかかわらず、勾留に代わる観護措置ではなく、実務上は、勾留が原則化しているとの指摘もある[24]。これらも、少年法の求めに反するという点で被害と言わなければならない。

2 形式的な社会調査と審判がもたらす「被害」

　これに対して、調査や審判では、捜査におけるような直接的な被害が生じているわけではない。しかし、少年法の求めに反するという点から見ると、調査や審判においても被害が生じる場合がある。憲法や、日本が1994年に批准した子どもの権利条約に照らすと、社会調査は、非行少年が直面しているさまざ

23　「非行少年」の支援者から見た、警察による少年への対応については、岡田行雄他「非行少年が持つ被害体験を踏まえた立ち直りの道を探る」熊本法学159号（2023年）188頁参照。また、近時、国賠請求訴訟で、少年の取調べにおける黙秘権侵害等が認められたものには、熊本地判令3・3・3判例時報2504号113頁がある。

24　武内・前掲註9書188頁参照。

な問題点を克服できる道を、調査官と少年がともに探すという点に、その意義がある[25]。しかし、1970年代の後半以降、最高裁判所(以下、最高裁)は調査官に対してさまざまな圧力を加え、とりわけ裁判員裁判の対象となる重大な事件の場合でも、極めて形式的な調査ですまされる実務が定着してしまった[26]。これでは、少年は単なる調査の客体となってしまう。そして、重大な事件であればあるほど、逆送決定ありきで審判が進められてしまうのであれば、少年法が求める「懇切を旨」とし、「非行少年」の健全育成のためのものではなくなってしまう。

加えて、「非行少年」に、事件以前から積み重ねられてきたさまざまな被害や「被害」にスポットライトを当てることもないまま、調査や審判がすまされてしまうことは、そうした被害や「被害」を埋め合わせる手当てがなされないことをもたらす。自らに積み重ねられた被害や被害感という意味での「被害」を聞いてもらって、それへの手当てを考えてほしいと「非行少年」が願う場合、それは裏切られ、さらに被害感が増すことになる。こうして、形式的な社会調査と審判を通して、少なくとも「被害」が積み重ねられるのである。

3　審判への検察官関与や被害者傍聴がもたらす「被害」

数は少ないが、審判への検察官関与が認められたケースでは、不処分決定が出たのに、検察官が抗告受理申立て(少年法32条の4)を行い、抗告が受理された後に、延々と抗告審での事実調べのみが続き、いつまで経っても、高等裁判所(以下、高裁)の判断がなされないというものがあった[27]。家裁での少年司法手続の過程で少年が20歳を超えた場合に、少年法に定められた、調査や審判の結

25　岡田行雄『少年司法における科学主義』(日本評論社、2012年)169頁参照。

26　裁判員裁判制度の開始と前後して、少年法20条2項対象事件等の裁判員裁判対象事件を中心に、調査官がまとめる少年調査票の記載が少年調査票の記載内容が、「簡にして要を得た」ものに変化した点については、岡田行雄「社会調査実務の変化」武内謙治『少年事件の裁判員裁判』(現代人文社、2013年)213〜216頁参照。

27　いわゆる御殿場事件がそれである。田中薫＝正木祐史「少年の権利をどう保障していくか—検察官による抗告受理申立事案を契機として」季刊刑事弁護42号(2005年)116〜122頁参照。

果、本人が20歳以上であることが判明したときの場合（少年法19条2項、23条3項）と同様に、逆送する実務運用があるため[28]、20歳を超えて、抗告審で不処分決定が破棄され差し戻された場合や差し戻し後に20歳を超えた場合に、逆送されてしまうことになる。こうしたケースは稀かもしれないが、検察官関与によって「被害」を受けるものと言える。また、その結果、冤罪被害を受けるとすれば、それはまぎれもない被害と言えよう。

　また、これも数は多くないが、被害者等の審判傍聴が認められたケースでは、審判の場ではないとはいえ、被害者等が少年に対する報復を表明したり、死刑は許されない自動車運転過失致死事案においても死刑を希望する等、およそ、傍聴の要件である、「少年の健全な育成を妨げるおそれがなく」（少年法22条の4）が満たされるとは考えられない場合もある[29]。このような被害者等が傍聴する審判が、「和やか」（少年法22条1項）になろうはずもない。その意味では、被害者等が傍聴する審判が「非行少年」にさらなる「被害」を与える可能性は否定できない。現に、被害者等からの要求に少年が耐えられなくなったケースも存在するのである［Part3被害実態編の事例3参照→155頁］。

「非行少年」が少年院で受ける被害と「被害」

1　「非行少年」が少年院で受ける被害

　審判で言い渡される保護観察決定が、それまでに被害や「被害」が積み重ねられてきた「非行少年」にとっては、「被害」となりうることは、Part2で指摘した「加害者」の場合と同じである。

　そこで、少年院送致決定を受けて少年院に収容された「非行少年」について考えてみよう。この場合も、刑事施設と同様に、法務教官から暴行等の犯罪被害

28　田宮裕・廣瀬健二『注釈少年法［第4版］』（有斐閣、2017年）223頁参照。
29　司法研修所『少年審判の傍聴制度の運用に関する研究』（法曹会、2012年）83〜84、127〜129頁参照。

を受けることがありうる。Introductionで紹介した広島少年院事件がその典型である。他にも、法務教官から「お前水虫よりも被害者のこと考えたらそんな薬くださいなんかいえる立場じゃねぇだろ」とか、サイズが合わない服や靴を「我慢して履けこの非行少年」等と不適切な言動を受けた事例もある。これらは、ただちに違法とは言えないであろうが、やはり受忍されるべきものではない被害と言えるであろう[30]。

2 「非行少年」が少年院で受ける「被害」

少年院に収容されている「非行少年」に仮退院が認められるには、刑事施設からの仮釈放と同様に、社会で少年を引き受けてくれる家族等の引受先が必要となる(更生保護法42条に基づき同法39条3項が準用される)。この引受先として、家族を優先する実務運用があるために、さまざまな被害が積み重ねられた等の事情がある家族が少年の引受先となることを仮退院の直前になって拒否したために、少年院での収容期間が長期化してしまうという事例がある。少年院で精一杯頑張って、仮退院の前提となる、処遇の最高段階(少年院法135条、更生保護法41条)に達したのに、収容期間が長期化することは、少年にとっては「被害」と言わざるをえない。

これとは別に、事件の重大性から、家裁による「相当長期」や「超長期」の処遇勧告があった少年院送致決定を受けた「非行少年」が、「いくら努力しても、自分よりサボっている者が先に進級するのは納得できない」と繰り返し述べていたことも指摘されている[31]。これも、少年にとっては「被害」と言わざるをえない。

また、近時、少年院において、「在院者の犯罪的傾向を矯正」するための矯正教育(少年院法23条)が、「非行少年」に自らの問題性を強く認識させることで、出院後のさらなる「被害」に鈍感になり、ますます被害や「被害」が積み重ねられ

---

30 都島・前掲註20書154〜155頁参照。

31 廣田邦義「『原則逆送』事件における社会調査のあり方」高松少年非行研究会・前掲註17書97頁参照。

るおそれも指摘されている[32]。このように、被害や「被害」が少年院における矯正教育によって積み重ねられるとすれば、これも「被害」と言わなければならない。

「非行少年」が刑事裁判の過程で受ける「被害」

1　少年の刑事裁判とその現実

　家裁が、少年法20条に基づき刑事処分相当として逆送した後に、事件を受け取った検察官は、原則として事件を裁判所に起訴しなければならない（少年法45条5号）。

　少年の刑事裁判については、少年法は、他の被告人と分離してその接触を避けねばならず（少年法49条）、少年に対する刑事事件の審理にも少年法9条が定める諸科学活用の原則が妥当する（少年法50条）等の特則を定めている。

　しかし、現実の少年の刑事裁判は、保護処分を相当とする場合の家裁への再移送（少年法55条）がなされうることを除いては、ほぼ20歳以上の「加害者」に対するものと同様になされている。とりわけ、裁判員裁判の場合、その傾向が強い[33]。

2　刑事裁判で厳しい質問を受ける「被害」

　こうした刑事裁判において、「非行少年」は、Part2でも見た「加害者」と同様に、裁判官、さらには被害者等からも、反省が足りないと指弾される「被害」を受けることもあろう。それ以上に問題なことは、被告人質問の場で、検察官、裁判官、あるいは裁判員から厳しい質問を浴びせられ、それへの答えを考えさせられることである。さらに、成長過程にある少年にとっては、公開の場で、

32　都島梨紗「少年院出院者の語りから捉えるみえざる『被害』」岡田・前掲註8書140頁参照。

33　少年に対する裁判員裁判とその検証の問題性については、渕野貴生「裁判員裁判と少年の主体的な手続参加」武内・前掲註26書245〜268頁参照。

無関係の人々からの視線を浴びせられることも辛いことである。「非行少年」がこれらを浴びることは「被害」と言わざるをえない[34]。

3　被害が埋め合わされない「被害」

加えて、「加害者」の刑事裁判と同様に、「非行少年」に積み重ねられた被害や「被害」が刑事裁判を通して積み重ねられることはあっても、そうした被害や「被害」を明らかにしたうえで、それを埋め合わせるような取組みがなされることはない。

さらに、少年法は勾留を少年鑑別所で執行することを可能にしているが、実務上は、拘置所で勾留されることが一般的である。そうすると、少年鑑別所で提供される生活態度に対する助言や学習の機会等（少年鑑別所法28条、29条）が、拘置所では提供されない。つまり、「非行少年」は刑事裁判が確定するまで勾留されている限り、学ぶ機会を得られないのである。これも「被害」と言えよう。

「非行少年」が刑の執行で受ける被害と「被害」

1　少年法が定める刑罰の特則

少年法は、少年のときに犯した罪に対する刑罰と、少年のときに科される刑罰について特則を置いている。

まず、罪を犯すとき18歳未満であれば死刑は必ず無期刑に減軽される（少年法51条1項）。同じく、罪を犯すとき18歳未満であれば無期刑を有期の懲役または禁錮に減軽することができる。この減軽がなされる場合は、10年以上20年以下の定期刑が言い渡される（少年法51条2項）。なお、2001年に施行された少年法第1次改正の前は、罪を犯すとき18歳未満であれば、無期刑は必ず10年以

34　弁護士の知名健太郎定信は、これらの「被害」を「虐待」であると指摘している。知名健太郎定信「弁護人・付添人から見える被害①——虐待を受けて育った少年の立ち直りに必要なもの」岡田・前掲註8書37～39頁参照。

上15年以下の懲役または禁錮に減軽されることが定められていた。これが第1次改正で、減軽が裁量的なものとなり、2014年の第4次改正で、無期刑が減軽される有期刑の上限が20年以下に引き上げられ、現在の形となった。この他、少年のとき犯した罪により受刑した者がその執行が終わってからは、資格制限がなされない（少年法60条）等の特則もある。

　他方、少年のときに有期の懲役または禁錮が科される場合は、刑の執行猶予の場合を除いて、その法定刑から加重減軽して得られる処断刑の範囲内で、最長15年の長期と最長10年の短期を定めて言い渡す不定期刑の形が取られる（少年法52条）。これも、第4次改正以前は、長期の最長は10年で短期の最長は5年とされていたが、2004年の刑法改正で有期刑の上限が引き上げられたことに引きずられる形で、罪を犯すとき18歳未満の者への無期刑が減軽された有期刑の上限ともども長期と短期の最長期間が引き上げられたのである。他にも、少年に対しては罰金刑が納付されない場合の労役場留置の言渡しをしない（少年法54条）、少年のとき懲役または禁錮の言渡しを受けた者については、特設の刑事施設（少年刑務所）等で刑が執行され（少年法56条）、仮釈放が、無期刑の場合は7年の経過（ただし、死刑が減軽された無期刑の場合は適用されない）、不定期刑の場合は短期の3分の1の経過で可能となる（少年法58条）等の特則がある。

2　不定期刑と仮釈放の特則がもたらす「被害」

　不定期刑は、少年ならではの刑罰である。そうすると、この不定期刑の言渡しを受けた少年は、当然、短期の3分の1経過後の仮釈放を夢見るであろう。しかし、現実は異なる。というのも、2014年の第4次改正に至る法制審議会における議論において、不定期刑を言い渡された者の仮釈放は長期を基準としてその8割以上の経過後になされることが大多数であることが明らかにされているからである[35]。この傾向が変化したことは統計で見る限り確認できない。そ

35　2012年10月15日に開催された法制審議会少年法部会第1回会議の配布資料7によると、1986年では、短期経過前に仮釈放された者が全体の41.1%で、長期の60%未満で仮釈放された者も全体の33.3%を占めていたが、2001年以降は短期経過前に仮釈放された者は1人か2人となり、長

うすると、短期で刑が終了することはなく、長期の8割の経過後にようやく仮釈放の可能性が生まれるに過ぎないのである。

　なお、無期刑の仮釈放も、少年の場合は7年経過後に可能になる旨の特則があるが、これも現実に10年未満で仮釈放された者は皆無であって、現実のものではない。つまり、少年法が定める仮釈放の特則は、実務上、およそ意味がないものなのである。これでは、少年が持つであろう仮釈放に対する期待は裏切られることになる。これも、少年が受ける「被害」と言えよう。

特定少年が受ける被害と「被害」

1　少年法における特定少年の特則

　2022年4月に、民法の成年年齢が18歳以上に引き下げられたことと時を同じくして、少年法第5次改正によって、少年法に、18歳以上19歳以下の少年を特定少年として、この年齢層について新たな特則が定められ、施行された[36]。

　その特則を概観すると、以下のようになる。

　まず、家裁が特定少年の事件を受理した場合、刑事処分相当として逆送する形式的要件が、すべての罪に拡大した（少年法62条1項）。次に、特定少年の場合は、故意の犯罪行為により被害者を死亡させた罪を犯しただけでなく、短期1年以上の懲役・禁錮に当たる罪を犯した場合も、いわゆる原則逆送の対象となる（少年法62条2項）。

　他方、保護処分は、6月の保護観察、2年の保護観察（特定保護観察）、および少年院送致の3種から、犯情の軽重を考慮して相当な限度を超えない範囲内

期の60%未満で仮釈放された者は皆無に等しい状況となり、2007年以降は、長期の80%以上で仮釈放された者が全体の80%前後を占めていた。この資料は、以下のURLから参照可能である〈https://www.moj.go.jp/shingi1/shingi06100034.html（2023年12月28日最終確認）〉。

36　この特定少年についての特則が定められるに至った経緯については、岡田行雄「特定少年の位置づけとその帰結─少年法第五次『改正』の前提を問う」熊本法学154号（2022年）43〜47頁参照。

において選択される（少年法64条1項）。これらの保護処分決定に際して、家裁は、2年の保護観察の期間中に遵守事項違反があり、その程度が重く、かつ、少年院における処遇によらねば本人の改善および更生を図ることができないと認めるときは1年以下の範囲で、少年院送致を決定する場合には3年以下の範囲で、犯情の軽重を考慮して少年院に収容する期間を定めなければならない（少年法64条2項、3項）。また、罰金以下の刑に当たる罪の事件については、6月以下の保護観察しか選択できない（少年法64条1項ただし書）。なお、特定少年には、ぐ犯は適用されない（少年法65条1項）。

　特定少年に対する刑事手続や特定少年に対する刑罰においては、家裁への再移送を除いて、少年のための特則がことごとく適用排除された（少年法67条）。この結果、特定少年には、不定期刑が適用されないため、20歳以上の者と同様に、最長で30年の定期刑が科され、労役場留置や資格制限もなされることとなった。

　加えて、少年のとき犯した罪については禁止されている本人推知報道が、特定少年による刑事事件が起訴される段階から、略式起訴を除いて解禁されることとなった（少年法68条）。

　こうした特定少年にかかる特則によって、一方で、家裁が保護処分決定を行うにあたって、保護観察や少年院収容の期間を、基本的には犯した罪の重大さや行為態様といった犯情によって定める点やぐ犯の適用が排除される点では、軽微な罪を犯した場合等であれば、人権制約が少年に比べると限定される。他方で、逆送の範囲が拡大し、少年の刑事手続や刑事処分についての特則が特定少年に対してはほぼ適用されなくなったので、特定少年が逆送後に起訴された場合、20歳以上の者と同じように処罰されるのである。

2　特定少年の被害と「被害」

　以上のような特定少年に対する特則は、特定少年を、少年と20歳以上の間の中間に位置するものという理解から出発している。それは、一般の18歳、19歳には妥当するかもしれない。しかし、特定少年に妥当するとは言えない。なぜ

なら、少年に比べると、虐待やいじめ等の被害、そして、それらの被害がそれまでに受けた少年司法手続で顧慮されないという「被害」が、より積み重ねられて、重たくなっていると見るべきだからである。その典型例が、本Part被害実態編の事例1［→142頁］やいわゆる石巻事件と言えよう。

そうした特定少年に対して、「非行少年」の保護のための特則の多くを適用排除し、20歳以上の「加害者」とほぼ同様に扱うことは、「加害者」に対する刑事手続や刑罰において生じる被害や「被害」を、特定少年に積み重ねさせるだけに終わる可能性が極めて高い。

家族と「非行少年」に積み重ねられた
被害や「被害」がもたらすさまざまな悪影響

1 家族への被害と「被害」がもたらすさまざまな悪影響

少年法が本人推知報道を禁止しているにもかかわらず、「非行少年」の逮捕報道等を契機に、家族がさまざまな誹謗中傷等の攻撃にさらされるのは、「加害者」が実名報道される場合と大きく異ならない。これには、インターネット上での誹謗中傷が、圧倒的に匿名でなされるために、誹謗中傷した者を特定することの困難性が[37]、ただでさえ肩身の狭い思いをしている家族がこうした誹謗中傷に対して損害賠償を求めることをさらに困難にしていることも大きく関わっている。

「非行少年」が家族の生計を維持しているということはそれほど多くはないであろうから、家族が「非行少年」の逮捕でただちに生活苦に直面することも多くはないであろうが、その他の被害や「被害」は、「加害者」の家族の場合と同様に生じると言えよう。その結果、佐世保での女子高生殺害事件のように、家族が死を選ぶことがありうることも同様である。

---

[37] 匿名の者によるインターネット上の誹謗中傷を特定することの困難性については、渕野貴生「マスメディアと刑事法」内田博文＝佐々木光明『〈市民〉と刑事法第5版』（日本評論社、2022年）29〜30頁参照。

　他方、少年法、少年鑑別所法、少年院法等の少年司法に関わる諸法規は、保護者としての家族にさまざまな役割を果たすことを求めている。

　たとえば、保護者には付添人選任権(少年法10条１項)があり、この付添人に保護者がなることもできる(少年法10条２項)。次に、審判において、証人尋問、鑑定等の証拠調べの申出ができ、裁判長の許可を得て意見を陳述することもできる(少年審判規則29条の３、30条)。さらには、抗告権も少年の法定代理人である保護者には保障されている(少年法32条)。他方、保護者には、少年事件の家裁への通告義務(少年法６条)に始まり、家裁への出頭義務(少年法11条)、試験観察に際して付された条件を履行する義務(少年法25条２項２号)もあり、調査又は審判において、訓戒や指導等を受けることもある(少年法25条の２)。

　また、保護者は、少年が観護措置によって少年鑑別所に送致されたとき、さらに、少年が重態となったとき等に、速やかにその通知を受ける者と定められている(少年鑑別所法25条、38条)上に、原則として許可される面会の対象者と位置づけられている(少年鑑別所法80条、88条)。他方で、家裁のみならず少年鑑別所における調査対象でもある(少年鑑別所法16条)。

　同様に、保護者は、少年が少年院に送致されたとき、少年が重態となったとき等に、すみやかにその通知を受ける者と定められている(少年院法22条、56条)うえに、原則として許可される面会の対象者であり、少年院の長の許可があれば、少年と同じ場所で宿泊しつつ面会をすることもできる(少年院法92条、97条)。他方、少年の処遇について少年院の長から協力を求められるだけでなく、その在院者の監護に関する責任を自覚させ、その矯正教育の実効を上げるため、指導、助言その他の適当な措置が執られる対象としても位置づけられている(少年院法17条)。

　しかし、家族がさまざまな被害や「被害」を受けることで、上に挙げた役割を果たせなくなることがおおいに懸念される。なお、近時、拘置所と同様に、少年院も次々と廃止されている[38]。そうすると、家族が少年院に収容されている

---

38 かつては全国に54あった少年院が2021年4月段階で48となり、さらにその後も続々と廃止されてい

少年に面会に行こうとしても、以前に比べると、やはり遠路となり、面会により費用がかかることになる。これも、家族が、少年院法が期待する役割を果たせなくなる一因となりうる。

　こうして、家族に被害や「被害」が積み重ねられると、「加害者」の場合と同様に、「非行少年」も孤立無援の状況に陥る可能性が高まる。しかも、「非行少年」の場合、いまだ成長発達の途中にあるので、さまざまなスキルが乏しい点で、孤立無援となった場合の悪影響は、20歳以上の「加害者」の場合よりも深刻なものがあることが忘れられてはならない。

2　「非行少年」への被害と「被害」がもたらすもの

　被害や「被害」が積み重ねられてきた「非行少年」に、少年司法手続を通して、さらに被害や「被害」が積み重ねられ、その埋め合わせがなされなければどうなるであろうか？

　これも、「加害者」の場合と同様に、非行をしていないのに「非行少年」として少年院送致等の保護処分を受け、最悪の場合、処罰されることになるという冤罪被害の他、非行はあったとしても、不要な少年院送致等の処分を受ける被害を受ける可能性もある。なお、少年法には再審の規定はなく、刑訴法435条6号で再審請求が認められるのと同じ要件で、違法な保護処分の取消しが認められるに過ぎない（少年法27条の2）。

　加えて、これも「加害者」の場合と同様に、「非行少年」に積み重ねられた被害や「被害」が放置され続ければ、「非行少年」が再非行や再犯に追い込まれる一因となる。こうした帰結も、「非行少年」や家族だけでなく、被害者等にとっても避けられるべきものであることは言うまでもない。

る〈https://www.nishinippon.co.jp/item/n/723938/（2023年12月25日最終確認）〉。

■被害支援編

家族に積み重ねられた被害や「被害」にどう向き合うべきか？

1　家族の人権から積み重ねられた被害や「被害」への対応を考える

　以上で見たように、「非行少年」とその家族に積み重ねられた被害や「被害」の放置は、「加害者」とその家族の場合と同様にさまざまな問題を引き起こす。したがって、積み重ねられた被害や「被害」の放置は論外であり、こうした被害や「被害」の積み重ねに、私たちはどのように向き合うべきかを検討するために、家族に保障されるべき人権から検討を始める。

　もちろん、この場合も、「加害者」家族と同様に、「非行少年」の家族にも憲法13条に基づく幸福追求権や、憲法25条に基づく生存権が保障されるべきである。犯罪被害を受けた家族には、個人の尊厳が重んぜられ、その尊厳にふさわしい処遇を受ける権利も保障されなければならないし、家族が障がい者であったり、子どもであったりすれば、それぞれ、障がい者の権利条約や子どもの権利条約に基づく諸権利も保障されねばならない点も、「加害者」の場合と同じである。したがって、家族に積み重ねられた被害や「被害」は放置されるべきではなく、家族に対して、そうした被害や「被害」を受けたことを前提に、家族にも妥当する憲法や条約等に定められているさまざまな人権が実際に保障されるような、支援等が実現されねばならない点も、「加害者」の場合と同じである。

2　虐待した家族にも支援はなされるべきか？

　しかし、「非行少年」の家族に対する支援に向けては、独自に検討すべき点がある。それは、「非行少年」に対して虐待被害を加えていた家族にも、支援がなされるべきかという点である。

　もともと、2003年に長崎で当時12歳の少年が幼児を殺害したとの報道がなさ

れた直後に、少年に刑罰を科すことができないのなら、「親を市中引き回しの
うえ打ち首に」と発言した当時の国務大臣に見られるように、「非行少年」の親
こそ処罰すべきという暴論が社会にはいまだに潜んでいると思われる。また、
すでに見たように、少年法には、「非行少年」の保護者は、非行少年に対する監
護責任を自覚させられる客体と位置づける規定もある。こうした状況を踏まえ
ると、とりわけ「非行少年」を虐待していた親にまで支援がなされるべきかが検
討されねばならないのである。

　そこで、この点を検討すると、非行少年を虐待した親にも、Part2で見たよ
うなさまざまな被害や「被害」が積み重ねられていることが一般的であろう。虐
待は世代間で連鎖することが指摘されるようになって久しい。わかりやすく言
えば、何かあれば親から平手で叩かれていた子どもが、成長して親になったと
きに、自分の子どもが何かの理由で泣き叫んでいるときに、思わず平手で叩い
てしまう。このような悪循環は身体的虐待に止まらない。要するに、子どもが
困っている等の危機的状況に際して、虐待するという方法によらずに子どもの
困った状況に対応するすべを十分に学んでいないうえに、虐待被害を受けた
「加害者」や「非行少年」と同様に、理性の働きや感情のコントロールが困難と
なって、思わず虐待に至る構造がある[39]。

　こうしたメカニズムから子どもへの虐待が生じている以上、虐待した親だか
らと言って、その親に積み重ねられた被害や「被害」を埋め合わせる支援を行わ
ないという姿勢は妥当ではない。たとえ、「非行少年」を虐待してきた親であっ
ても、その親に被害や「被害」が積み重ねられている限りは、支援がなされる必
要がある。そして、このことは、少年法にある、「非行少年」の保護者に監督責
任を自覚させる規定の再検討をも帰結するのである。

---

[39] 虐待被害が親から子へ連鎖する構造と、この構造を、親や環境に恵まれてきた者には理解困難な
　　状況があることについては、岡田行雄「非行少年・虐待親の被害とその埋め合わせ」内田＝佐々
　　木・前掲註37書120〜121頁参照。

家族への支援に向けての課題

1　家族支援の取組み

　以上の検討から、「非行少年」の家族にも、支援が必要であることは明らかである。支援の具体的な内容は、「加害者」の家族の場合と基本的には同じと考えてよいであろうが、「非行少年」の家族に特有の支援の在り方をさらに検討するために、これまでに、「非行少年」の家族に対して、WOHが行ってきた支援の事例を概観することにしよう。

　そのひとつが、東北少年院が開催する保護者講習会での講演活動である[40]。この保護者講習会は、少年院が、在院している「非行少年」の保護者にその監護に関する責任を自覚させ、矯正教育の実効を上げるために実施されているものである（少年院法17条）。その際、講師の周りを囲むように保護者に座ってもらい、近い距離間で平場の雰囲気を作るように努めつつ、30分程度講話をした後に、15分程度、質問や保護者同士の問題共有の時間が設けられている。その中で、保護者も被害者であるという被害者性にアプローチし、保護者自身や在院している少年の兄弟姉妹のケアを心がけるよう、そして、保護者自身が相談できる機関や支援団体等のリストを作り、支援体制を構築すること、保護者が見落としてきた少年との間にある問題がないかを振り返ること、出院後の少年との関わりには、経済的・時間的・精神的限界を置くこと等を話すという。

　他方、親からの依頼を受けて、「非行少年」と親にそれぞれ面接を実施し、少年から聞いた話を親にフィードバックし、親がより少年を理解しやすくするといった心理的支援も提供されている[41]。

　また、「非行少年」の親が、完全非公開で参加者のプライバシー保護に最も重

40　阿部恭子「少年院における保護者支援—東北少年院の取組みから考える」阿部・前掲註8書134〜140頁参照。
41　相澤雅彦「保護者と少年それぞれの面接事例からみる心理的支援」阿部・前掲註8書154〜167頁参照。

点を置く「加害者」家族の家族会といったピアグループに参加できるようにし、罪責感が強く、楽になってはいけないと、自らの感情に蓋をしている親に、こうした家族会では、親という役割から離れ、自分自身の感情を声に出せるようにする取組みもなされている[42]。

このように、「非行少年」の家族支援は、もっぱら、「非行少年」の親を支援するという形で提供されてきたと言えよう。

2 早期の支援を実現するために

こうした支援を通して、「非行少年」の成長発達に親が積極的に関われるようにすることは、少年法が求めるものとも言える。そのためには、「非行少年」の保護者を中心とする家族への支援がより早期になされる必要がある。なぜなら、家裁で観護措置が採られた事件等は、観護措置から28日以内に審判が開かれ、結論が出されてしまうほど迅速に進むので、支援が遅れれば遅れるほど、家族が受ける被害や「被害」が積み重なり、それらが大きくなるほど、少年法が求めていると言える、保護者の役割を果たすことが困難になってしまうからである。なお、支援が早期であればあるほど、「非行少年」の冤罪被害を防ぐことにも資することになる。

こうした家族への早期の支援を実現するためには、やはり、WOHのような家族支援の団体に公費が投入され、支援活動が活発になることが求められるが、それ以前に取り組まれるべき課題がある。それは、「非行少年」の家族がWOHのような組織に支援を求めることができるようにする前提の整備である。たとえWOHが取り組む加害者家族支援が活発になされるにしても、こうした少年の家族が支援を求めようとしない限り、支援を行えないからである。

まず必要となるのは、WOH等のNPO活動の周知である。とりわけ、貧困等のいくつもの困難を抱えている「非行少年」の保護者に周知されることが求めら

---

42 阿部恭子＝遠藤真之介「ピア・カウンセリングの実践―親としての罪責感に寄り添う」阿部・前掲註8書185〜191頁参照。

れる。ちなみに、WOHに相談してきた家族の多くは有職者でしかも会社員、公務員、自営業者等であり、無職者であっても圧倒的多数は定年退職した者であって、生活に一定の余裕がある者と推測されている[43]。しかも、その半数はインターネットでキーワード検索をかけてWOHのウェブサイトを自ら検索しているとも指摘されている。このような事情に鑑みると、生活に余裕がない「非行少年」の保護者がWOHのような支援機関への相談にたどりつくこと自体が困難であると言えよう。そこで、当番弁護士や国選弁護人、さらには弁護士付添人等が保護者と接する際に、その保護者に対して適切な団体に支援を求めるように勧めてもらうことが、具体的な周知の取組みとして考えられる。あるいは、遅くとも、家裁に事件が係属した後に、調査官等が保護者に対して同様の助言を行えるようになることも挙げられよう。

3　インターネットによる被害への対応

　「非行少年」の場合、少年法が本人推知報道を禁止していることから、「非行少年」による重大事件の場合、少年の匿名報道を不満に感じる人々が社会的制裁として代わりに家族のプライバシーをさらそうとする等、家族への攻撃が強まることが指摘されている[44]。こうした攻撃の中で、とりわけインターネット上でなされる家族への誹謗中傷や家族のプライバシー侵害が繰り返されると、家族への被害が積み重ねられ、WOH等の支援機関に家族がせっかくコンタクトを取っても、その後、つながりを継続しようとする意欲を失ってしまう危険性が高まる。

　そこで、まずは、インターネット上で家族を攻撃している書き込み等を削除させる取組みを弁護士と家族を支援する機関とが連携して行うことが求められる。近時、弁護士付添人が少年の個人情報が掲載されているインターネットサイトのURLを一覧表にして削除要請を行い、実際に削除に成功したという事

---

[43]　阿部恭子編『加害者家族の支援の理論と実践』(現代人文社、2015年)13頁参照。

[44]　阿部＝遠藤・前掲註42論文188頁参照。

例も紹介されている[45]。こうした取組みを、家族への攻撃や家族のプライバシー情報が書き込まれたインターネットサイトにも応用していくことが求められよう。

4 専門機関との連携

　上で挙げた諸課題に、WOHのような家族支援団体だけで取り組むことは極めて困難であろう。とりわけ、「非行少年」の場合、発達の途上でさまざまな被害や「被害」が積み重ねられているために、その立ち直りは、家裁、少年院、保護観察所等の国家機関だけで実現するものではなく、さまざまな人や専門機関との連携が必要不可欠である。そして、その家族も、「加害者」の家族の場合以上に多様なニーズを抱えている。そうすると、たとえば、学校との関係で問題があれば、教職員やスクールカウンセラーとの連携が、家族自身の悩みや心身の不調については医療機関等との連携が求められるのである[46]。そこで、「非行少年」の家族の支援に向けて、相談を受けた機関と、他のさまざまな支援機関との連携も図られる必要がある。

　もちろん、この連携は法的根拠に基づくものではない以上、連携の相手方となる人や機関の連携に向けた熱意に依存せざるをえないために、さまざまな困難を伴うことが予想される。しかし、法的根拠に基づくものでないからこそ、連携の相手先と上下関係はなく、非行少年の保護者の支援にとって適切と考えられる柔軟でかつ多様な連携も可能となる[47]。ただし、それを実現していくには、WOHのような団体が家族のニーズに合致した支援を行える機関や人についての的確な情報を入手できるようになることが、まず必要である。さらに、仮にそうした的確な情報が入手できたしても、連携する相手方から当該団体が

---

45 日本弁護士連合会他編『第27回全国付添人経験交流集会報告集』(日本弁護士連合会、2017年)198頁参照。

46 相澤・前掲註41論文166頁参照。

47 こうした諸機関連携の在り方については、岡田行雄「少年司法における諸機関連携にあたっての課題への取組み」岡田行雄『非行少年のためにつながろう!』(現代人文社、2017年)187～203頁以下参照。

信頼されることも必要不可欠である。こうした信頼を得るためには、さまざまな機関との連携を通して、実際に家族を支援したことが意義あるものとなったという実績が積み上げられ、それが周知される必要もある。

5 家族の支援と「非行少年」との関係

上で挙げた課題への取組みがなされ、被害や「被害」が積み重ねられた家族への支援が進んだとしても、だからといって、家族が「非行少年」の立ち直り等を支援しなければならないわけではないのは、「加害者」の家族の場合と同じである。

たしかに、18歳未満の「非行少年」の親権を持つ家族もいる。そして、監護権等の親権を義務として捉えるべきとの見解もあり、何より、少年法には保護者による「非行少年」の支援を当然の前提としている規定もある。しかし、親権者であっても、「非行少年」の監護どころではない状況にある者もいる。こうした親権者に、「非行少年」の監護を義務付けようとしても、適切な監護になる保証はどこにもなく、むしろ、「非行少年」の立ち直りにマイナスの影響を与える危険性の方が高い場合もある[48]。したがって、家族への支援と、当該家族による「非行少年」の立ち直り支援とが関係づけられてはならない。あくまで、「非行少年」の家族の幸福追求権や生存権等の保障のための支援でなければならないのである。

「非行少年」に積み重ねられた被害や「被害」にどう向き合うべきか？

1 「非行少年」に保障されるべき人権

それでは、「非行少年」に積み重ねられたさまざまな被害や「被害」に、私たち

---

48 知名健太郎定信弁護士と安西敦弁護士が紹介している事例に登場する母親は、まさにそうした親の典型と言える。知名・前掲註34論文31頁、安西敦「弁護人・付添人から見える被害②—少年の被害を受け止めないことによる二次被害」岡田・前掲註8書54頁参照。

はどう向き合うべきであろうか？　やはり、それを検討する前提として、「加害者」の場合と同じく、「非行少年」に保障されるべき人権を確認しておく必要がある。

　「非行少年」にも、もちろん、被疑者・被告人として憲法上保障されている人権、そして、犯罪者に対しても憲法上保障されるべき人権がある。加えて、子どもの権利条約や障がい者の権利条約が保障している人権も保障されねばならない。

　まず、子どもの権利条約からは、「非行少年」にも、成長発達権、意見表明権（子どもの権利条約6条2項、12条）が保障されねばならない。そこから、「非行少年」に、少年司法におけるあらゆる手続に主体的に参加する権利である、手続参加権の保障も帰結される[49]。そして、障がい者の権利条約からは、障がいに基づくあらゆる差別の禁止から導かれる、合理的配慮を受ける権利の保障も帰結される（障がい者の権利条約5条）。

　なお、特定少年の場合は、子どもの権利条約における子どもが18歳未満の者を指す（子どもの権利条約1条）ことから、直接に子どもの権利条約上の人権が保障されるわけではない。しかし、特定少年の場合、それより年少の「非行少年」よりも長期に渡って被害や「被害」が積み重ねられていると言うべきである。言い換えれば、特定少年の場合には、より長期に渡って憲法等が保障する人権への侵害が積み重ねられてきたとも言えよう。被害や「被害」が積み重ねられたことによって生じた犯罪について、特定少年を逆送し、単純に刑罰を科すことは、むしろその再犯を促進することは明らかであろう。そうすると、特定少年の逆送を容易にし、その処罰を拡大することに合理性はなく、合理性のない、少年との異なる扱いは、憲法14条によって禁じられる差別とさえ言えよう。被害や「被害」が積み重ねられた特定少年であればあるほど、憲法や障がい者の権利条約から導かれる人権はより手厚く保障されねばならないのである。

49　葛野尋之『少年司法の再構築』（日本評論社、2003年）72頁参照。

2　被害や「被害」の埋め合わせと防止

　「非行少年」の場合も、「加害者」の場合と同様に、積み重ねられた被害や「被害」を放置することも許されず、とりわけ被疑者段階における、捜査官からの暴行・脅迫等による被害に対しては、ただちにそれを埋め合わせる法的な措置が採られる必要がある。また、「非行少年」に積み重ねられたそれ以外の被害に対しても、「非行少年」の幸福追求権だけでなく、成長発達権、手続参加権等の観点から、何らかの埋め合わせが必要であろう。

　また、「非行少年」への被害や「被害」の積み重ねが防止されねばならないことも「加害者」の場合と同じである。したがって、「非行少年」への被害や「被害」の積み重ねを防止するための施策も採られなければならない。

「非行少年」に積み重ねられた
被害や「被害」の少年司法における位置づけ

1　「非行少年」に積み重ねられた被害や「被害」への国の関与

　「非行少年」に積み重ねられた被害や「被害」も、単純にその加害行為者によるものとは言えない。虐待被害を取ってみても、これに対応する児童相談所のマンパワーの質・量ともに一向に増強されないという、国の不作為によってもたらされた側面は否定できず、やはり、国には、国が関与している被害等の除去義務があると言わなければならない。しかし、重要なことは被害等についての国家賠償ではなく、「非行少年」が直面している少年司法手続等の結果なのである。したがって、「非行少年」に積み重ねられた虐待被害等の被害の除去、そして、さらなる被害や「被害」の防止を、刑事手続のみならず、その後の少年司法手続やそれに引き続く保護処分等の中でいかに実現するかが問われねばならないのである。

2 「非行少年」に積み重ねられた被害や「被害」の位置づけ

「非行少年」に対する刑事手続においても、「加害者」の場合と同様に、積み重ねられた被害や「被害」が可能な限り明らかにされるべきものとして位置づけられねばならない。加えて、家裁における「非行少年」の非行事実と要保護性に関する調査・審判を通して、「非行少年」に積み重ねられた被害や「被害」に光を当てることは、まずは、「非行少年」の要保護性を検討するうえで重要である。なぜなら、被害や「被害」を放置することが、再非行の要因のひとつとなるからであり、要保護性の要素として、非行事実が認められる少年に、その性格、環境に照らして、再び犯罪（非行）を行う可能性があることと、保護処分による矯正教育を施すことによって、この犯罪的危険性を除去しうる可能性があることが挙げられることについては、ほぼ争いなく承認されているからである[50]。

また、非行事実に関連して、近時、とりわけ特定少年を中心に、犯した罪の重大さ等を内容とする犯情が調査・審判における重点とされる場合が増えている。この犯情を検討する際にも、「非行少年」に積み重ねられた被害や「被害」は重要な役割を果たす。なぜなら、犯情を適法行為の期待可能性をも含む概念として捉える場合、被害や「被害」が積み重ねられている以上、行為や結果がどれほど重大なものであっても、犯情が重いと解してはならないはずだからである[51]。したがって、実務において、非行事実における犯情が重視されるとしても、やはり、「非行少年」に積み重ねられた被害や「被害」に光が当てられねばならないのである。

---

50 岡田行雄「保護処分の要件たる要保護性について―上位規範に照らした再検討を通して」酒井安行他『国境を超える市民社会と刑事人権：新倉修先生古稀祝賀論文集』（現代人文社、2019年）492頁参照。

51 岡田・前掲註36論文74頁参照。

「非行少年」への少年司法手続と刑事手続・制裁の改革

1　「非行少年」への少年司法手続と刑事手続・制裁を改革する必要性

　少年事件以前に被害や「被害」が積み重ねられてきた「非行少年」に対する刑事手続における被害や「被害」を防ぐべきことは、事件以前に被害や「被害」が積み重ねられてはいない「非行少年」についても、「加害者」の場合と同様に必要不可欠である。加えて、被害や「被害」が積み重ねられてきた「非行少年」については、そうした被害や「被害」の可能な限りでの除去、すなわち、被害や「被害」の埋め合わせも必要不可欠である。

　なお、「非行少年」の場合は、家裁を中心とする少年司法手続においても、被害や「被害」が積み重ねられることが防がれなければならない。しかも、「非行少年」に積み重ねられてきた被害や「被害」の埋め合わせも可能な限りでなされる必要がある。なお、保護処分は刑罰とは異なる。保護処分においては、より被害や「被害」の埋め合わせが図られなければならないはずである。

　そこで、以下では、こうした被害や「被害」の積み重ねを防止し、同時に、積み重ねられた被害や「被害」を埋め合わせる方向に向けて、少年司法手続を中心とした、その改革の方向性を示すことにしよう。

2　勾留実務の改革

　まず、少年法が勾留をやむをえない場合に限定している趣旨に沿って、勾留実務を変えていくことが求められる。それには、弁護士から選任される弁護人の役割が重要になる。その役割としては、「非行少年」の捜査段階での身体拘束の長期化を避けること、そして身体拘束がなされるにしても、学ぶ機会等が得られるようにすること等が挙げられる。具体的には、弁護人が、「非行少年」の身体拘束がなされるにしても、勾留に代わる観護措置が採られるよう検察官や裁判所に働きかける必要がある。

　その前提として、初対面の弁護士が、人間不信に陥っている「非行少年」とも

コミュニケーションを取れる力を身につけるための弁護士会レベルでの施策が実施されることも必要である。なぜなら、被害や「被害」が積み重ねられてきた「非行少年」が、弁護人となるべく初めて接見に訪れた弁護士に容易に心を開くわけではないからである。

3　弁護士付添人と専門家との連携

　家裁送致後の少年司法手続において、少年の手続参加権等が保障されるためには、弁護士付添人の役割が重要となることは言うまでもない。

　しかし、弁護士付添人だけで、「非行少年」に成長発達権、手続参加権等が保障されるわけではない。たとえば、発達障がいがある「非行少年」の個々の特性まで、弁護士付添人だけですぐに理解できるわけではないからである。したがって、「非行少年」の家族を支援する場合と同様に、さまざまな専門家と弁護士付添人が連携することが必要である。そして、この弁護士付添人が起点となって、さまざまな専門家と調査官を連携させることで[52]、初めて、「非行少年」に積み重ねられた被害や「被害」にも光が当たりうると言えよう。もっとも、少年が被害や「被害」の体験を開示するのを嫌がるのに、無理やり、被害や「被害」に光を当てることは、さらなる被害を積み上げることになるので、絶対に避けられなければならない。そのためにも、さまざまな専門家との連携は必要不可欠なのである。

　なお、専門家との連携は、少年司法手続の場面だけではなく、逆送された後の刑事裁判においても重要である。弁護人が専門家と連携し、その専門家が鑑定を通して、あるいは証人として刑事裁判で証言することを通して、家裁への再移送決定が実現した例もある[53]。逆に言えば、こうした専門家との連携抜き

52　弁護士付添人を核とした連携の必要性とそうした連携にあたっての課題については、岡田・前掲註47論文192〜196頁参照。

53　元家裁調査官の大学教員が心理鑑定を行い、その結果を法廷で証言し、元法務教官の弁護士も証人として少年院の教育課程等について証言した結果、同一事件で2度目の逆送決定を受けた裁判員裁判で再移送決定を得て、その後、保護処分決定で終局した事例もある。こうした専門

に、再移送決定はありえなかったとも言えよう。

4 逆送(不適切な処罰)を避ける

逆送後の刑事裁判や刑罰は、残念ながら、「非行少年」に積み重ねられた被害や「被害」を埋め合わせるものとはなりえず、逆に、「非行少年」にさらなる被害や「被害」を積み重ねさせる危険性が高い。というのも、すでに見たように、刑事裁判においては、検察官や裁判官だけでなく、被害者参加が認められた被害者等からの厳しい質問に「非行少年」がさらされたり、気も遠くなるほどの長期に渡って刑事施設に収容され、その間に刑事施設内でさらなる被害に遭ったりするからである。

したがって、家裁による逆送を避けることが、何よりも求められる。そのためには、上記の専門家との連携に加えて、少年に対して家裁が試験観察を実施することも重要である。試験観察を通して、少年の社会内での立ち直りの可能性を発見することこそ、成長発達権等の保障に適うものである。また、試験観察は、被害が積み重ねられた少年に本当に必要な被害の埋め合わせは何かを調査官が把握するためにも有効なものと言える。

逆送後の刑事裁判においては、「加害者」と同様に、被告人としての人権が保障されるための取組みがなされたうえで、上述した、専門家による鑑定等が実施されることが、不適切な処罰を避けるために求められる。

それでも有罪判決が確定し、刑の執行がなされることもあろうが、罪を犯すとき18歳以上の者が、死刑相当の罪を犯した場合に言渡しが可能となる死刑は絶対に避けられるべきである。そもそも、死刑廃止がすぐに実現しないにせよ、死刑が少年の健全育成を目的とする少年法と決してあいいれないものであることが忘れられてはならない[54]。また、無期刑も含めて、仮釈放が認められ

家との連携事例については、日本弁護士連合会他『第28回全国付添人経験交流集会報告書』（日本弁護士連合会子どもの権利委員会、2018年）41～52頁参照。

54 武内謙治は、少年法対象年齢と刑の緩和の対象年齢には、大正少年法の時点から2歳の齟齬があり、現行法の施行後2年間は暫定的に少年法の対象年齢が18歳未満に据え置かれたため

るまでの期間があまりにも長いことも、被害や「被害」が積み重ねられた「非行少年」に、さらに「被害」を積み重ねさせるだけであって、到底妥当とは言えない。「加害者」の場合以上に早期に仮釈放とされるようにする取組みが必要不可欠である。

　なお、刑事施設に収容されることで、被害や「被害」が積み重ねられた「非行少年」の被害感という「被害」は確実に増すことになる。「非行少年」の孤立感も深められる。こうした「被害」への埋め合わせもなされる必要がある。そこで、「非行少年」に家族だけでなく、他の支援者も手紙を出したり、面会できるようにすることが必要である[55]。もちろん、刑事施設側が家族以外の者と「非行少年」との面会や手紙の発受を、今まで以上に許可することが求められる。しかし、それ以上に、家族が支援できない状況にある「非行少年」が、積極的に外部の支援者となりうる者とつながることができるように、たとえば、自立準備ホーム等の情報に刑事施設内で触れられるようにすることも必要であろう。

5　少年院における矯正教育の改革

　保護観察に必要な改革については、基本的に、「加害者」の場合と同じことが妥当する。そこで、少年院における矯正教育に的を絞って改革の必要性について検討する。

　保護処分が、「非行少年」の人権を保障し、「非行少年」に積み重ねられた被害や「被害」を埋め合わせるものとなるためには、単に「非行少年」に欠けていた学びを少年院が提供するだけでは足りない。何より、少年院で被害や「被害」が積み重ねられる構造を変える必要がある。その第一歩が、矯正教育が「非行少年」

にこの齟齬が解消されたことを踏まえて、20歳未満の者を完全に少年法の対象とした1950年に、この齟齬は解消されて然るべきものであったといえると指摘している。武内・前掲註9書459頁参照。

[55] 刑事施設に収容された「非行少年」に外部の支援者が手紙を出すようになり、少年とのやり取りを続けることによって、共感性がないとされた少年に成長が見られた事例については、知名・前掲註34論文33頁参照。

の加害者性を強調してきたために、矯正教育を受けた元非行少年が被害を被害と受け止められないという点で、被害の積み重ねに寄与してしまうという問題への取組みである。この取組みにおいて必要となるのは、「非行少年」に積み重ねられてきた被害や「被害」を封印させないことであろう。とすれば、たとえば、少年院の法務教官が「非行少年」が持つ被害感とのつき合い方を、「非行少年」と一緒に考える機会を持つことが、「被害」を封印させない取組みのひとつとして考えられる。

　なお、少年院における被害や「被害」の積み重ねを防ぐためには、まずは、少年院において「非行少年」が被害を受けた場合には、法務教官等がただちにその被害に寄り添い、被害への手当てをすべきことが求められる。加えて、家裁が付した「相当長期」や「超長期」の処遇勧告に合わせて、「非行少年」が少年院でどれほど頑張っても仮退院を認めないという運用を改め、「非行少年」の頑張りを適切に評価し、可能な限り早期に仮退院を認める運用を行うことも、少年院における「被害」の積み重ねを防ぐために求められる。

6　社会における埋め合わせ

　すでに見たように、家族に被害や「被害」が積み重ねられて、「非行少年」が児童自立支援施設や少年院から社会に戻って来たときに、到底その引受先となれない場合もある。そこで、親等の家族が社会における「非行少年」の引受先となれない場合には、別の引受先が用意される必要がある。言い換えると、「非行少年」の引受先を社会が用意することが、「非行少年」に積み重ねられた被害や「被害」を埋め合わせるために必要不可欠なのである。

　そのために、「加害者」の場合と同様に、自立準備ホームや更生保護施設[56]といった引受先の拡充がなされなければならない。また、「非行少年」が児童自立

56　更生保護施設とは、保護観察所から委託を受けて、刑事施設からの仮釈放や満期釈放後に引受先がない元受刑者等に、無料で宿所、食事等を提供する施設をいう。「非行少年」が利用できる専用の更生保護施設は、田川ふれ愛義塾等数が少ない。

支援施設退所後に、同じく児童福祉法に設置の根拠規定がある自立援助ホームを利用できるようにすることも求められる。この他にも、多様な引受先が、少年のニーズに合わせて用意されることが望まれる[57]。

さらに、「非行少年」が社会の中で安心して生活できる基盤に加えて、学ぶ場や働く場等、少年が望む活躍の場所を社会が用意することも必要不可欠である。障がいがある「非行少年」のためには、医療機関、福祉機関等から障がいへの手当てが受けられることも、「非行少年」に積み重ねられた被害や「被害」の埋め合わせに必要不可欠と言わなければならない。そして、これらの就労先・諸機関と少年の生活の居場所を提供する団体等との間での連携強化もまた必要不可欠である。

「非行少年」と被害者等との関係

Part1で見たような、被害者等への施策は、少年司法領域でもこの20年程度の間に急速に展開した。とりわけ、Part3被害実態編の事例3［→154頁］にも示されているように、諸外国で実践された修復的司法（Restorative Justice）の取組みも日本でなされるようになった[58]。

しかし、すでに見たように、被害者等には、犯罪や触法行為を通して、さまざまな被害や「被害」が積み重ねられており、しかも、そうした被害直後に迅速な支援が被害者等になされるわけではなく、ますます、被害や「被害」が積み重なる構造がある。

他方で、少年司法手続は迅速に進められる。そうすると、被害者等に積み重ねられた被害や「被害」に端を発する謝罪や損害賠償等の要求が、少年司法手続

---

57 熊本のNPOトナリビトが運営しているIPPOのようなシェアハウスがそうした例のひとつと言える。IPPOについては、山下祈恵「児童福祉施設経験者を支援する立場から見える被害」岡田・前掲註8書114〜115頁参照。

58 日本の少年事件における修復的司法の取組みについては、山田由紀子『少年非行と修復的司法』（新科学出版社、2015年）参照。

において「非行少年」や家族に向かうことにならざるをえない。ところが、「非行少年」や家族にも、事件以降やそれ以前から被害や「被害」が積み重ねられており、到底、少年司法手続が完結する短期の間に被害者等が求める謝罪や損害賠償等に応えられるわけではない。被害者等の傍聴も、「非行少年」や家族にとっては「被害」にほかならず、むしろ被害者等の希望に反する結果をもたらすだけになるばかりであろう。それを避けるためにも、少年審判の被害者傍聴が安易に認められることがないようにすべきである。そして、このような悲しい事情がぶつかりあう少年司法手続において、被害者等と「非行少年」との関係が修復されることは、とりわけ重大な被害が生じている事件においては不可能というべきであろう。Part3被害実態編の事例2［→150頁］や事例3［→154頁］で、少年審判が終わった後も、少年と被害者等との対話が模索されたことは非常に示唆的である。

　だからといって、「非行少年」に厳罰を科すことが、被害者等に積み重ねられた被害や「被害」の埋め合わせにはならないことは、Part1でも明らかにした通りである。被害者等には事件直後からの迅速な支援と、迅速な補償がなされるべきことは言うまでもない。しかし、被害や「被害」が積み重ねられた「非行少年」や家族に損害賠償を履行することは到底期待できない。だからこそ、この補償を国に肩代わりさせることが求められるのである。

　そこで、「非行少年」を極めて長期間刑事施設に収容することが、被害者等への補償を困難にさせてしまい、むしろ被害者等をさらに苦しめるだけでなく、社会にとっても大きな損失を生むという帰結に私たちが気づくことが重要となる。なぜなら、仮に10年間「非行少年」を刑事施設に収容し、社会から隔離したとしても、その間に平均月額5,000円程度の作業報奨金をどんなに貯めても60万円程度にしか達しないうえに、所得税等や年金の原資を納付することはなく、生活は全面的に国費で賄われることになる。他方で、少年院で1年ほど学び、被害や「被害」の埋め合わせがなされた後に最低賃金が保障される職場で9年間働き、その間に月額2万円ずつでも損害賠償に充てれば、少なくとも216万円となり、しかもその間に賃金が上昇すれば、さらに損害賠償に充てられる

額も上昇する。しかも、その９年間は、社会の担い手として所得税等や年金の原資を納付するのである。これらの大きな違いは、仮に国が損害賠償の肩代わりを行うようになれば、さらに大きな社会全体の問題となる。なぜなら、「非行少年」が長期間刑事施設に収容されたり、ましてや死刑に処されたりすると、「非行少年」が負担すべき損害賠償額を国が肩代わりした分を取り立てられず、国の出費だけが残ることになってしまうからである。このことを最後に強調して、本Partをまとめることにしたい。

Part4
触法精神障がい者・行為依存者とその家族の被害

精神障がいや依存症に苦しんだすえに、刑事事件に至る者にも、さまざまな被害や「被害」が積み重ねられている。また、その家族にも、筆舌につくしがたい被害や「被害」が積み重ねられている。触法精神障がい者等が社会で生活できるようになるには何が必要なのであろうか?

■被害実態編

事例1　社会的孤立から万引き依存症になったケース[1]

1　孤独な大学院生活

　佐々木冴子(仮名・30代)は、文系の大学院の博士後期課程で研究者を目指す大学院生だった。冴子の専攻で博士課程に在籍する院生はたったひとりで、実家と大学とを往復するだけの毎日、すでに何年も誰とも話をしない生活が続いていた。博士前期課程には社会人の院生が何名か在籍していたが、冴子とはだいぶ年が離れており、仲間に入っていくことができなかった。学部や高校時代の友人は皆、会社勤めをしており、次第に共通の話題が減っていき、友達づき合いもなくなっていった。冴子は元々、人づき合いは得意ではなく、ひとりでいる方が楽な性格だった。それでも、完全に１人になってしまうと、自分の居場所すらわからなくなってしまう恐怖に襲われるようになった。誰に、何と助けを求めればよいのか、それすらわからないまま、万引きに手を染めるようになっていた。

　店員に見つかったことも一度や二度ではなかったが、金銭を支払うことで通報は免れた。冴子の行動はエスカレートし、盗む品物も高額になり、ついに逮捕されるに至った。

　逮捕の知らせを受けた母親は即座に弁護士に依頼し、被害弁償をすませ、冴子はまもなく釈放された。起訴されたのは、３度目の逮捕のときである。弁護人は、逮捕後すぐにソーシャルワーカーを手配し冴子と面会させた。弁護人は、冴子は窃盗症であるとし、ソーシャルワーカーによる更生支援計画書を情

1　事例1と事例2は、阿部恭子『高学歴難民』(講談社、2023年)25〜28頁に掲載された内容に加筆したものである。

200

状の材料として裁判所に提出した。冴子の母親が、更生を監督する旨、情状証
人として証言し、執行猶予付き判決を得るに至った。

2　加害者家族への影響

　冴子は実家で両親と３人で暮らしているが、経済的にはかなり裕福な家庭
で、生活の心配はなかった。これまでアルバイトのひとつもしたことがなく、
経済的なゆとりはむしろ、冴子の社会的自立を阻んでいた。

　冴子の父親は会社の重役で、実名報道になれば辞職せざるをえないと考えて
いたところ、報道で実名は伏せられたため、仕事への直接的な影響は避けるこ
とができた。

　冴子の母親は、娘の犯罪が発端で離婚されたら困ると、これまで二度逮捕さ
れたことは夫に伏せていた。母親は、逮捕されても止められない万引きに悩む
冴子に対して、他人に逮捕の事実を知られることを怖れるがゆえに、懇意にし
ている精神科医以外との接触を許さなかった。ひとり悩みを抱えた冴子は、心
の病を重症化させてしまっていた。

3　回復に向けた試み

　冴子は釈放後、ソーシャルワーカーがすすめる病院ではなく、同房の人から
聞いた窃盗症の自助グループに通い始めた。ソーシャルワーカーの作成した更
生支援計画には、依存症治療と就労支援が計画されていたが、ソーシャルワー
カーと弁護人が裁判戦略として一方的に押しつけたもので、冴子の希望はまっ
たくといっていいほど反映されていなかった。ソーシャルワーカーと弁護人
は、冴子の悩みの根源である研究生活の孤独と就職の難しさについて理解がな
く、弁護人からは「どうして世の中の役に立たない専攻を選んだのか？」等と侮
辱にも取れる発言をされ、ソーシャルワーカーは「暇はよくないからとにかく
働いて」というばかりで、冴子の人生について真剣に相談に乗ってくれる人は
いなかった。家族もまた弁護人とソーシャルワーカーに責任を丸投げし、冴子
の悩みと向き合うことはなかった。

窃盗症の自助グループは、話ができる場としては役立ったものの、他の参加者の発言に違和感を覚えることが多かった。冴子が万引きに手を染めるようになったのは研究生活の悩みを共有できる人がいなかったからであり、利欲犯的動機による犯行ではない冴子の発言は否定はされないものの、共感の反応は得られず、徐々に足が遠のいていった。

　冴子の悩みはあくまで進路のことであり、求めていたのは同じ高学歴難民との出会いだった。冴子はSNSで出会いを見つけ、ようやく他の誰にも理解されなかった研究生活の孤独を分かち合う相手ができたことで心が満たされた。事件以前の冴子には、つながりを求める発想はなかったが、自助グループへの参加をきっかけに、社会との積極的なつながりを求めるようになり、「引きこもり」や「ニート」の自助グループにも足を運ぶようになった。これまで自分がつながりを拒んでいたのは、仕事をしたことがない劣等感だと気がつき、同じ劣等感を持つ人々と連帯することで、恥の意識を乗り越える勇気を得ることができた。

　犯罪はよくないことであることは言うまでもない。しかし、冴子は事件によって「依存症」や「高学歴難民」というアイデンティティに気がつき、そこから社会とのつながりの意義を見出すことによって、居場所に辿り着くことができた。最後の逮捕から5年間、万引きはしておらず、自助グループは卒業し、社会活動に専念している。

4　コメント──回復の主体は加害者である

（1）　更生支援計画の在り方

　近年、再犯防止の観点から、犯罪の背景に依存症が影響しているケースにおいては、捜査段階からソーシャルワーカー等の支援者が介入し、治療の方向性を導く取組みが注目されるようになった。万引きのように被害額が少額なケースでは、被害弁償の支払いで事件が終了し、原因まで遡らないことが同じ過ちが繰り返されることにつながってきた。なぜ事件を起こすに至ったのかを振り返り、回復と社会復帰に至る過程を仲間や適切な第三者と歩むという方向性は

正しいと考える。一方で、治療が目的化し、根本的な問題が検証されないまま、再犯防止を最優先する支援者や家族の意思で治療が進められるケースも少なくない。

　捜査段階から、弁護人以外の支援者が関わりを持つことは、長期的な更生支援の実現において重要であるが、窃盗や性犯罪事件において、減刑が目的化し、被疑者の個性を無視したステレオタイプの支援計画の押しつけに疑問を呈する声も上がっている。拙速な分析は、個人の尊厳を傷つけるものであり、こうしたケースでは、被疑者と弁護人および支援者との関係構築は生まれず、事件の真相究明には至らないまま、むしろ同じことが繰り返されているのである。

　支援者が目指すべきは、被疑者やその家族の回復であり、必ずしも弁護人の弁護方針と合致するとは限らない。弁護人の任務は判決言渡しを待って終了するが、支援は必要とされる限り継続しなければならない。あくまで加害者本人を主体とした長期的な視点に立った支援計画が実行されるべきだと考える。

（2）　特別改善指導

　刑務所では、入所時にスクリーニングを行い、受刑者の課題に応じた特別改善指導が行われている。内容は、薬物依存離脱指導、暴力団離脱指導、性犯罪再犯防止指導、被害者の視点を取り入れた教育、交通安全指導、就労支援指導があり、薬物依存や性犯罪では認知行動療法に基づくプログラムが実施されている。

　筆者は、被害者の視点を取り入れた教育および交通安全指導の講師としてプログラムに参加した経験があるが、プログラム中は、普段、番号で呼ばれている受刑者が「○○さん」と呼ばれ、自由に意見を交わすことができる空間は受刑者の主体性を引き出すという点で非常に意義があると感じた。受刑者たちは日常的に、刑務所側が敷いたルールに従うよう叩き込まれており、主体的に物事を考えたり、行動したりする機会は与えられていない。しかし、回復とは違法な行為をみずからの意思で「選択しない」ことであり、主体性が奪われた刑務所内で、いくら指導に意欲的で従順な態度を示していたとしても、出所後の環境

下では通用せず、また刑務所に戻るという悪循環が生まれている。それゆえ、真に刑務所が受刑者の社会復帰を目指した取組みを行うならば、管理目的に偏った刑務所内の規則を見直さなければならないはずである。

（3） 処遇プログラム

依存症を背景に持つ加害者は、仮釈放中、保護観察所においてプログラムを受講することが義務付けられている。依存症のケースでは、家族も回復に多大な影響を与えうる存在であることから、家族を対象としたプログラムも実施されている。こうした行政によるなかば強制的な治療プログラムの問題は、依存症者や家族の主体性がないがしろにされてしまうことである。依存症者の回復に大きく貢献している自助グループでは、参加者の立場が対等であることを大前提としており、保護観察所内において、保護観察官がファシリテーターを担う空間で、どれだけ参加者の本音を引き出し、回復を促す機会となりうるのかが課題となろう。

事例2　小児性愛、性依存症と判断されたケースの真相

1　未来ある子どもへの憎悪

瀬川卓（仮名・40代）は、勤務先の学習塾で複数の生徒にわいせつ行為を行い、強制わいせつ罪で逮捕・起訴され、判決では10年以上の刑を言い渡され服役している。弁護人から紹介されたソーシャルワーカーは、卓は小児性愛かつ性依存症だと判断し、裁判では情状証人として再犯防止策として、受刑中から手紙による性依存治療を卓に施すと主張した。卓は恥ずかしさから、弁護人や支援者に本音を話すことができず、専門家の指示に従っていた方が裁判は有利に働くと考え、すべて弁護人の指示通りに供述した。

しかし、卓はバイセクシャルだが、「小児性愛者」と判断されることには抵抗があった。卓は、官僚を目指していたが試験に合格できないまま大学院に残り、学生時代からアルバイトをしていた学習塾に就職せざるをえなかった。卓

は、これまで多くの子どもたちを進学校に合格させてきた有名講師として職場での評判は良好だった。

ところが40歳を過ぎた頃から、エリートコースに進み、自分が叶えられなかった目標を実現させていく子どもたちに嫉妬を感じるようになっていた。卓は保護者からの信頼も厚く、卓に褒められることを子どもたちは喜んだ。卓は、目をつけた子どもを塾外に呼び出し、次々と犯行に及んでいた。男子ばかりを選んだ理由は、男子は性被害を恥だと捉え、決して告発されることはないと考えたからである。

卓の犯行の目的は、生意気だと感じる生徒を受験に失敗させ、自分と同じようなエリートから外れた道へと導くことであり、被害者を可愛いと感じたこと等一度もなかった。

可愛さあまっての小児性愛者の犯行という弁護人のストーリーは事実とは異なるが、裁判には被害者の保護者たちも参加することから、保護者を前に「子どもが憎い」と発言することは憚られ、弁護人の主張は卓にとっても好都合だった。

2　家族への影響

本件は、男性の男性に対する性犯罪であったことから、一部の人々の好奇心を掻き立て、事件後、卓の自宅には嫌がらせやいたずら電話が頻繁に来るようになった。卓は幼い頃から優等生で地域でも評判がよかったことから、両親は事件後、あまりのショックに倒れてしまった。国家公務員である兄は辞職はしなかったものの、ネット上で兄弟の情報も流れており、職場に行きづらい日々が続いた。

3　被害者とその家族の困難

本件は、被害者への配慮から報道は自粛されていたが、学習塾の生徒たちは、地域の子どもたちであり、一時地域中がこの事件の話題で、持ち切りとなるほどだった。被害を訴え出たのは、受験に失敗した子どもたちだけだったと

いう。卓によれば合格した子どもたちの中にも被害者はいたが、彼らはひとり
も被害を訴えることはなかった。事件に関するインターネットの掲示板では、
「○○は有名講師に身体を差し出し、進学校に合格」といった被害者や保護者を
誹謗中傷する書き込みまで存在した。誰が被害者か詮索するような書き込みも
続き、転居せざるをえなくなった被害者も存在した。

4　コメント──性犯罪発生後の支援の在り方

（1）　性被害は恥ではない

　本件において、被害届を出した生徒たちは、警察でカウンセリングを実施さ
れ、民間の支援団体もフォローしていた。一方で、被害を受けながらも申告で
きなかった生徒たちも複数存在し、被害者や保護者に対するネット掲示板での
誹謗中傷をきっかけとして、地域を離れなければならなくなった家族まで存在
した。

　性犯罪の被害者は女性だけではない。2023年、元ジャニーズ事務所社長によ
る性加害問題に注目が集まったことで、男性被害者によるカミングアウトが続
いたが、男性の性被害についてはタブー視されてきており、好奇の目にさらさ
れることを怖れていまだに沈黙を余儀なくされている人々も決して少なくない
であろう。

　被害者を沈黙させる要因のひとつは、社会に蔓延する性被害に対する恥の意
識である。しかし、恥ずべきは加害者であり、被害者ではないという社会の意
識改革が求められている。そのうえで、被害とどう向き合うか、選択肢は被害
者個人に委ねられるべきであり、社会は被害者に対し、沈黙を強いる権利も破
る権利もない。支援体制の欠如は、被害者に精神的負担を与え、沈黙を強いる
結果となることから、被害者が相談しやすい環境づくりが今後の課題であり、
社会は声なき声を拾う努力を続けていかなければならない。

（2）　性犯罪者というスティグマ

　本件の加害者・瀬川卓さんは、裁判を振り返りこう述べている。

　　「弁護人やソーシャルワーカーは、最初から私を『性犯罪者（小児性愛者）』

としか見ていませんでした。治療を受けろということは、性犯罪者として生きていけという意味にしか受け取ることができませんでした。私は生まれたときから犯罪者だったわけではなく、ある時期から自分を見失ってしまったのです。回復とは、性犯罪者らしく反省できるようになることではなく、自分を取り戻すことだと私は考えています」

本人が望まない治療の強制や病名の付与は、個人の尊厳を傷つけ、むしろ回復の妨げとなっている。

自助グループやピア・カウンセリングは、類似の体験をした者同士が集い、孤立を和らげ、仲間との連帯から力を得て、自分を取り戻すことであり、○○患者や○○犯罪者の生き方を学ぶことではない。

瀬川さんの指摘から、筆者は、ケースが増えていくにつれ、対応の迅速化が必要になり、無意識に個人をカテゴライズし、個性を無視してしまっていたかもしれない、と改めて相談者との接し方を振り返り反省した。

被害者にとっては、たとえ更生したとしても、彼は永遠に性犯罪者でしかないかもしれない。社会においてもデジタルタトゥーは簡単に消し去れるものではなく、刑期を終えても犯罪者という偏見はつきまとうであろう。それでも、彼にとって必要なことは人生の意義を見出すことだと訴える。

支援者は、一方的に知識を押しつけることなく、被害者の声に耳を傾ける姿勢が求められよう。

事例3　触法精神障がい者の社会復帰に向けて

1　統合失調症と診断された長男が放火したケース

太田将司(仮名・30代)は、両親のいる自宅に放火した。両親に怪我はなかったが、火の気は近隣宅にまで及ぶ寸前だった。自宅に放火した将司は、隣の家のチャイムを鳴らし、「○○軍が攻めてくるので避難してください」等と意味不明の話をしている最中に通報され、逮捕された。

将司は数年前、統合失調症と診断され精神科に通院しており、「○○国のスパイに狙われている」と110番通報したり、「○○軍が攻めてくるので防空壕を用意してください」と行政に電話をするといった迷惑行為を繰り返したが、これまで暴力的な事件を起こしたことはなかった。

　その後、将司は、心神喪失により不起訴処分となった。

2　近隣住民の訴え

　「あの日、風向きによってはうちまで火が来ていました。幸い、自宅も家族も無事だったので『被害者』として扱ってはもらえないようですが、あの瞬間の恐怖から今でも逃れられません……」

　将司の隣に住む山本(仮名)家は、現在もなお続く事件の被害に悩まされていた。子どもは火を異常に怖がるようになり、大人たちは不眠が続いていた。事件等、滅多に起きない土地柄ゆえに、本件は、住民たちを恐怖に陥れていた。

　将司の両親は、しばらく親戚宅に身を寄せていたが、山本家に謝罪に訪れ、土地は手放し、家族は転居することから、将司は退院してもここに戻っては来ないことを約束した。山本家の人々は、その言葉を聞いてようやく胸を撫で下ろしたが、

　「精神病だっていうのに……、親がいて何をやってたのかって、ここの人たちはみんな怒ってますよ！」

と加害者家族に対し怒りをあらわにしていた。

3　加害者の両親

　事件後、両親は警察の取調べ期間は警察署近くのホテルに宿泊していた。クレジットカードやキャッシュカードの入った財布は持ち出していたことから、当面の生活費はなんとかなった。長年住み慣れた一軒家だったが、近隣住民に与えた恐怖を思えば、以後、この地域に近寄ることすらできないと考えた。転居先については、将司が退院してきた後のことも考え、家族で話し合わなければならなかった。両親はしばらく、父親の弟の家に身を寄せることになった。

4　加害者の弟からの相談

　当団体に相談を申し込んだのは、遠方に暮らす加害者の弟だった。両親から事件の報告を受け、加害者である兄について、すでに70歳を過ぎている両親に任せることはできないと考えたからである。

　次男である弟によれば、兄は幼い頃から人づき合いがうまくできず、友達もできなかった。成績もよくないことから、知的な障がいがあると思われたが、両親はどうしてもそのことを受け入れることができず、普通学級に入れるよう学校側に頼んでいた。太田家は地元の名士であり、一目置かれていたことから、将司は孤立していたがいじめられるようなことはなかった。しかし、中学から不登校になり、引きこもり生活を始めるようになった。母親は将司を溺愛しており、社会的に自立させるより、むしろ側に置いておきたがっているように見えた。

　次男は大学進学のため地元を離れて東京で就職し、すでに自分の家庭を築いていた。仕事が忙しく、毎年帰省できていたわけではないが、将司は大人しい性格で親子3人穏やかに生活している様子だった。両親は、次男に迷惑が掛からないよう将司の面倒は見るから心配ないと話しており、将司が精神科に通院していることは聞いていなかった。

　事件の数年前、父親が脳梗塞で倒れた。父親は、リハビリを経て普通に生活できるようになったものの、感情の起伏が激しくなり、将司と喧嘩することが増えていたという。母親の証言からも、事件は親子間のストレスで引き起こされたと思われた。

　将司の両親は2人ともプライドが高く、特に母方の父親は外科医であり、精神医療をまったく信頼しておらず、母親は自身の父親の考え方が刷り込まれていた。次男は、もっと早く兄を病院に連れて行っていれば、兄も楽に生きられたのではないかと考えたが、両親は他人の意見に耳を貸す性格ではなく独自の判断で兄の人生を決めてしまっていた。将司が入院している病院内では、入院患者の家族会が開かれていたが、将司の両親はこうした集まりへの参加にも積

極的ではなかった。

　将司の母親は、「また親子3人田舎で生活したい」と言い、父親も「自分の目の届かないところに将司を置いておくわけにはいかない、子どものことは自分たちが一番よくわかっている」と専門家の助言を聞き入れず、なかなか退院後の計画が進んでいないようだった。

　次男は、将司が退院後、再び同様の事件を起こした場合、将司ではなく家族が損害賠償を請求され法的責任を負わされるようなことになるかもしれないことを最も不安に感じていた。太田家は名士と呼ばれていた家族だけに、今回の事件で将司の両親の道義的責任を問う声は次男の耳にも入っており、親戚間でも不安の種となっていた。

5　家族会議

　次男からの相談を受け、病院によるケア会議に先立って、両親と次男、叔父、叔母を交え、WOHが家族会議を開いた。WOHのスタッフがファシリテーターとなり、次男がなかなか両親には言えなかったことも、第三者がいる場で、率直に話してみるように促すと、参加者それぞれの意見が語られた。

　叔父、叔母も両親同様、70代であり、家族の責任として側で子どもを見ていなければという考えが非常に強かった。将司の父親は、最初は穏やかで理論的に話をするのだが、時間が経ち、話が進まないことに苛立ち始めると急に感情的になることがあった。父親は、「将司がまた同じことをするようなら私がこの手で始末する！」と激高し、その後、泣き続けた。

　母親によれば、感情の起伏が激しく激高すると、手がつけられなくなるのは脳梗塞の後遺症で、同居していない次男や叔父、叔母にとっては初めて見る姿だった。その姿を目の当たりにした叔父と叔母は、退院後、父親と将司が同居することについて疑問を持ち始めていた。いったん、それぞれ家族でもう一度考えてもらう方向で、決断は2回目の家族会議に先送りした。

　「もう一度3人で暮らしたい」と強固な意思を示していた母親も、夫と息子2人の面倒を見なければならない精神的な疲労を吐露していた。一方で、専門家

から精神障がい者であっても自立した生活はできると何度言われても、将司とは生まれたときからずっと一緒に暮らしており、離れることに見捨ててしまうような罪悪感を抱いていたのだった。しかし、次男との話合いの中で母親も家族の限界を感じ始めていた。

　2回目の家族会議で、母親、次男、叔父、叔母は、将司は専門家の助言通り、両親とは離れて暮らすことに賛成すると言い、父親も他の家族の意見に従うと納得に至った。

6　コメント──支援者と家族が抱える問題

　2005年、精神保健福祉法の特別法として心神喪失者等医療観察法(以下、医観法)が施行された。本法は、危険性の除去や隔離という保安を目的とするのではなく、あくまで対象者の社会復帰を最終目的とするもので、各保護観察所に社会復帰調整官[2]が配属されるようになった。社会復帰調整官は、地域の民間団体と積極的に連携し、ケア会議[3]等も実施する。いまだに偏見が根強い社会において、触法精神障がい者の社会復帰を実現するには、地域による包括的な支援体制が求められており、その構築には民間団体では限界があり、まさに行政のリーダーシップが発揮されるべき領域である。

　本件において、統合失調症と診断されていた将司について、重罪を犯すまで放置していたと両親は地域の人々から責任を問われたが、両親はただ放置していたわけではなく、専門家に相談したり、グループホームに将司を預けたこともあったのである。ところが、相談した専門家からは高額な相談料を請求され、入所したグループホームは職員の不祥事により閉鎖に追い込まれるトラブルが続いた。

2　医観法20条3項は、「社会復帰調整官は、精神保健福祉士その他の精神障害者の保健及び福祉に関する専門的知識を有する者として政令で定めるものでなければならない」と資格要件を定めている。

3　保護観察所が主催する会議。地方裁判所、行政、保健医療機関等の関係者や本人および家族を交え、加害者の社会復帰について協議する場。

精神障がい者は偏見にさらされ、それゆえ、世間に対して肩身の狭い思いをしている家族も多く、その弱みにつけ込んだ犯罪も横行している現実は否めない。被害経験から社会不信に陥り、支援につながることが困難になってしまった家族も存在している。

　社会の眼差しが厳しいのは、精神障がい者とその家族だけではなく、支援者に対しても同様である。支援団体や支援者がバッシングを受けることもあり、施設を運営する団体の中には、地域から苦情が来ないよう神経を尖らせているところも少なくない。不祥事が発覚すると、「社会の期待を裏切った」とばかりにメディアは糾弾するが、そうした事件が起こる背景には、資金不足により十分なスタッフを集めることができず、過重労働を強いられていたようなケースも存在している。追及すべきは原因であり、支援者の善意だけで運営できるほど日本社会は甘くないのだ。再発防止策としては、事業を萎縮させるような対応ではない。むしろ財政面のバックアップこそ求められている現場は数多く存在している。

　問題を掘り下げない報道によって支援者に批判が集まり、行政が資金援助や連携に消極的になった結果、支援を求めている人々の受け皿が消えるといった悪循環は絶たねばならない。

事例4　精神障がい者の加害者家族（同居している父親）が賠償請求されたケース

1　怖れていたこと

　「キャー！」

　主婦の山田英子（仮名・60代）が昼間、家事をしていると、すぐ近くで女性たちの悲鳴が聞こえた。おそるおそる外に出てみると、すでに警察官の姿が見えた。

　「また、陽斗くんが道路で大声をあげて……」

　近所に住む杉本加代子（仮名・60代）がことのいきさつを教えてくれた。

　英子の自宅の近所のアパートに住む岡本陽斗(仮名・20代)は中学卒業後、学校にも行かず、家に引きこもっているらしく、ここ数年は、登校中の子どもたちをいきなり怒鳴りつけたり、突然奇声をあげたりする等、たびたび警察官が駆けつける騒ぎを起こしていた。

　陽斗は父子家庭で、父親の陽夫(仮名・40代)は、息子にかまうことができなかった。

　英子は陽斗が小学生の頃、お腹を空かせて近所をうろうろしていた姿を見かけたことがあった。

　「ご飯食べてないの?」

　英子が声をかけると陽斗は頷いたため、自宅に入れて食事を与えたことがあった。

　「陽斗君、病気よ。お父さんにちゃんと病院連れて行ってもらうように今から言ってくるから」

　民生委員をしている加代子は、たびたび陽斗の自宅に行き、陽夫に陽斗の面倒を見るよう注意しているのだという。

　陽夫は人当たりが良く、加代子の助言を素直に聞き入れるのだが、陽斗の様子を見ている限り、状況は良くなってはいなかった。

　「事件でも起こされたらと思うと……、お父さんにはしっかりしてもらわないと……」

　そんなある日、怖れていたことが起きてしまった。

　英子が買い物から戻ってくると、夫が血だらけで倒れていた。英子はすぐに救急車を呼んだことで、夫は一命をとりとめた。しばらくして警察から連絡があり、岡本陽斗を殺人未遂容疑で逮捕した、とのことだった。

　刑事裁判で陽斗は、善悪の判断が著しく劣っており、統合失調症の影響があるとして、心神耗弱と認定された。

2　助言を聞き入れなかった父親

　陽夫は仕事が忙しくなり、家族と一緒に過ごす時間が少なくなってきた。陽

斗の言動がおかしくなったのはこの頃である。

　陽斗は近所の人から盗聴されているといった被害妄想を持つようになり、民生委員のすすめにより父親と一緒に精神科のクリニックを受診し、妄想状態と診断されたが継続的な通院は行わなかった。しかし、その後も大声をあげるといった奇行が続いたため、民生委員は再び陽夫に精神科の病院を受診するよう促し、陽斗は統合失調症との診断を受け、薬物療法を行っていた。ところが、陽斗は薬を服用しておらず、通院することもないまま事件を起こすに至った。

　陽斗が住む地域の人々は、家庭で十分な養育がされていない陽斗に対し、父親に代わって面倒を見てきた。陽斗のためにも、父親にはできるだけ地域の会合に出席し、地域の人々とつながりを持つようすすめてきたが、父親は常に仕事を優先し、地域と関りを持つことを拒んできた。

　被害者遺族となった英子は、陽夫が社会性を有し、地域の人々と連携できていたとしたら、本件のような事件は防ぐことができたと考え、陽斗と陽夫に約2,000万円の損害賠償を求めて提訴した。

3　コメント──家族責任から社会責任へ

（1）　家族に賠償が命じられた判決

　2007年、認知症の男性が線路に立ち入り電車にはねられ死亡したケースで名古屋地裁および名古屋高裁は、家族の損害賠償責任を認めた[4]。最判平28・3・1はこれを覆し、家族の損害賠償責任を否定したが[5]、その後も家族の監督責任をめぐる訴訟が続いている。

　2014年、大分市のマンションで、知的障がいのある男性（42歳）が男性管理人を突き飛ばして死亡させたというケースがあった。この男性は、2017年に傷害致死罪で書類送検され、責任能力なしとして不起訴処分となっていた。男性管理人の遺族が、加害男性の両親に5,364万円の損害賠償を求めていた訴訟を提

[4]　名古屋地判平25・8・9判例時報2202号68頁、名古屋高判平26・4・24判例時報2023号25頁。
[5]　本件詳細について、高井隆一『認知症鉄道事故裁判─閉じ込めなければ、罪ですか?』（ブックマン社、2018年）。

起した。大分地裁は、「同居していても見守る法的義務は発生しない」と述べた
うえで、70代の両親との年齢差や体格差等を考慮し、両親は息子の加害行為を
防ぐための監督義務を引き受けていたとはいえないとして請求を棄却した(控
訴審でも請求は棄却されている)[6]。

　2022年、大阪地裁は統合失調症に罹患していた男性が心神耗弱状態で起こし
た殺人事件について、事件当時、加害男性と同居していた母親が、病状悪化を
認識しながら放置していたとして損害賠償を請求されていた事件で、母親の責
任を認め損害賠償を命じる判決を下した[7]。

　本判決では、監督義務者について「平成11年度法律第65号による改正前の精
神保健及び精神障害者福祉に関する法律22条１項において定められていた保護
者の精神障害者に対する自傷他害防止監督義務は廃止され、保護制度そのもの
が平成25年法律第47号により廃止されていることにも鑑みれば、同居の親が、
当然に、統合失調症等の精神疾患を有する成人に対する監督義務を負うという
ことはできない」と述べたうえで、「精神障害者の在宅治療の選択及び専門家の
排除等の先行行為、精神障害者の心身の状況や日常生活における問題行動の有
無・内容等の予見可能性、同居の親の心身の状況及び精神障害者との関わりの
実情等の監督可能性(結果回避可能性)がある場合には、単なる事実上の監督を
超えてその監督義務を引き受けたとみるべき特段の事情が認められ、その者に
対し、当該精神障害者の行為に係る責任を問うのが相当といえる客観的状況が
認められるといえるから、精神障害者の同居の親の監督義務(注意義務)が認め
られ、さらに、当該監督義務違反と精神障害者の不法行為によって生じた結果
との間に相当因果関係を認め得るときは、その者について、民法709条に基づ
く不法行為が成立すると解するのが相当である」と一定の基準を示したうえで、
本件被告のひとりである母親の共同不法行為を認めている。被告が控訴しな

6　大分地判令1・8・22判例時報2443号78頁、福岡高判令2・5・27LEX/DB25566128。「知的障
　　害者突き飛ばし死亡、親への賠償認めず　一定の理解と不満と」西日本新聞(2019年8月23日)
　　〈https://www.nishinippon.co.jp/item/n/537103/(2024年4月15日最終閲覧)〉。

7　大阪地判令4・10・25裁判所ウェブサイト。

かったことから判決が確定しているが、十分な議論がつくされたか疑問が残る。加害者家族の中には経済的な事情から、提訴された訴訟に対して十分に対応することが困難な家族も多数存在している。

（2） 同居人が家族の問題行動を止めることができるのか？

本件において、地域の人々は、家庭環境に恵まれない陽斗を日常的に助け、陽夫に対して再三、親としての自覚を持つよう促していたにもかかわらず、仕事を優先して行動していた身勝手さに激しい怒りを感じていた。

しかし、地域の人々がいくらアプローチをしても、陽夫との間に信頼関係が構築されることはなかったのである。陽夫もまた、息子同様に発達に問題を抱えており、コミュニケーションを取ること自体に困難が生じていたと思われる。

地域の関わり方として、親に息子の世話をするよう助言を繰り返していたというが、陽斗の年齢を考えればむしろ、陽斗が自立した生活を送ることができるような支援が必要だったのではないだろうか。

刑事裁判における家族の情状証人をめぐる尋問を聞いていても、家族が問題行動を起こしているケースでは、同居人家族に監視・監督を強いることによって問題行動が止まるという思い込みが、裁判所を含め多くの人々の間で強いと感じる。しかし、同居家族によるストレスも犯行に至る要因となっており、家族の問題行動を止めようとするならば、同居家族に期待するより、むしろ別居を提案したほうがリスクが下がるケースが現実には多いのである。

家族に損害賠償責任を負わせる理由について、被害者救済を主張する意見も存在するが、本来、被害者救済の責任は、家族ではなく社会が負うべきものではないだろうか。

■被害背景編

触法精神障がい者および行為依存者とは

1 触法精神障がい者

　本Partでは、触法精神障がい者や行為依存者が対象となりうる精神保健福祉法および医観法に基づく強制入院制度において、家族と対象者に積み重ねられたさまざまな被害や「被害」にどのように向き合うべきかを検討する。

　そこで、まず触法精神障がい者について概観することにしたい。刑法39条は、心神喪失者の行為は罰しないと定めている。この心神喪失者とは、精神障がいにより、行為の違法性を弁識できなかった、あるいは、精神障がいにより、行為が違法だと弁識できていたとしても、その弁識に従って行動を制御できなかった者を指すと一般に解されている[8]。

　つまり、精神障がい等に基づき、幻聴や幻覚があって、自らがやろうとしていることが違法であるとわからないまま違法な行為を行ってしまった場合や、自らがやろうとしていることは違法であるとわかっていても、その行為を止めることができなかった場合は、無罪とされねばならないのである。

　しかし、殺人行為をした心神喪失者が無罪となることは、決して、当該殺人行為が許された、言い換えると、正当なものであることを意味するわけではない。あくまで、精神障がいによって適法行為を選択できなかったので、違法行為をしたことに、行為者に責任が問えないだけなのである。この点、法令行為（刑法35条）や正当防衛（刑法36条）のように、罪に当たる行為をしたが、その行為の違法性が阻却されて正当化される場合の無罪とは異なる。心神喪失者の行為は、不正の侵害に当たるので、正当防衛の対象となるし、犯給法において被

8　松原芳博『刑法総論［第2版］』（日本評論社、2017年）219頁参照。

害者等が受けられる給付の原因となる「犯罪行為」にも該当する（犯給法2条）からである。

　もっとも、刑法理論上、犯罪が成立するには、刑法上の違法行為をした行為者に、当該違法行為につき責任がなければならない。したがって、心神喪失者の行為は、厳密に言えば、犯罪には当たらないのである。心神喪失者を精神障がい犯罪者と呼ぶことは誤りである。そこで、少年法において14歳未満の少年が刑罰法令に触れる行為をしたときに触法少年と呼ばれてきたことに想を得て、心神喪失者を中心に触法精神障がい者と呼ばれるようになった[9]。

　精神障がいには、統合失調症、双極性障がい、アルコールや薬物による幻聴、幻覚等さまざまなものが含まれうる。被疑者や被告人が、行為時に、精神障がいの状況にあったか否かを証拠に基づいて認定するには、精神科医による鑑定の結果が用いられることが一般的である。ただし、精神科医によって、鑑定結果がまちまちなものになることも現実であり、複数の鑑定が実施されることも少なくない[10]。

　こうした精神鑑定の結果も踏まえて、逮捕・勾留されていた被疑者・被告人に対して不起訴処分や無罪判決が出たとしても、触法精神障がい者が必ずしも自由の身となるわけではない。前述した強制入院制度に基づき、精神科病院に長期間収容されることがあるからである。

2　行為依存者

　行為依存者とは、学術的にはいまだ明確な定義がなされているわけではない。しかし、覚醒剤等の違法薬物を自己使用する行為が犯罪として規定される

9　浅田和茂「触法精神障害者に関する手続と精神鑑定の役割」ジュリスト772号（1982年）50頁参照。

10　たとえば、3人の精神科医が三者三様の診断をつけた事例もある。久保有希子「控訴審において新たに行った当事者鑑定に依拠し、第一審とは異なる精神障害が認定された事例」日本弁護士連合会・日弁連刑事弁護センター＝日本司法精神医学会・精神鑑定と裁判員制度に関する委員会『ケース研究　責任能力が問題となった裁判員裁判』（現代人文社、2019年）171頁参照。

ことから(覚醒剤取締法19条、41条の３)、違法薬物に依存する犯罪者を薬物依存者と呼び、これを刑罰ではなくて医療の対象とすべきと主張されるようになった[11]。その後、従来、気づいたら窃盗を繰り返していたという窃盗行為依存(クレプトマニアとも言われる)や性的逸脱行動依存をも含めて、行為依存と呼ぶようにもなった。本Partでは、こうした違法行為に依存性がある者を行為依存者と呼ぶことにする。なお、触法精神障がい者とあわせて、その家族も含めて、積み重ねられた被害や「被害」を踏まえて、それにどう向かい合うべきかを本Partで検討する理由は、薬物依存者を中心とした行為依存者についても刑法39条の適用の有無が問題となるだけでなく、その後の強制入院制度の対象ともなりうるからであり、さらに言えば、特定行為への病的依存から抜け出せずに苦しむ者[12]とその家族には、精神障がいに苦しむ者とその家族と同じ側面が見られるからでもある。

触法精神障がい者の処遇段階と それに至るまでの家族の被害と「被害」

1　触法精神障がい者に対する刑事手続

　例年の『犯罪白書』には、「精神障害者等による刑法犯検挙人員」が掲載されている。2022年の数字で見ると、刑法犯検挙人員全体が169,409人であるのに対し、そのうち「精神障害者等」(精神障害の疑いのある者を含む)は1,344人とされており、全体の0.8％に過ぎず、そのうち、心神喪失を理由に不起訴処分に付された被疑者は370人で、通常第一審において心神喪失で無罪となった者は4

11　日本における違法薬物自己使用者を徹底検挙すべきと言う方針が堅持されてきたことと、その問題性については、大藪志保子「薬物依存と刑罰」内田博文=佐々木光明『〈市民〉と刑事法第5版』(日本評論社、2022年)104〜106頁参照。

12　弁護士の中原潤一は、弁護活動の中で行為依存は本人の意思の弱さだけでは説明できない問題があるとしか思えないものが多数あったとしたうえで、「そこには、行為依存から抜け出せずに苦しんでいる本人と、本人の行為を止められずに苦悩している家族の存在があります」と指摘している。神林美樹他『行為依存と刑事弁護』(日本加除出版、2021年)i頁参照。

人であった[13]。

　ところで、日本の人口のうち14歳未満の者を除くとおおむね１億1,000万人程度であって、そのうちの17万人が刑法犯検挙人員だとすると、14歳未満の者を除く人口の0.1％が刑法犯検挙人員であるが、2017年の厚生労働省の患者調査による「精神障害者」は420万人と推計されており、患者調査による「精神障害者」の推計はその数を増している傾向にあることを勘案すると、「精神障害者等」の刑法犯検挙人員の1,344人という数字は、「精神障害者」全体の0.01％を下回ることになる。また、別の方向からこのデータを見ると、日本の総人口の３％強を占める精神障がい者が、刑法犯検挙人員の１％弱を占めるに過ぎないこともわかる。なお、触法精神障がい者は再触法行為の可能性が高いということも統計上は裏づけられていない[14]。つまり、「精神障がい者だから触法行為に走りやすい」ということは統計からうかがうことはできない。精神障がい者は危険だというのは、偏見に過ぎないのである。

　なお、起訴されると、心神喪失を理由に無罪判決を得た者以外は、ほぼすべて有罪判決を受ける。『犯罪白書』によると、2022年の新たな入所受刑者14,460人のうち、「精神障害を有する者」は2,435人とされており、検挙人員よりも多い[15]。たしかに、これは検挙人員に占める「精神障害者等」の概念よりもやや広いうえに、検挙された後に精神障がいを発症した場合も含まれるからとも言えよう。しかし、精神障がい者が新規入所受刑者の16.8％を占めるという、総人口に占める精神障がい者の割合よりもはるかに高いことは、本来、心神喪失等で受刑すべきでない触法精神障がい者の多くが受刑させられている現実を示唆していると言っても過言ではないだろう。

　ちなみに、死刑の言渡しを受けた者が心神喪失状態にあるときは法務大臣の命令で死刑執行が停止される（刑訴法479条１項）。また、懲役・禁錮等の受刑者

13　法務省法務総合研究所『令和5年版犯罪白書』(2023年)243頁参照。

14　内山真由美「精神医療と医療観察法」内田＝佐々木・前掲註11書218頁、浅野詠子『ルポ　刑期なき収容―医療観察法という社会防衛体制』(現代書館、2014年)98〜99頁参照。

15　法務省法務総合研究所・前掲註13書244頁参照。

が心神喪失状態にあるときは、検察官の指揮によってその状態が回復するまで執行が停止され、検察官はその者を監護義務者または地方公共団体の長に引き渡し、病院等に入れさせねばならない(刑訴法480条、481条)。

　以上のことから明らかになることは、精神障がいがある者に対する刑事手続においては、捜査段階における簡易鑑定の結果を受けて不起訴処分となるか否かが決定的であって[16]、有罪判決を受け、刑事施設に収容される精神障がい者がかなりの数に上るという点である。

2　精神保健福祉法に基づく強制入院制度に至る歴史

　刑事手続の対象から外された触法精神障がい者に対しては、精神保健福祉法と医観法とによる強制医療制度が待っている。

　そこで、まず、精神保健福祉法に基づく強制入院制度について概観する前に、精神保健福祉法が立法されるに至った歴史を押さえておく。なぜなら、この歴史に、触法精神障がい者やその家族の被害や「被害」の原因が隠されているからである。

　精神保健福祉法は、精神障がい者を社会にとって危険な者であると位置づけ、その親族等に精神障がい者の監禁(私宅監置)を義務付ける精神病者監護法(1900年)にその淵源を持つ。これに加えて、罪を犯した者で司法機関が特に危険のおそれありとする精神障がい者等を精神病院へ強制収容する内容の精神病院法が制定され(1919年)、戦後、この2つの法が精神衛生法にまとめられ(1950年)、精神障がいにより自傷他害のおそれがある者に対する措置入院と、保護義務者の同意による同意入院という、精神障がい者に対する強制入院制度がその中心とされたのであった。

　その後、措置入院等の強制入院制度が多用される中で、宇都宮病院で入院中の精神障がい者に対し看護職員が暴行を加え死亡させる事件を契機に、患者の

16　簡易鑑定とは、起訴前の捜査段階で、被疑者の同意を得て、特定の鑑定医によって、心理テストや問診等の簡単な方法でかつ短時間でなされるものを言う。その問題点も含めて、浅田和茂「刑事手続から見た触法精神障害者」刑法雑誌42巻2号(2003年)117〜118頁参照。

過剰収容、無資格診療、無許可解剖、入院患者からの預かり金の流用等のさまざまな人権侵害があったことが明るみに出た。その後、こうした精神病院における数々の人権侵害が、国連において国際人権規約等に反すると批判されるに至り、ようやく精神保健法へと改正され（1987年）、入院患者の人権保障を進め、精神医療を外来中心のものになる契機となった。そして、障害者基本法（1993年）で精神障がい者も福祉の対象とされたことから、1995年に現行の精神保健福祉法へと改正がなされたのである[17]。

　しかし、今に至るも、精神障がい者への強制入院制度は、措置入院や医療保護入院（かつての同意入院）等、精神保健福祉法に残されたままである。こうした強制入院制度が残り続ける背景のひとつには、日本に戦時中の治安維持法で導入された保安処分の影響がある。この保安処分とは、精神保健福祉法に定められている、都道府県知事等による措置入院等の強制入院とは異なり、心神喪失で無罪となる者に対して、その者の触法行為の反復を根拠に、その将来の危険性を除去するため、刑罰に代わる処分として裁判所によって科されるものである。これはナチス期にドイツの刑法に導入され、戦時中の日本の刑法にも導入が目論まれたが、治安維持法違反で満期釈放となった者への予防拘禁として導入されたに止まり、それも治安維持法廃止に伴って消滅した[18]。しかし、戦後も、1974年に公表された改正刑法草案において、心神喪失で無罪とされた者に対する治療処分等として挙げられた。結局、強い反対運動のおかげで、改正刑法草案は国会に提出されずに終わり、保安処分立法は断念されたが、その裏には、1970年代から80年代にかけて、措置入院制度等の強制入院制度が保安処分類似のものとして機能していたという事実があったと言わねばならない。

---

17 精神保健福祉法が立法されるまでの歴史的経緯については、大谷實『精神保健福祉法講義』（成文堂、1996年）13～21頁参照。

18 治安維持法における予防拘禁制度については、内田博文『治安維持法の教訓—権利運動の制限と憲法改正』（みすず書房、2016年）456～458頁参照。

3　精神保健福祉法による措置入院等の強制入院手続

　精神保健福祉法は、警察官には、精神障がいによる自傷他害のおそれがある者を、検察官には、不起訴処分や無罪判決を受けた精神障がい者等を、保護観察所長には、保護観察に付されている精神障がい者を、刑事施設や少年院の長には、釈放等を受ける精神障がい者を、それぞれ都道府県知事等に通報する義務を課している（精神保健福祉法23〜26条）。

　この通報を受けて、都道府県知事等は指定医（精神保健福祉法18条）に診察をさせ（精神保健福祉法27条）、2人以上の指定医の診察結果が、その診察対象者が精神障がい者であって、医療及び保護のために入院させなければ、その精神障がいのために自傷他害のおそれがあると一致したときにその者を精神科病院等に入院させることができる（精神保健福祉法29条）。これが措置入院制度である。また、この措置入院の要件に該当しない精神障がい者であっても、その家族等のいずれかの者の同意があるときは、精神科病院の管理者が、対象者の同意なしに、精神科病院に入院させることができる（精神保健福祉法33条）。これが医療保護入院である。

　こうした強制入院を受けた精神障がい者に対して、精神科病院の管理者は、必要な範囲で行動制限を行うことができる（精神保健福祉法36条）。これにより、ベッドに精神障がい者の身体を拘束する等の行動制限も行われている。

　措置入院は、精神障がいによる自傷他害のおそれがないと認められるときに直ちに解除されなければならない（精神保健福祉法29条の4）。具体的には、措置入院時にあった症状の消退が認められること（措置入院の運用に関するガイドライン）が自傷他害のおそれがないことの要件とされている。この他、措置入院による入院中の者やその家族からの退院請求が都道府県知事によって認められたときも、措置入院は解除され、退院することができる（精神保健福祉法38条の4）。

4 医観法に基づく強制医療

次いで、医観法に基づく強制医療制度を概観しよう(医観法の手続の流れについては右図参照)。

その前に、ここでも、この医観法が成立した歴史的経緯を押さえておく必要がある。この法律が成立した前提としては、宇都宮病院事件を契機に、精神衛生法に基づく強制入院制度が厳しい批判にさらされ、精神医療が入院中心から外来中心に転換していったという事情がある。それまで、多くの精神障がい者を入院させてきた民間の精神病院は、こうした転換によって、できる限り入院患者を退院させようとしたが、その結果、退院させた精神障がい者が起こした事件で、病院に損害賠償が命じられる判決が最高裁で確定(いわゆる北陽病院事件、最判平8・9・6判例時報1594号32頁)したことから、危険な精神障がい者の入院を民間精神病院が拒否しようとする姿勢を見せた[19]。このような状況下で、1999年の国会で、「重大な犯罪を犯した精神障害者の処遇の在り方については、幅広い観点から検討を早急に進めること」とする附帯決議がなされ、これを受けて、2001年に法務省と厚生労働省による合同検討会が設けられた。こうした中で、2001年6月に措置入院を受けた経歴のある者が小学校で多数の子どもを殺傷した事件を受けて、重大な他害行為をした心神喪失者等に強制的に入院や通院を裁判所が命じることができる医観法が2003年に成立し、2005年から施行されたのである[20]。

この医観法の対象となるのは、殺人(未遂及び嘱託殺人を含む)、放火、強盗(事後強盗とその未遂も含む)、不同意わいせつ、不同意性交等、傷害のいずれかの事件を起こしたが、心神喪失ないし心神耗弱(刑法39条2項)により不起訴処

---

19 民間の精神科病院からなる日本精神科病院協会がこのような姿勢を取った背景となる事件については、足立昌勝「触法精神障害者対策は、医療の問題である」法律時報73巻10号(2001年)2頁参照。

20 医観法成立の経緯については、川出敏裕=金光旭『刑事政策』(成文堂、2012年)395~396頁参照。

図　医観法による手続の流れ

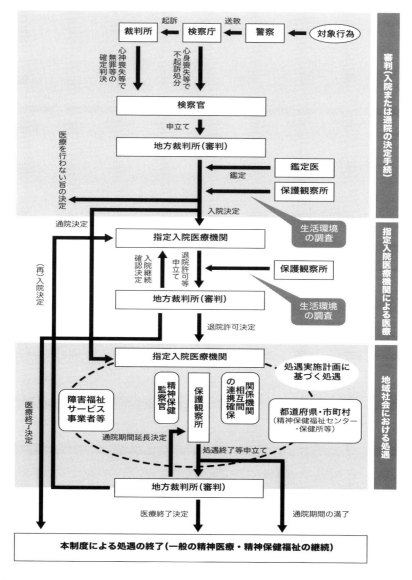

※法務省法務総合研究所『令和5年版犯罪白書』（2023年）245頁の図表をもとに作成。

分を受けたか、無罪または刑の減軽を受けて刑の全部執行猶予により執行すべき刑期がない者である（医観法2条）。

　これらの対象者について、検察官は、地裁に医療ないし観察の申立てを原則として行わねばならない（医観法33条）。この申立てを受けた地裁は、原則として対象者に鑑定入院を命じる（医観法34条）。そして、地裁裁判官が精神科医（精神保健審判員）とともに合議を組んで審判を行い、医観法による入院医療が必要な場合、入院決定を、医観法による通院医療が必要な場合、通院決定を、医観法による医療が必要ない場合、医観法による医療を行わない決定をしなければならない（医観法42条）。

　この審判に際して、対象者は弁護士たる付添人を選任でき（医観法30条）、付添人がいないときは裁判所が付添人を付さねばならない（医観法35条）。審判は非公開（医観法31条2項）で、検察官（医観法39条）と付添人が出席するほかは、精神保健参与員の関与（医観法36条）と被害者等の傍聴（医観法47条）が認められる場合がある。

　審判における合議体によって入院決定がなされると指定入院医療機関に強制的に入院させられ、通院決定がなされると指定通院医療機関への通院が強制される（医観法43条）。入院決定を受けた者の入院期間は法定されておらず、指定入院医療機関の管理者がこの法律による医療を受けさせる必要なしと認めた場合に退院請求の申立てを地裁に対して行い、それが認められる場合に医療終了ないし通院医療決定がなされ、認められない場合は請求棄却または入院継続決定がなされる（医観法51条）。この退院請求は対象者、家族等の保護者、および付添人も申立てをすることができる（医観法50条）。通院決定の場合、通院期間は3年とされるが、裁判所はさらに2年を超えない範囲で通院期間を延長できる（医観法44条）。通院の終了は、保護観察所長のほか、対象者、家族等の保護者、および付添人の申立てが裁判所に認められることによってなされる（医観法54～56条）。他方で、保護観察所長が通院対象者の社会復帰促進のために入院の必要があると認めたとき、及び、通院対象者が守るべき事項（医観法107条）を守らなかったため継続的な医療を行うことが確保できないと認めたときは、

地裁に再入院の申立てをし、これを認める決定がなされたときは、指定入院医療機関への再入院がなされる(医観法59条)。

　以上の諸決定のうち、検察官は、入院、通院、医観法による医療を行わない決定に対して、指定入院医療機関の管理者は、退院許可しない決定に対して、保護観察所長は医療終了や再入院を認めない決定等に対して、対象者、保護者、付添人は、対象者の自由を制限する決定に対して、それぞれ、決定に影響を及ぼす法令の違反、重大な事実の誤認又は処分の著しい不当を理由とする場合に限り、抗告することができる(医観法64条)。

5　触法精神障がい者の家族に積み重ねられた被害や「被害」

　以上の手続が触法精神障がい者特有のものと言える。捜査から、公訴提起されるか否か、そして起訴後の公判、処罰される段階での触法精神障がい者の家族に積み重ねられる被害と「被害」は、「加害者」家族のそれと同じと言ってよい。触法精神障がい者が少年の場合は、その家族の被害と「被害」は、「非行少年」の家族に積み重ねられる被害と「被害」と同じということになる。

　しかし、触法精神障がい者の家族の場合、事件以前から、さまざまな被害や「被害」が積み重ねられてきたことが多い点が、事件以降に被害や「被害」が積み重ねられる傾向が強いと見受けられる「加害者」や「非行少年」の家族の場合と異なる点と言えよう。この事件以前に、触法精神障がい者の家族に積み重ねられてきた被害や「被害」のひとつは、精神障がい者の家族が、当該精神障がい者のケアだけでなく、本人が引き起こす大小さまざまなトラブルの後始末に追われることからなる。上で見たように、日本の触法精神障がい者対策は私宅監置から始まっている。つまり、古くから、精神障がい者の家族にはさまざまな義務や負担が課せられてきたのである。これは法的に正当化されてきたものであるが、家族にとってはある種の「被害」と言えよう。さらには、これを前提に、家族が、本人が引き起こすさまざまなトラブルがきっかけとなって周囲からさまざまな攻撃を受けることもある。もちろん、それ以前から、本人が精神医療の

ユーザーであった場合、その家族も周囲からの差別・偏見の被害を受ける[21]。これは被害と言うべきであろう。しかも、このように本人のためと思い、さまざまなことに取り組む家族が本人から被害を受けることは少なくない。たとえば、医観法施行２年後のデータによると、対象者による殺人事件等の被害者の多くが家族やそれに準じる者であるとも指摘されており、その後もそうした傾向は裏付けられているのである[22]。

　その上、精神保健福祉法に基づき、触法精神障がい者が措置入院や医療保護入院となった後にも、家族にはさまざまな攻撃がなされることもあるし、家族が社会から隔離された本人に面会、差し入れをする際にかかる大小の負担もある。また、医観法による鑑定入院、審判、入院・通院決定に当たっても、さまざまな負担がある。この入院決定後、対象者が入院させられる指定入院医療機関は全国に35カ所しかなく、四国地方には皆無であって、たとえば、四国に住む家族にとっては、どこに入院させられようが、入院させられている本人への面会等には大きな負担となる[23]。これらが、触法精神障がい者の家族に積み重ねられる被害と「被害」となるのである。

刑の一部執行猶予制度と治療的司法における 行為依存者家族の被害と「被害」

1　刑の一部執行猶予

　薬物依存を含む行為依存者への刑事手続は、「加害者」に対するものと基本的

21　内山真由美「新型コロナウイルス禍に考える精神科医療のあり方」岡田行雄『患者と医療従事者の権利保障に基づく医療制度』(現代人文社、2021年)98頁参照。

22　並木正男＝西田眞基「大阪地方裁判所における『心神喪失等の状態で重大な他害行為を行った者の医療及び観察等に関する法律』施行後の事件処理状況」判例タイムズ1261号(2008年)37頁参照。その後も、家族が対象者の触法行為による被害者となる傾向が強いことについては、浅野・前掲註14書112〜113頁参照。

23　2023年4月時点の指定入院医療機関については、以下のURLから参照できる〈https://www.mhlw.go.jp/stf/seisakunitsuite/bunya/hukushi_kaigo/shougaishahukushi/sinsin/iryokikan_seibi.html(2024年1月4日最終確認)〉。

には同じである。ただし、覚醒剤自己使用の罪等を犯したとされる者に対しては、薬物使用等の罪を犯した者に対する刑の一部執行猶予に関する法律に基づき、有罪判決の言渡しにあたって、刑の一部執行猶予がつけられる傾向にある。

　そこで、まず、この刑の一部執行猶予制度について概観することにしよう。これは、刑事施設の定員を超えて過剰に受刑者が収容されるようになった状況に対応するために、導入されたものとされるが、その真の目的は、刑事施設からの釈放後に長期の保護観察を実施するためのものと指摘されている[24]。

　その根拠規定は、犯情の軽重及び犯人の境遇その他の情状を考慮して、再び犯罪をすることを防ぐために必要であり、かつ、相当であると認められるときは、1年以上5年以下の期間、その刑の一部の執行を猶予することができるというものである(刑法27条の2)。一見、刑の全部執行猶予とその文言も含めて似ているが、その内容は決定的に異なる。というのも、この刑の一部執行猶予は、まず自由刑を受刑させ、その刑期の一部の執行を一定期間猶予するというものだからである。

　さらに、刑の一部・全部執行猶予に付された者が保護観察に付されるか否かは裁判所の裁量に委ねられているが、薬物犯罪者が刑の一部執行猶予に付される場合は、その猶予期間中は必ず保護観察に付される(薬物使用等の罪を犯した者に対する刑の一部の執行猶予に関する法律4条)。そして、この保護観察にあたっては、原則として専門的処遇プログラムの受講が特別遵守事項で義務付けられる(更生保護法51条の2)。この保護観察は、遵守事項違反だけで執行猶予を取り消すことができる(刑法27条の5)点で、刑の全部執行猶予の場合よりも厳しいものと言える。

2　治療的司法

　ところで、近時、薬物依存者や行為依存者に対して、弁護士を主な担い手と

24　武内謙治＝本庄武『刑事政策学』(日本評論社、2019年)197頁参照。

して治療的司法の取組みがなされるようになった。この治療的司法とは、これに取り組む研究者や弁護士の間では、「司法手続の中での単なる法的解決や紛争解決に留まらずに、紛争や犯罪の原因となった問題の本質的な解決に向けて、必要とされる福祉的支援や医療・その他のサポートを提供する司法観（司法哲学）」[25]と定義されている。より具体的には、被疑者・被告人が罪を犯す原因に目を向け、その人が必要としている治療や適切な福祉的支援を受けられるように専門機関・団体につなげる弁護活動を挙げることができよう[26]。こうした治療的司法は、アメリカ等の海外でのドラッグ・コートやDVコートのように、被告人が特定の治療プログラムに参加することを条件に手続を打ち切るといった問題解決型司法に想を得たものであり[27]、さまざまな困難を抱えている行為依存者にとって、この治療的司法の枠組みに乗ることによって長期の受刑を避けることを期待できるものと言える[28]。

　この治療的司法にとって、弁護士と並んで重要な役割を果たすものとして、行為依存者が抱える依存症の治療や行為依存者の支援を担う機関・団体がある。そのひとつが、1985年に薬物依存者たちによって設立されたダルク（DARC：Drug Addiction Rehabilitation Center）である[29]。その後、ダルクは日本の各地に展開しており、薬物依存から回復しようとしている当事者であるスタッフが、薬物依存からの回復を目指す薬物依存者を有料で受け入れて、グループミーティングを中心としたプログラムを提供している[30]。

---

25 治療的司法研究会『治療的司法の実践―更生を見据えた刑事弁護のために』（第一法規、2018年）i頁。

26 治療的司法研究会・前掲註25書i〜ii頁参照。

27 指宿信「『治療的司法』への道―特集の趣旨について」季刊刑事弁護64号（2010年）14頁参照。

28 具体的な治療的司法の実践例については、治療的司法研究会・前掲註25書46〜72、100〜159、166〜179、197〜258、282〜309頁参照。

29 ダルク発足の着想となったアルコール依存症の当事者活動の歴史から、ダルクの展開については、加藤武士「薬物を使わないで生きていくための実践〜社会は何ができるのか〜」石塚伸一『薬物政策への新たなる挑戦―日本版ドラッグ・コートを越えて』（日本評論社、2013年）20〜29頁参照。

30 ダルクのプログラムについては、各ダルクのウェブサイト等に掲載されている。東京ダルクのプログラ

3　刑の一部執行猶予等における行為依存者家族の被害と「被害」

　刑の一部執行猶予と治療的司法の対象となる行為依存者の家族に積み重ねられる被害と「被害」も、それが刑事司法や少年司法の枠内で生じるものである限り、基本的には「加害者」や「非行少年」の家族に積み重ねられるものと同じと言えよう。しかし、たとえば、性的行為依存者の事件で、その配偶者が被疑者との夫婦生活の詳細についてまで、参考人あるいは証人として供述ないし証言を求められる[31]、あるいは、薬物依存者の刑事裁判に情状証人として出廷した家族が検察官からの厳しい尋問にさらされるといった点は、行為依存者家族に特有の「被害」と言えるであろう。

　他にも、行為依存者家族に積み重ねられがちな被害と「被害」には次のようなものが挙げられる。

　まず、検挙された行為以前から、行為依存者にさまざまな違法行為が見られた場合には、たとえば、違法薬物を購入する代金を本人から要求されてそれを負担したり、違法行為が捜査機関に発覚しないよう、窃盗被害を受けた店舗に被害弁償を申し出たりする等、家族に金銭的な負担が積み重なることがある[Part4被害実態編の事例1参照→200頁][32]。こうした金銭的負担は、薬物依存者が薬物犯罪で検挙され、弁護人の尽力でダルクにつながった場合に、その費用負担という形で積み重ねられることもある。

　また、薬物依存者等から、家族が暴力等の被害を受けることも枚挙に暇がない[33]。加えて、行為依存者の家族が他の親族から責められることも多い[34]。

ムと月に12万円ほどの費用が必要となることについては、下記のURLから参照できる〈https://tokyo-darc.org/about/darc_home（2024年1月5日最終確認）〉。

31　阿部恭子『性犯罪加害者家族のケアと人権』（現代人文社、2017年）34頁参照。具体的な事例については、阿部恭子『家族という呪い』（幻冬舎、2019年）32頁参照。

32　神林他・前掲註12書9頁参照。

33　たとえば、渡邊洋次郎『下手くそやけどなんとか生きてるねん。―薬物・アルコール依存からのリカバリー』（現代書館、2019年）27、48頁参照。

34　たとえば、阿部・前掲註31書（2019年）134頁参照。

こうした被害や「被害」が、行為依存者の家族に特有のものと言えよう。

触法精神障がい者に積み重ねられた被害や「被害」

1　触法行為以前に積み重ねられた被害や「被害」

　触法行為以前に触法精神障がい者に積み重ねられた被害と「被害」には、もちろん「加害者」や「非行少年」と同様に虐待被害やいじめ等といったものから、被害感に過ぎない「被害」に至るものまで共通のものもある。

　他方で、触法行為以前に触法精神障がい者が精神科病院等に通院・入院していた精神医療のユーザーであった場合、周囲からの差別・偏見の被害が積み重ねられていることが、触法精神障がい者に特有の被害として挙げられる。精神障がい者が受ける差別・偏見の被害は枚挙に暇がないが、たとえば、就労したいという希望を医師に遮られるというものもある[35]。なお、本Part被害実態編の事例3［→207頁］のように、親が精神科医療に偏見を持っていたがために、適切な治療を受ける機会を逸してしまう場合も、こうした被害と同種のものと言えよう。

　また、精神科病院は、国公立病院の整備が進まず、民間病院に依存してきたため、民間病院における病床確保のために他の診療科と比べて医師・看護師の患者数に対する割合が少なくてよいとされてきた[36]。そのため、とりわけ民間の精神科病院に入院した経験のある精神障がい者の中には、人手不足もあいまって、十分な医療や看護を受けられないという被害が積み重ねられている者もいるのである。他方で、過剰投薬に苦しめられている者もいる[37]。そして、

35　八尋光秀「日本における精神医療の現状と課題」甲斐克則『精神科医療と医事法』（信山社、2020年）327頁参照。

36　内山・前掲註21論文96頁参照。

37　精神障がい者や発達障がい者等が、精神科病院が処方する過剰な薬剤によって、いわば薬漬けになっている場合があることについては、風間直樹＝井艸恵美＝辻麻梨子『ルポ・収容所列島』（東洋経済新報社、2022年）126～156頁参照。

宇都宮病院事件以降も、精神科病院において、看護師等による集団暴行事件が発生している[38]。加えて、医療保護入院が安易に使われるために、不要な入院を強制される被害や[39]、入院中に不要な隔離・身体拘束を受ける被害の指摘もある[40]。

2 精神保健福祉法による触法精神障がい者の被害と「被害」

触法行為以降に触法精神障がい者に積み重ねられる被害と「被害」のうち、刑事手続や少年司法手続におけるものは、精神鑑定のために精神科病院への長期入院が強制されることを除けば、「加害者」や「非行少年」に積み重ねられるものとおおよそ同じと言えよう。

そこで、まず、刑事手続や少年司法手続に続いて、精神保健福祉法に基づく通報等から始まる措置入院等の手続以降に触法精神障がい者本人に積み重ねられる被害と「被害」を考えてみよう。

２名以上の精神保健指定医の診察結果が一致して、本人の精神障がいのために自傷他害のおそれがあると認めるときになされる措置入院は、法的には正当なものであろうが、本人からすると、「被害」にほかならない。

ところで、この指定医の職務には、措置入院判定以外にも、入院継続や行動制限の必要性の判定等、多様なものも含まれているが（精神保健福祉法19条の４）、近時、この指定医の要件とされる臨床経験を、他の医師によるケースレポートの使いまわしで対応する不正がなされていた事件が発覚し、指定医がそ

---

38 2020年に発覚した、神戸市の神出病院における看護師らによる集団暴行事件等の患者虐待事件については、風間＝井艸＝辻・前掲註37書232〜237頁参照。

39 家族から虚偽の申告がなされて医療保護入院がなされたケースもある。風間＝井艸＝辻・前掲註37書32〜39頁参照。令和3年度衛生行政報告例の概況によれば、医療保護入院は、2021年度も185,145件なされており、直近の5年の件数はほぼ変わらない。この数字については、下記のURLで参照できる〈https://www.mhlw.go.jp/toukei/saikin/hw/eisei_houkoku/21/dl/gaikyo.pdf（2024年1月6日最終確認）〉。

40 日本の精神科病院における入院患者の隔離・身体拘束が諸外国に比べて長時間に及び、しかも、その間にさまざまな人権侵害が生じていることについては、長谷川利夫『精神科医療の隔離・身体拘束』（日本評論社、2013年）29〜40頁参照。

の資格を取り消される等、その資格要件を実質的には満たしていなかったことが明らかになっている[41]。そうなると、実質的に見れば、違法な措置入院判定がなされたこともあると言うべきであって、そうした違法な措置入院によって対象者本人が社会から隔離されたことは被害と言うほかない。

　しかも、この措置入院に対して本人や家族は退院等の請求を行えるが、この退院等の請求についての精神医療審査会による審査が形骸化しており、請求を認めない具体的な根拠が示されていないという指摘もある[42]。現に、2022年度に、全国でなされた退院請求についての精神医療審査会の審査状況を見ると、入院または処遇は適当とされたものが2,514件であるのに対し、入院または処遇は不適当とされたものは185件に過ぎず、しかもその大半は、東京都、大阪府、福岡県に集中しており[43]、この指摘が裏付けられていることがわかる。そうすると、誤った措置判定を契機に退院請求も機能せず、延々と社会から隔離され医療を強制される被害が触法精神障がい者には積み重ねられていると言うべきなのである。

3　医観法の手続以降に積み重ねられる被害と「被害」

　次に医観法の手続以降に、触法精神障がい者に積み重ねられる被害と「被害」について考えてみよう。

　医観法に基づく手続によって、精神科病院への鑑定留置、そして、指定入院医療機関への入院決定がなされることは、いかにそれが正当な手続によるもの

41　2015年に聖マリアンナ医科大学病院で組織的な指定医資格の不正取得が発覚したことに端を発し、その後の厚生労働省の全国調査で100人強の不正が認定され、その多くが指定取消処分に加え、戒告、業務停止等の行政処分を受けたことについては、風間＝井艸＝辻・前掲註37書29頁参照。

42　風間＝井艸＝辻・前掲註37書29〜30頁参照。

43　令和4年度衛生行政報告例第1章精神保健福祉4-2精神医療審査会の審査状況（退院の請求）による。この統計データは、以下のURLからダウンロードできる〈https://www.e-stat.go.jp/stat-search/files?page=1&layout=datalist&toukei=00450027&tstat=000001031469&cycle=8&tclass1=000001207660&tclass2=000001207661&tclass3=000001210840&tclass4val=0（2024年1月5日最終確認）〉。

であろうが、触法精神障がい者本人にとっては、「被害」と言えよう。ところで、この入院期間は、その入院処遇ガイドラインによると18カ月とされてきた[44]。しかし、その後、どんどんこの入院期間が長期化しているという[45]。これが実質的に見て単なる保安のための入院となれば、もはや、治療のためとは言えず、法の趣旨に反する被害と言えよう。

　入院処遇ガイドラインによれば、想定された18カ月は、急性期３カ月、回復期９カ月、社会復帰期６カ月とされているが、本人が精神疾患についての病識を欠いていたり、触法行為を否認し続けている限り、回復期には進めないとされている。回復期には、本人に内省を深めさせる認知行動療法が行われるが、その病棟には二重フェンスがめぐらされ、厳重なセキュリティー体制が整備される等、刑事施設の様相を呈しているという[46]。そうすると、心神喪失で無罪となったはずの本人が、社会からは隔離され反省を強制されるわけで、あたかも受刑させられるように感じるのは当然と言えよう。これが正当なものであったとしても、本人には「被害」と言えよう。

　その退院後には、通院が強制されることになるが、この期間に、対象者に関わる保護観察所の社会復帰調整官（医観法20条）のマンパワー不足とスキルの格差から、対象者を脅す社会復帰調整官の存在も指摘されている[47]。さらに、この退院後に対象者が自殺に至るケースが少なくないことも指摘されている[48]。これらは、被害と言うべきものであろう。

　このほか、鑑定留置の長期化、長期鑑定留置後に医療を行わない決定が出た

---

44 医観法の入院ガイドラインについては、以下のURLで参照できる〈https://www.mhlw.go.jp/content/12601000/001080410.pdf（2024年1月6日最終確認）〉。

45 内山・前掲註14論文220頁参照。なお、2020年12月31日時点での医観法に基づく平均在院期間は1022日となっている。重度精神疾患標準的治療法確立事業運営委員会『医療観察法統計資料2020年版』（2022年）32頁参照。この資料は、以下のURLで参照可能である〈https://www.ncnp.go.jp/common/cms/docs/toukeishiryou20221226.pdf（2024年1月6日最終確認）〉。

46 浅野・前掲註14書72頁、内山・前掲註14論文221頁参照。

47 浅野・前掲註14書83～84頁参照。

48 浅野・前掲註14書81～82頁、内山・前掲註14論文221頁参照。

場合の補償制度の欠如等[49]、医観法施行直後から指摘されていた問題点の手当てはなされておらず、これらも法的には正当かもしれないが、対象者にとっては「被害」と言うべきものであろう。

行為依存者に積み重ねられた被害や「被害」

1 行為以前に積み重ねられた被害や「被害」

行為依存者の場合も、「加害者」や「非行少年」と同様にさまざまな被害や「被害」が積み重ねられている。

加えて、触法精神障がい者の場合と同様に、依存症であることへの差別・偏見の被害を受け、精神科病院における治療、隔離・身体拘束等による被害や「被害」が積み重ねられている場合もある。あるいは、依存症の治療が必要なのに、適切な治療につながることができなかったことも、被害や「被害」と言えよう[50]。なお、本Part被害実態編の事例1［→200頁］は、行為後ではあるが、その家族が本人に必要な手当てを妨げたという点で、これと同質のものと言わねばならない。

さらには、窃盗行為や性的逸脱行動への依存の背景のひとつとして、性的虐待被害が挙げられる点も[51]、行為依存者に積み重ねられた被害で特徴的なものと言えよう。

また、薬物依存症に共通している点として、社会の中に安心して過ごせる居場所がなく、自分の存在価値が確認できないということも挙げられている[52]。これも、行為依存者特有の被害や「被害」と言うことができよう。

---

49 「特集 医療観察法施行から1年半と日弁連」自由と正義58巻4号（2007年）79、91頁参照。

50 渡邊・前掲註33書49～51、197、207頁参照。

51 神林他・前掲註12書63、110頁参照。

52 香西洋「薬物依存をどうとらえるか」北九州ダルク編集委員会『今日一日薬を止められますように！～北九州ダルクの実践と薬物防止プログラム』（公陽舎、2000年）71～73頁参照。

2　刑の一部執行猶予によって積み重ねられた被害や「被害」

　刑の一部執行猶予付の有罪判決が確定した薬物依存者等は、まず刑事施設に収容されることになるが、ここでの被害と「被害」は、「加害者」や「非行少年」の場合と同様と言えよう。

　そこで、刑の一部執行猶予を受けた行為依存者に特有の被害と「被害」を考えてみると、統計上、刑の一部執行猶予期間中に保護観察に付される期間は、1年以上2年以内の者が90％弱を占めている。問題は当初に刑事施設に収容される期間であって、統計上は必ずしも明らかではないが、2022年に一部執行猶予期間の前に仮釈放された1,001人のうち85％強が6月以内の仮釈放期間があって、仮釈放まで刑期の80％以上が経過した者が全体の8割程度を占めると考えると、おおむね2年程度の執行後に残る数カ月の刑の執行が猶予される実状にあると見るべきであろう[53]。そうすると、数カ月の刑期のために、保護観察を2年弱受け続けることは、余計な介入となりかねず、他方で、さまざまな被害や「被害」が積み重ねられた上で刑の執行猶予が取り消されると、保護観察期間の上に、さらに残刑の執行がなされるという点で、満期釈放に比べて不利益になってしまう[54]。これは、制度上違法なことではないが、たった数カ月の刑期のために2年弱監視されることは、対象者にとっては「被害」と言えよう。

3　治療的司法によって積み重ねられた被害や「被害」

　行為依存者に対して治療的司法の取組みがなされる場合、刑事手続や少年司法手続の過程で受けた被害や「被害」は、「加害者」や「非行少年」に積み重ねられるものと基本的に同じと言えよう。

---

[53]　法務省法務総合研究所・前掲註13書79、84頁参照。なお、大阪地裁・高裁等での刑の一部執行猶予の運用状況によれば、猶予部分は4カ月または6カ月が大半であり、その猶予期間は大半が2年だという。樋上慎二＝永井健一＝海瀬弘章「刑の一部執行猶予制度に関する実証的研究」判例タイムズ1457号（2019年）15頁参照。

[54]　武内＝本庄・前掲註24書198頁参照。

そこで、治療的司法の取組みを受けた行為依存者に特有の被害と「被害」について考えて見ると、たとえば、対象者が専門機関・団体につながることに同意して、そのことが考慮され、いわゆる実刑が回避されて、刑の全部執行猶予となったとしても、この同意が本心からのものかが問題となる。この点については、アメリカのドラッグ・コートにおいても問題として指摘されている[55]。ましてや、行為依存者には、発達障がい、知的障がい等の障がいに苦しむ者もいる以上、弁護人から専門機関・団体につながると刑の全部執行猶予となって実刑を免れられると聞くだけで、その後のことを何も考えることもできないまま、弁護人の提案に「同意」してしまうこともありうる。その後、専門機関・団体が提供するプログラムに参加することでさまざまな嫌な思いをし、最終的に参加を拒絶した後に、何ら本人の行為依存が改善されないまま、次の同種事件へと至り、結局は、実刑等のより厳しい刑罰を受けるとすれば、そのこと自体がある種の被害や「被害」と言えよう。

　仮に、対象者から真の同意を得るのが困難だとして、専門機関・団体のプログラム受講を、対象者にとって事実上の強制だと位置づけるとすると、憲法31条に内在していると解される無罪推定原則が働いている刑事手続の過程で、そうした強制は、無罪推定原則に反するものであって、正当化されえず、まさに受忍されるべきではない被害となる。

　そこで、こうした被害を回避するために、刑の全部執行猶予期間中に保護観察に付された際の遵守事項として、行為依存者に特定のプログラムの受講を課したとしても、そのプログラムが対象者にとって意味のある、換言すると、対象者が苦しんでいる行為依存の緩和ないし解消に効果があるものでなければ、そうした遵守事項が課されること自体が、少なくとも「被害」と言えよう。なお、行為依存者だとして裁かれた後に、実はまったく違う動機から犯行を重ね

55　丸山泰弘「ドラッグ・コートと治療的司法の展開と課題」治療的司法研究会・前掲註25書442〜443頁参照。

ていた事案もある[56]。本Part被害実態編の事例２[→204頁]は、その典型である。このような、ある種の誤判に基づく、プログラム受講強制も何ら行為依存の緩和・解消に効果があるものではなく、やはり「被害」と言えよう。

家族と本人に積み重ねられた被害や「被害」の性格

1　家族に積み重ねられた被害や「被害」がもたらすさまざまな悪影響

　以上で明らかになった触法精神障がい者や行為依存者の家族に積み重ねられた被害や「被害」には、「加害者」や「非行少年」の家族に積み重ねられたものと同じものもある。他方で、これらの家族に特有の被害や「被害」には、精神障がい者の家族が歴史的に背負わされてきた義務や負担から生じているものがある。こうした義務や負担から生じる被害や「被害」は、触法精神障がい者の家族だけでなく、行為依存者の中に精神保健福祉法の対象となる者もいることから、行為依存者の家族にも当てはまる。また、本人から家族が受ける被害も、共通の特有の被害と言える。

　そうすると、こうした特有の被害や「被害」を放置することは、これらの家族にさらなる被害や「被害」を積み重ねさせ、最悪の場合、その死をもたらすだけでなく、そこまで至らないにせよ、本人を支援することができなくなることで、本人の強制入院期間を長期化させる等[57]、本人への被害や「被害」の積み重ねを促進することにもなる。そして、それは、後述するように、本人のみならず、さらなる触法行為等の被害者等、そして私たち市民にとっても避けられるべき帰結を生み出してしまうのである。したがって、家族の被害や「被害」を放置することは妥当ではない。

56　阿部恭子『高学歴難民』（講談社、2023年）28頁参照。

57　たとえ、措置入院等が解除され、本人が社会に戻れたとしても、家族が触法精神障がい者本人を引き受けられない場合、家族の同意に基づいて医療保護入院となりうるからである。

2 触法精神障がい者に積み重ねられた被害や「被害」の性格

　以上で明らかになった、触法精神障がい者や行為依存者本人に積み重ねられた被害や「被害」は、もちろん、「加害者」や「非行少年」の場合と同様、一個人によってなされた攻撃等から生まれたものではある。

　しかし、「加害者」や「非行少年」の場合と同様に、たとえば、触法精神障がい者の場合に、触法行為以前から積み重ねられてきた被害の中には、一般医療よりも少ないマンパワーで提供される精神医療によって生み出されたものもある。これは、国が民間精神科病院の設立を容易にするために定めた基準が、現在に至るも放置され続けた結果生み出されたものと言うべきである。

　あるいは、精神科病院への強制入院制度、精神科病院における虐待、さらには精神障がい者は危険であるとの偏見を国が放置し続けた結果、精神医療が人々から忌避され、精神障がい者への危険視が続き、それが本人や家族への差別・偏見となって被害が生み出されたと言うべきである。まして、精神保健福祉法や医観法に見られる数々の不備から生じる被害や「被害」も、国が関与しているものばかりと言わねばならない。

　そして、こうした被害や「被害」の放置は、触法精神障がい者が誤って不要な措置入院や入院決定を受けるだけでなく、「加害者」や「非行少年」の場合と同様に、本人がさらなる触法行為に追い込まれる一因となり、結果的には一生涯精神科病院に強制入院が続くという帰結をもたらしかねないのである[58]。こうした帰結も、本人や家族だけでなく、さらなる触法行為の被害者等、さらには、この強制入院費用を事実上国が負担することになるために[59]、私たち市民に

---

[58] たとえば、措置入院が20年以上継続している者が2022年6月30日時点で23人もいることが忘れられてはならない。このデータは、精神保健福祉資料というウェブサイトの令和4年度630調査のウェブサイトで在院患者に関するクロス集計にて在院期間×入院形態を全国で見たものである。精神保健福祉資料は、以下のURLで参照できる〈https://www.ncnp.go.jp/nimh/seisaku/data/（2024年1月6日最終確認）〉。

[59] 医観法による入院決定に基づく強制入院の費用は全額国の負担であって、措置入院の場合も、本人またはその扶養義務者が費用を負担することができると認められたときは費用徴収されるが

とっても避けられるべきものなのである。

3　行為依存者に積み重ねられた被害や「被害」の性格

　行為依存者に積み重ねられた、特有の被害や「被害」についても、触法精神障がい者の場合と同じことが妥当する。

　すなわち、薬物依存者を処罰することによって、かえって、その薬物依存への治療等の取組みを遅らせ、薬物依存をひどくさせているのは国である。行為依存者が抱えているさまざまな障がいへの適切な手当てが遅れたがゆえに、行為依存によって処罰されることや、薬物依存を含めた行為依存に対する差別・偏見を放置してきたのも国と言わねばならない。

　そして、行為依存者に積み重ねられた被害や「被害」を放置することは、触法精神障がい者の場合と同様の帰結ないし、極端な場合には、死刑といった本人の命を奪う刑罰をも招きかねない。もちろん、こうした帰結は、本人、家族、さらなる行為の被害者、そして私たち市民にとっても避けられるべきものなのである。

■被害支援編

家族に積み重ねられる被害と「被害」にどう向き合うべきか？

　以上の検討から、触法精神障がい者や行為依存者やその家族に積み重ねられた被害や「被害」の放置は妥当ではないことが明らかになった。そこで、これらの被害や「被害」に私たちがどう向き合うべきかを検討しなければならない。

　もちろん、この場合も、「加害者」および「非行少年」の家族と同様に、幸福追

　（精神保健福祉法31条）、触法精神障がい者の場合、その費用を負担できる場合は稀であろうと思われるので、事実上、国や地方公共団体が費用を負担することになる。

求権、生存権、そして犯罪被害を受けていた場合は、犯罪被害者としてその尊厳にふさわしい処遇を受ける権利、障がい者や子どもであった場合には、それぞれ、障がい者の権利条約や子どもの権利条約に基づく諸権利も保障されねばならない。その上で、本人に対して虐待を加えていた家族であっても、上に挙げた諸権利は保障されねばならない点は、「非行少年」の家族の場合と同様である。

家族への支援に向けての課題

1 家族支援の取組み

以上の帰結を前提に、家族に積み重ねられた被害や「被害」を埋め合わせる支援がなされなければならない。

その具体的な支援としては、たとえば、性犯罪の「加害者」家族に対してWOHが行ってきた支援の事例が参考になる。WOHによってなされた、性犯罪「加害者」家族の調査によれば、行為者の性癖が遺伝するのではないかとの社会的偏見の強さから、家族の結婚に影響が出るケースが多いとされ、事件が知られた場合、周囲からの好奇の視線に家族が苦しめられるという[60]。これを前提に、WOHは、家族がそれぞれの体験を語り合うピア・カウンセリングを提供しており、同じ体験を共有することを通して孤立感から解放されたりする等の効果が報告されているが、事件の進捗状況、本人との関係を継続するか否か等で家族のスタンスが異なることから、ピア・カウンセリングの実施に当たっては家族のグルーピングの重要性も説かれている[61]。

また、窃盗行為依存の治療に取り組むクリニックにおいても、本人の家族を支援するグループミーティングが実施されており、そのグループでも、同じ境

---

60 阿部・前掲註31書（2017年）49頁参照。
61 阿部・前掲註31書（2017年）53頁参照。

遇にある他の家族の話が聞けたり、本人が万引きを止められず、実刑判決を受けた等、気軽に周囲に話せないことを話せる等の効果が見られるという[62]。

　触法精神障がい者の家族にも、すでに見たように、事件以前から、本人によるさまざまな被害や「被害」が積み重ねられている。それを容易に他人には話せずに苦悩している状況にあることも、行為依存者の家族の場合と同じであろう。そうした苦悩を軽減するために、触法精神障がい者にも、こうしたピアグループの場を作り、そこで同様の悩みを抱える他の家族等からサポートを受けられるようにする支援が望まれると言えよう（ピアグループの詳細については後述する）。

　なお、触法精神障がい者と行為依存者にも、「非行少年」の場合と同様に、あるいはそれ以上に専門的なニーズがある。したがって、その家族への支援も、そうしたニーズに対応できる専門的な機関や人との連携に基づいてなされる必要がある。

2　家族の幸福追求権保障が最優先

　触法精神障がい者や行為依存者の家族の場合も、その権利保障のために、積み重ねられた被害や「被害」の埋め合わせに向けた支援はなされるべきであるが、もちろん、それは、家族に本人たちを支援させるためのものであってはならない。

　すでに見たように、とりわけ触法精神障がい者や行為依存者の家族は、本人からもさまざまな被害や「被害」を受けてきているのである。その家族が、本人との関係を絶って生きて行こうとすることは、家族の幸福追求権を保障する観点からは、決して否定されてはならない。本人が家族との関係継続を希望している場合、一見すると本人の幸福追求権と矛盾することになるが、本人には、他の者からの支援を受ける選択肢が残されているのである。特に、純然たる被害者としての家族に、さらなる苦痛を課す、本人との関係継続を無理強いする

62　神林他・前掲註12書215‐216頁参照。

方向での支援はなされるべきではない点には注意が必要である[63]。

　なお、本Part被害実態編の事例4[→212頁]にあるように、従来から、精神障がい者の触法行為による被害者等からなされた、その同居親等に対する損害賠償請求を認容してきたのが民事裁判の実務と言える[64]。しかし、たとえ同居の事実と本人に受診させることが可能であったという事実があったとしても、民法上の監護義務者等の責任（民法714条）が安易に認められてよいはずはない。障がい者の権利条約批准に向けて、精神保健福祉法における保護者制度は2014年に廃止された。にもかかわらず、同居している家族に、安易に民事上の損害賠償責任を認容する裁判実務は、触法精神障がい者を外出させない等、さらなる被害に直結せざるをえないので、ただちに見直されねばならないのである[65]。また、家族が本人との関係を絶つか否かを検討するにあたっては、本人による事件についての情報が重要となる。そこで、公表されている事件に関する事実については、家族に知る権利が保障される必要もある[66]。

触法精神障がい者・行為依存者に積み重ねられた被害や「被害」にどう向き合うべきか？

1　触法精神障がい者・行為依存者に保障されるべき人権

　それでは、放置されるべきではない、触法精神障がい者・行為依存者に積み重ねられた被害や「被害」に私たちがどう向き合うべきかを検討しよう。もちろ

63　阿部・前掲註31書（2017年）53頁参照。

64　従来、精神障がい者による殺傷事例において、同居していた親等の親族に、監督義務者等の責任に基づく損害賠償請求が認容されてきた裁判例とその問題点については、辻伸行「精神障害者による殺傷事故および自殺と損害賠償責任（5）完」判例時報1561号（1996年）165~175頁参照。

65　日本の精神障がい者対策は、その家族の自助努力を第一に期待するモデルを取るがゆえに、精神障がい者監視を導くとともに、家族の自己実現をも阻んでいることから、今後は「脱家族」を含む制度設計がなされる必要があることについては、塩満卓「精神障害者の家族政策に関する一考察」福祉教育開発センター紀要14号（2017年）86頁参照。

66　阿部・前掲註31書（2017年）36頁参照。

ん、「加害者」や「非行少年」の場合と同じように、憲法上保障されている人権や、日本が批准している国際条約に基づいて保障されるべき諸権利も保障されねばならない。

その中でも、特筆されねばならないことは、憲法13条に基づいて、幸福追求権のみならず、個人として尊重されること、言い換えると、障がい者であっても人間の尊厳が侵されてはならないことと[67]、障がい者の権利条約に基づく、障がい者差別解消のための合理的配慮を受ける権利の保障の重要性である。このことは、触法精神障がい者に限られない。行為依存者にも、発達障がい等の障がいに苦しむ者も多数いるからである。

2　被害や「被害」の埋め合わせと防止

以上で挙げた人間の尊厳の不可侵と合理的配慮を受ける権利の保障を中心に、触法精神障がい者や行為依存者に積み重ねられた被害や「被害」にどう向き合うべきかが問われなければならない。

まず、検討されねばならないことは、触法行為等の以前から、精神科病院を利用することによって積み重ねられた被害や「被害」にどのように向き合うべきかである。すでに見たように、国は、精神医療を担う医師や看護師等の数を一般医療よりも低い水準にしたままで、これを引き上げる取組みをしてこなかった。このために、精神科病院における身体拘束や過剰投薬等、適切とは言えない医療の提供がもたらされたと言うべきである。さらに、国は、精神障がい者等に対する差別・偏見の除去に向けての取組みも怠ってきた。これによって、精神障がい者等に対する差別・偏見による被害が生じただけでなく、差別・偏見を恐れるあまり、精神障がい等に苦しんでいても適切な医療にアクセスできない事態がもたらされたと言うべきである[68]。

67　憲法13条から導かれる個人の尊重と人間の尊厳との関係については、内田博文『「人間の尊厳」から「強制入院」を考える』（大阪精神医療人権センター、2018年）16〜18頁参照。

68　精神障がい者が病み始めの一番治療効果が上がるときに精神科の治療を受けようとせず、病識を否定し続け、症状が重くなり続け、本人も家族もどうしようもなくなってしまってから受診する傾向が

このような国によるさまざまな不作為による被害については、もちろん個別に国家賠償等がなされるべきではあろうが、それと同時に、これらの被害の再発防止が図られねばならない。そこで、まずは、精神医療に従事する医師や看護師等の配置基準を一般医療レベルに引き上げることが必要不可欠である[69]。これによって、精神科医療においても必要なはずの、患者のインフォームド・コンセントの確保も可能になろう。精神科医療においても、患者が、医師による治療方針に関する十分な説明を通して適切な情報を得て、自らが受ける治療について同意をしたうえで、治療がなされるようになることは、障がい者の権利条約が求める合理的な配慮として当然になされなければならないのである[70]。

触法精神障がい者・行為依存者に積み重ねられた 被害や「被害」の刑事手続における位置づけ

1　国の放置による被害と「被害」を刑事手続においてどう位置づけるか?

しかし、行為以前に積み重ねられてきた被害や「被害」が国家賠償の金銭だけで埋め合わされるわけではない。触法精神障がい者も行為依存者も、まずは刑事手続に直面するからである。

それでは、たとえば、精神障がい者等への差別・偏見のために、触法精神障がい者や行為依存者が精神医療等にアクセスできなかったことも含めて、精神医療の受診時にさまざまな被害や「被害」が積み重ねられてきたことは、従来、

あることについては、八尋光秀&精神科ユーザーたち『障害は　心にはないよ　社会にあるんだ―精神科ユーザーの未来をひらこう』(解放出版社、2007年)90頁参照。

69　池原毅和「精神保健福祉法の医療基本法(仮称)への統合的解消と治療同意の意味」精神医療94号(2019年)44頁参照。

70　八尋・前掲註35論文332頁参照。なお、患者の権利保障を中核とする医療基本法立法の必要性については、岡田行雄「患者の権利保障の歴史的意義と必要不可欠性」内田博文=岡田行雄『日本の医療を切りひらく医事法―歴史から「あるべき医療」を考える』(現代人文社、2022年)280〜282頁参照。

適切に刑事手続の中で取り上げられてきたのであろうか？

　この点については、触法行為時の被疑者・被告人の精神障がいの程度等は精神鑑定によって明らかにされてきたが、それ以前に精神医療等にアクセスできなかったこと等が明らかにされてきたわけではない[71]。つまり、触法行為以前に精神障がい者等に積み重ねられてきた、被害や「被害」は、触法精神障がい者や行為依存者の刑事手続においては、必ずしも中心のテーマとしては取り上げられてこなかったと言わなければならない。

　しかし、障がい者の権利条約は、障がいの程度が、医学上の障がいの定義から判断されるという医学モデルではなく、障がい者を取り巻く社会環境において評価されねばならないとする社会モデルを採るように求めている（障がい者の権利条約１条）。その上で、同条約は、障がい者差別を禁止し、障がい者差別撤廃のための合理的配慮を求めているのである。したがって、このような障がいの社会モデルによる理解に基づけば、触法行為以前に本人が精神医療等にアクセスしやすい状況にあったのか否か等の、本人を取り巻く社会環境をも、本人の精神障がい等の程度を判断する材料とされねばならないはずである。

　そこで、このような観点から、触法精神障がい者や行為依存者に対する精神鑑定等の刑事手続が改められねばならないのである。

2　責任能力概念の再構成

　もっとも、触法行為以前に障がい者に積み重ねられてきた被害や「被害」に刑事手続において焦点を当てさせるには、心神喪失や心神耗弱の前提となる精神障がい等の程度を判断するにあたって、これらの被害や「被害」を調べることが必要不可欠となるように、刑法39条の前提となる責任能力についての解釈を改めていく必要がある。

---

[71]　一般に、心神喪失等の刑事責任能力に係る鑑定においては、精神障がいの有無・種類・程度、事件時の精神状態が鑑定事項として挙げられてきたことについては、岡田幸之「精神鑑定と裁判員裁判」中谷陽二『精神科医療と法』（弘文堂、2008年）115〜116頁参照。

この責任能力とは、ドイツ刑法からもたらされた概念で、自らの行為が違法であるか否かを弁識し、その弁識に従って、自らの行動を制御する能力と一般的には解されている。心神喪失の場合、この能力が欠如するので、責任無能力、心神耗弱の場合、この能力が著しく減退しているため刑が減軽されるので、限定責任能力と呼ばれる。

　従来、心神喪失ないし心神耗弱と判断されるには、触法行為が重い精神障がいによって生じた幻聴・幻覚等から生じたことが証明される必要があると一般的には理解されてきたが、こうした理解は、医学モデルに立脚するものであって、障がい者の権利条約と整合しない。

　そこで、適法行為の期待可能性に基づいて責任能力を再構成することによって、障がいについての社会モデルに立脚した心神喪失ないし心神耗弱の判断を行うべきことが説かれている[72]。この見解によれば、触法行為以前に、さまざまな障がいを持つ者に対して、「効果的かつ適切な措置」が講じられていたか否かが、触法精神障がい者の責任能力判断にとってポイントとなる[73]。もちろん、この「効果的かつ適切な措置」は、対象者のインフォームド・コンセントに基づく措置でなければならないとされる。このような見解に基づいて、心神喪失ないし心神耗弱に該当するのか否かが検討されることによって、障がい者が、「効果的かつ適切な措置」を、差別・偏見ないし精神医療のリソース不足等によって受けられなかったという被害が、初めて、刑事手続において適切に位置づけられると言うべきである。

72　内田博文「責任能力概念の再構成について」浅田和茂他『人権の刑事法学：村井敏邦先生古稀記念論文集』(日本評論社、2011年)102〜108頁参照。

73　内田・前掲註72論文107頁参照。

触法精神障がい者への強制入院制度の見直し

1　精神障がい者等への差別の根源としての強制入院制度

　精神障がい者の私宅監置から始まり、強制入院制度が完備されていく中で、精神障がい者だと診断されれば、強制的に入院させられ、社会から隔離されるという認識が社会内に拡散されていったことは否定できない。そうなれば、幻聴や幻覚といった症状で苦しんでいたとしても、精神科医師の診察を受けたいと思う者はいなくなるのは当然であろう。「らい予防法」下のハンセン病と同じと言っても過言ではない。

　こうした強制入院制度こそ、触法精神障がい者や行為依存者に積み重ねられた被害や「被害」を特徴づけるものと言うべきである。

　しかも、刑事手続において、心神喪失等で不起訴となり、あるいは、心神喪失を理由とした無罪判決が確定したとしても、待っているのは、精神保健福祉法ないし医観法に基づく強制入院である。

　そこで、触法精神障がい者や行為依存者に刑事手続以降に積み重ねられる被害や「被害」を埋め合わせる支援および、こうした被害や「被害」を防止するために必要な改革を検討するためには、そもそもこの強制入院制度そのものについて、いかなる問題があり、いかなる改革が必要なのかについて検討する必要がある。

2　強制入院制度の見直し

　最高裁は、近時、医観法は憲法14条、22条1項、31条に反するものではなく、合憲と判示した[74]。しかし、その根拠としては、単に医観法の目的や制度を条文とともに列挙しただけに過ぎなかった。しかも、憲法13条、そして、障がい者の権利条約を誠実に遵守する義務を課す憲法98条2項に反するかどうかは検

74　最決平29・12・18刑集71巻10号570頁。

討もされていない。したがって、医観法が合憲であると決着がついたとは言えない[75]。

　むしろ、感染力が極めて弱い感染症であるハンセン病患者を強制的に隔離・収容する根拠となっていた「らい予防法」を憲法違反と断じた熊本地裁判決[76]を前提に、特定の精神障がい者の強制入院制度は憲法13条等に違反するとの指摘もなされているのである[77]。なぜ、特定の触法行為を理由に心神喪失等で不起訴処分ないし無罪判決等を受けた精神障がい者だけが裁判所の力で隔離されねばならないのか？　それに合理性があることの論証はなされていないと言わざるをえない。なぜなら、特定の触法精神障がい者だけが裁判所によって強制入院させられる以外に、その精神障がいを改善する方法がないとは言えず、むしろさまざまな被害や「被害」が積み重ねられてきたという背景事実に照らすと、精神障がいを抱えながらも、社会の中でその治療を受けつつ、多様かつ適切な相談相手と共生できることの方が、はるかに医学的合理性が認められるのではないかとの疑問は払拭されないからである[78]。障がい者の権利条約に照らせば、こうした触法精神障がい者であっても、社会の中で生活できるような合理的配慮こそ国がなさねばならない。そうではなくて、他者を害する危険はない精神障がい者をも強制的に隔離するのが、医観法の本質だというのであれば[79]、それは、違憲とされた「らい予防法」に基づくハンセン病隔離政策と同じ過ちを犯すものと言わなければならないのである。

　このことは、精神保健福祉法に基づく措置入院のみならず、医療保護入院に

---

75 岡田行雄「心神喪失者等医療観察法にかかる最高裁の合憲決定によって議論の決着は着いたのか？」障害法5号(2021年)87〜90頁参照。

76 熊本地判平13・5・11判時1748号30頁

77 内田・前掲註67書40〜41頁参照。

78 岡田・前掲註75論文89〜90頁参照。

79 医観法による入院決定の要件である、「対象行為を行った際の精神障害を改善し、これに伴って同様の行為を行うことなく、社会に復帰することを促進するため、入院をさせてこの法律による医療を受けさせる必要があると認める場合」(医観法42条1項)は将来予測を含めざるをえず、過去の犯罪事実認定に比べて極めて不確実・不正確になりやすく、そうであるがゆえに必然的にその判断に誤りを生じさせる。池原毅和『精神障害法』(三省堂、2011年)331頁参照。

も当てはまる。ちなみに、国連恣意的拘禁作業部会は、2018年に、窃盗の疑い
で医療保護入院させられた統合失調症の男性について、それを不当とし、差別
だとする日本政府への意見書を採択した[80]。

　国際的に見ると、精神障がい者等を入院させる病床数は減少傾向にあり、そ
れは、障がい者の権利条約採択以降確固たる潮流となっているのに、日本だけ
は、そうした国際的な潮流に反し、いまだに多くの精神障がい者等が精神科病
院に入院を余儀なくされていると指摘されている[81]。障がい者の権利条約、そ
して、そもそも憲法13条、14条等の観点から、精神障がい者等への差別・偏見
の根幹となっている強制入院制度そのものが即刻見直されなければならないの
である[82]。

　こうした見直しを経て、精神医療も、一般医療と同じく、病に苦しむ者が自
ら医療機関を訪れ、インフォームド・コンセントに基づく医療の提供を受け、
治療のために医療機関内でしか提供できない高度な医療の提供が必要な場合に
だけ、本人が望んで入院するシステムへと生まれ変わらなければならない。こ
れが、触法精神障がい者や行為依存者に積み重ねられる被害と「被害」を防止し
ていくためには必要不可欠である。精神障がい等の病識を本人が持たないこと
が問題とされてきたが、強制入院制度こそ、精神障がい者等の本人に病識を拒
否してしまう最大の理由であるという認識が共有されねばならない[83]。

80　「強制入院『不当、補償を』　国連が日本政府に意見書」日本経済新聞2018年6月3日付記事
　　参照。この記事は、以下のURLで参照できる〈https://www.nikkei.com/article/
　　DGXMZO31312690T00C18A6CR8000/（2024年1月9日最終確認）〉。

81　内田・前掲註67書49～59頁参照。

82　日本弁護士連合会も精神障がいを理由とした強制入院制度廃止を2021年10月15日決議してい
　　る。この「精神障害のある人の尊厳の確立を求める決議」は、以下のURLで参照できる〈https://
　　www.nichibenren.or.jp/document/civil_liberties/year/2021/2021.html（2024年1月11日最
　　終確認）〉。

83　八尋・前掲註35論文327頁参照。

3 ピアグループ参加に向けての条件整備

　強制入院制度を中核とする精神科医療を見直すとすれば、精神医療を一般医療に組み入れるほかに、必然的に社会の中で精神障がい者等が暮らせるような環境を作っていくことが求められる。そして、精神障がい者等が、家族との同居を望み、その家族もまた同居を望む場合はともに支援を受けられる制度が、そして本人ないし家族が同居を望まないのであれば、本人が自由に過ごせる居場所とそれを許容してくれる仲間の存在も必要不可欠である（もちろん、被害や「被害」が積み重ねられた家族への支援も別途必要不可欠である）[84]。これらが、「隔離による人生被害を回復する」[85]ための基盤となろう。

　ここで挙げた仲間のことを英語ではピア（Peer）という。精神障がい等に苦しみつつも、社会で生活ができるようになったピアによるサポートやカウンセリングこそが、触法精神障がい者等が社会で生活できるようになるためにも必要不可欠であるならば[86]、触法精神障がい者等が社会の中でピアに容易にコンタクトを取って、出会えるようになるための情報提供こそが極めて重要になる。

　現在、薬物依存者にとっては、全国に展開中であるダルクがピアグループとして活動しており、ダルクにつながり、ダルクのプログラムに参加することで、薬物依存者にとって社会で生活するモデルとなるピアに出会うことができる[87]。アルコール依存者にとっても、ピアグループは、社会生活の中で受けるさまざまなストレスに対処するために必要不可欠との当事者による指摘があり[88]、数多くのピアグループが日本にも存在している。さらには、近時、窃盗

---

[84]　八尋＆精神科ユーザーたち・前掲註68書83頁参照。

[85]　八尋・前掲註35論文328頁。

[86]　精神障がい者が社会で生きていく上で、ピアの存在が何よりも必要不可欠であることについては、八尋＆精神科ユーザーたち・前掲註68書20〜21頁参照。

[87]　日本で活動しているダルクの所在地等の情報は、日本ダルクのウェブサイトに掲載されている。この情報については、以下のURLで参照できる〈http://darc-ic.com/darc-list-3-2-2-2/（2024年1月10日最終確認）〉。

[88]　渡邊・前掲註33書111〜112頁参照。

行為依存者のピアグループも、一定の地域で立ち上げられており、ウェブサイト上で、その情報に触れることができる[89]。しかし、性的逸脱行動依存者向けのピアグループはインターネット上の検索ではなかなか情報が得られないのが現状であって、このことは、日本において、性的逸脱行動に依存しつつも、社会の中で生活をし、ピアとつながるということが極めて困難であることを示している。したがって、触法精神障がい者や性的逸脱行動依存者等の少数者が社会の中でピアとつながることができる場所を作るための公的な支援こそが、喫緊の課題であると言えよう。また、既存のピアグループの中には、ダルクのように、利用するのに一定の金額を支払わねばならないものもある。貧困な状況にある触法精神障がい者や行為依存者であっても、こうした利用料が必要なピアグループに参加できるように、利用料を公的に負担する仕組みも整備される必要がある。

行為依存者に積み重ねられた被害を埋め合わせるには

1　治療的司法の再検討の必要性

　薬物依存者等の行為依存者に、刑事司法の対象となって以降に積み重ねられた被害や「被害」を埋め合わせるためになされるべき支援については、「加害者」や「非行少年」の場合と基本的には同じと言ってよい。

　ただし、刑の一部執行猶予や治療的司法については、別途の検討が必要である。もっとも、刑の一部執行猶予については、現状の運用を前提にする限り、行為依存者にとって、実刑よりも重い制裁にほかならず、「被害」が積み重なるばかりであろう。行為依存者にとっての「被害」を生じさせない方向での運用変

89　赤城高原ホスピタルのウェブサイト上に、各地で活動している窃盗行為依存者向けの自助グループについての情報が掲載されている。このウェブサイトについては、以下のURLで参照できる〈http://www2.wind.ne.jp/Akagi-kohgen-HP/Kleptomania_meeting.htm（2024年1月10日最終確認）〉。

更がなされないのであれば、刑の一部執行猶予制度は、むしろ、さらなる被害者等を生み出す原因となりかねないものであって、被害や「被害」を防止するためには、その運用を極小化、あるいは廃止すべきであろう。

次に、治療的司法については、すでに見たように、対象者が、治療プログラム等を受講することに真に同意したと言えるのかという問題を始めとして、さまざまな問題がある。その上、行為依存者に刑罰等を用いて効果的な治療を強制しようとしても、いずれも行き詰ってしまい、結局は、行為依存者に治療を受けるよう「説得」するか、背景にある個人的問題を解決する援助者の間接的な効果を期待するしかないとの指摘もある[90]。

そもそも、行為依存が一種の病気だとして、行為依存を止めるには、それへの治療しかないという考え方は唯一の正解なのかが改めて再検討されるべきであろう。上で見た通り、同じ苦しみを味わったピアとつながることが、社会で生きていくうえで必要不可欠なことを、行為依存者本人が、まず知ることが重要であるならば、それを治療だとして事実上強制するよりも、本人がそれに参加したくなるようなさまざまな支援がなされるべきである。それこそが、治療的司法による被害や「被害」を防ぎ、それまでに積み重ねられた被害や「被害」の埋め合わせとなるのである。

2　被害の埋め合わせに向けた研究の必要性

触法精神障がい者にせよ、行為依存者にせよ、積み重ねられてきた被害や「被害」が認知されるようになって、まだそれほど時間が経過したわけではない。今後、触法精神障がい者や行為依存者が社会で生活していくために、どのような取組みがなされるべきかについての研究がさらに積み重ねられる必要がある。そうした研究の積み重ねこそが、まさに、触法精神障がい者や行為依存者に積み重ねられた被害の埋め合わせにつながるのである。最後にこのことを強調して、本Partをまとめることにしたい。

90　松宮孝明「治療的司法と刑罰との対話」治療的司法ジャーナル5号（2022年）8頁参照。

Part 5

冤罪被害者等と
その家族の被害と「被害」

冤罪被害者には、刑事手続におけるさまざまな被害が積み重ねられている。その家族は、「加害者家族」と同様の被害が積み重ねられている。まさに犯罪被害者そのものとも言うべき冤罪被害者とその家族への補償等や冤罪被害の防止に向けて、どのような取組みがなされるべきなのであろうか？

■被害実態編

事例1　交際相手の洗脳によって
##　　　　弟を死に至らしめたケース

1　引き裂かれたきょうだい

　ある日、自宅の階段下に倒れている当時17歳の岡本薫（仮名）を、同居している父親が発見した。薫は病院に搬送され、まもなく死亡が確認された。

　半年前にも、薫は自宅前で重傷を負って倒れており、近所の住民が発見し、病院に搬送されていた。薫は、2年前から亡くなるまでの間、4回にわたり暴力を受けたとみられる傷が確認されており、警察署は要保護児童通告を出していた。児童相談所は、薫に5回面談をしたが、薫は虐待を否定し、怪我の理由について、「車ではねられた」「自転車で電柱にぶつかった」「知らない人にいきなり殴られた」等、説明が二転三転していた。児童相談所は一時保護を提案したが、薫に断られ、保護につながらなかった。入院していた薫は、入院先の病院から抜け出し、自宅に戻っていた。

　警察は、薫の姉（20代）と、姉の交際相手の男（30代）を薫への傷害容疑で逮捕した。

　姉と交際相手は同居しており、ふたりとも無職だった。毎月15万円の生活保護費を受給して生活していた。薫は使い走りにされており、朝から晩まで梱包作業等のアルバイトをさせられ、月約20万円の給料は、すべて姉の口座に振り込まれ、姉と交際相手ふたりの遊興費に使われていた。薫は、ごみ捨て等の家事も任せられており、日常的に暴力を振るわれていた。

　薫は、殴る蹴るの暴行を数十回受け、急性腎不全や肺水腫等、約9週間の重傷を負っていた。怪我の原因について、薫は父親や医師に、「自分で転倒した」「車にはねられた」等と説明していた。姉の供述によると、薫は姉の交際相手から「自分で転倒したと言え」と口止めされていたという。姉と交際相手は、入院

中の薫と頻繁に携帯電話で通話しており、病院を抜け出すよう指示された可能性が高かった。

薫のアルバイト先の従業員は、薫の顔の半分が青く腫れあがっている姿を見ていた。

薫が亡くなる3年程前、姉と交際相手は、趣味の出会い系サイトで知り合い同居を始め、1年後には、両親と兄が住む実家に入り浸るようになり、それから母親は父親と離婚して家を出ている。

当時中学生だった薫は不登校気味になっていた。体はどんどん痩せて、丸刈りにされ、ニット帽等で隠していたこともあった。顔に痣や腫れがあり、何かあったのか尋ねると、「自転車で電柱にぶつかった」「ゲームセンターで絡まれ暴行を受けた」等と説明していた。

父親が、男女数人に絡まれ殴られたという薫を連れ、警察署に被害届を出していたこともあった。

姉と交際相手は薫に対する傷害罪で起訴された。ふたりは、薫の全身を折りたたみイスで殴ったことや、木刀で殴打していたことを供述しており、父親と兄の行動を薫に監視させていたことが判明した。ふたりは、死亡した薫の暴行に関与した疑いが強まり、傷害致死罪で再逮捕された。薫が死亡する前夜、姉と交際相手が寝泊まりしていた実家の離れで、薫の顔や背中等を木の椅子で数回殴り、翌朝未明死亡させた疑いが持たれている。死因は折れた肋骨が刺さったことによる心臓挫傷。ふたりは、「薫を離れに呼び出したとき、体調不良を装ったことに腹が立った」と説明し、警察は、日常的な暴力がエスカレートしたとみていた。

さらに、姉の交際相手は、薫に兄の通帳や印鑑を持ち出すよう指示し、金を引き出していた。

地裁で姉と交際相手の初公判が開かれ、姉は、「自分は止めようとした」として無罪を主張した。交際相手は、姉が暴行したと訴え、両被告の主張は対立した。

両被告は、供述調書は、警察による強引な取調べによって作成されており、

証拠としての信用性がない旨主張したが、同年、地裁は、両被告の主張を退け、姉に懲役14年、交際相手に懲役15年の判決を言い渡した。

判決では、薫への暴行はふたりが共謀して行ったものと判示されており、傷害と傷害致死については両者等しい刑が科されていた。

姉は判決を不服として控訴したが、高裁は控訴を棄却、懲役14年の刑が確定した。罪を認めていない点も、「暴行の責任を交際相手に押しつける不合理な弁解に終始しており、真剣な反省態度がみられない」と厳しい判決につながっていた。

2　冤罪の可能性

岡本家は、事件が起こるまでごく平凡な家庭だった。長男の陽介(仮名)と、長女の愛美(仮名)、次男の薫、きょうだい仲の良い家族だった。特に愛美と薫は仲が良かった。

思春期に差し掛かると、愛美は学校生活がうまくいかず、不登校になっていった。親との仲も悪くなり、愛美は段々と家に寄りつかなくなった。

ある日、愛美は、彼氏ができたと家に男性を連れてきた。それが、今回の事件の犯人の洋一郎(仮名)であり、愛美より10歳年上だった。洋一郎は、中学を卒業してから定時制高校に進学したが中退し、それからずっと無職だった。母親の幸子(仮名)は、洋一郎が信頼できる相手とは思えなかった。

洋一郎はたびたび、家族が暮らす家に入り浸るようになった。父や兄は文句を言わなかったが、幸子は愛美に悪影響だと感じた。洋一郎は、幸子が自分を警戒していることに気がつくと、幸子を追い出す作戦に出た。

家族全員に、幸子が浮気をしているという情報を流し、信じ込ませた。幸子は、愛美と薫から暴言を吐かれるようになり、徐々に家の中に居場所がなくなっていった。そして父親と離婚し、家を出た。

邪魔者を追い出した洋一郎は、さらに一家の支配を進めていった。愛美と一緒に実家の離れに寝泊まりするようになり、弟の薫を働かせ、給料すべてを奪い取り、ゲーム等の遊興費につぎ込んだ。洋一郎は、薫が思い通りにならない

と、激しい暴力を加えた。薫への暴力は、愛美への見せしめだった。髪の毛を丸刈りにしたり、洗剤入りのジュースを飲ませたり、真冬に外で寝るように命令する等、洋一郎はあまりに惨い仕打ちを日常的に薫に行っていた。

洋一郎の薫への暴力を目の当たりにする恐怖は、次第に愛美を無力化させていった。愛美は、暴力が自分に向けられることを怖れるあまり、洋一郎に服従するほかなかったのである。それゆえ、激化する洋一郎の薫への暴行に、「もういいじゃない」となだめるのが精一杯だった。洋一郎は、きょうだいふたりを支配するために、両親や兄は信用ならない人々だと吹き込んでいた。家族のほかに友人も、頼りにできる相手もいない愛美にとって、洋一郎の支配から逃げ出すことは不可能といえる状況に追い込まれていた[1]。

薫が亡くなる前夜の暴行は、一般的な女性では及ばないような力が薫に加えられていた。

愛美は、睡眠薬を飲まされており、事件当日も意識がはっきりしていなかった。木製の椅子で薫を殴り、殴った際に折れた破片が、薫の肛門に突き刺さっていた状況からも、愛美が眠らされている間、薫が性的暴行を加えられていた可能性もある。

愛美は、逮捕前まで睡眠薬を多量に服用しており、逮捕直後、意識がはっきりとしない状況で取り調べに臨んでいた。警察署から家族宛に送られてきた手紙の筆跡は酷く乱れており、精神的に不安定な愛美の状況を示すものだった。逮捕からしばらくは、洋一郎の洗脳が解けておらず、弟の死を止められなかったことへの罪責感から、愛美は真相を語ることができずにいた。愛美は週に一度、家族宛に手紙を書き続けているが、その内容から判断するに、愛美が事件と向き合うことができるようになったのは、逮捕から半年が経過した頃である。

兄や父も、突然、強烈な睡魔に襲われた経験があり、洋一郎に睡眠薬を盛ら

1　このような心理状況につき専門的に解説した書籍として、村山満明＝大倉得史編著『尼崎事件支配・服従の心理分析』（現代人文社、2015年）110～122頁を参照されたい。

れたのではないかと考えている。洋一郎の目的は、岡本家の支配であり、いずれはきょうだいだけでなく、家族全員を支配し、意のままにしようと企んでいたのではないかと思われる[2]。

3 コメント――再審請求へのハードル

筆者は、愛美の冤罪を晴らしたいという家族の意向を受け、数多くの刑事事件を手掛け、同種の事件を担当した経験のある弁護士を愛美に紹介した。愛美と接見した弁護士は、再審請求に向け専門家に情状鑑定を依頼した。

再審請求のための活動が本格化すると、愛美は刑務所側からの圧力を感じるようになった。「やめたほうがいい」と愛美に助言する刑務官も存在した。再審請求をするということは、すなわち罪を認めていないことの証であり、「真摯な反省の態度は後退した」と受け取られても仕方がないという。トラブルを起こす受刑者が多い中、1日も早く出所したい愛美は努力を重ね、模範囚を通していた。冤罪を証明したいと思う反面、愛美は、再審に向けた活動が早期出所の妨げとなるのではないかという不安に苛まれるようになった。愛美は、控訴審の判断に不服であったが、実刑回避は困難であると判断し、上告は断念していた。今回もまた、同じ問題にぶつかっていた。

1日でも早い出所を望む気持ちは、家族も一緒だった。再審によって、確実に受刑生活に終止符を打てるのならば、かけてみたいが、事実上ハードルは高いと弁護人も判断している。そこで、刑務所側の意向を優先し、再審請求は断念せざるをえない結果となった。

---

2 マインドコントロールを背景とした事件として、阿部恭子『息子が人を殺しました――加害者家族の真実』(幻冬舎、2017年)67～70頁参照。

事例2 保険金殺人の濡れ衣を着せられ 無期懲役で服役しているケース[3]

1 当時の事件報道

当時の事件報道によれば、佐々木正彦(仮名・43歳)は、渡辺康弘(仮名・60歳)の妻・礼子(仮名・61歳)と長男・康夫(仮名・32歳)と共謀し、康弘に生命保険を掛け、殺害する計画を企てた。正彦は康弘を鉄パイプのようなものでめった打ちにし、礼子と康夫が康弘を自宅に連れ帰り、そのまま放置して殺害したと報道されている。

刑事裁判の初公判の前日、地元紙は、「『殺される』被害者覚悟？」「ありもしない借金背負う」「生活苦で返済手だてなく」「一家を哀れむ声も」といった見出しで事件を報じていた。

同紙によれば、事件3カ月前、被告人3人が集まり、受け取り総額が約1億円に上る数社の生命保険を康弘にかける決断をし、康弘はその場で自ら保険契約書に署名捺印した。渡辺一家は数年前、旅館で働いていた礼子を通じて正彦と知り合ったとされる。

礼子と康夫は、正彦の作り話を信じ、正彦が主導する事業に出資することにした。正彦は、「土地を立て替えて買った」として一家に1億7,000万の借用書を書かせ、手付金600万円を騙し取った。

康弘と康夫はそれぞれ務めていた会社が倒産し、無職になっていた。親子で飲食店を始めたが、慣れない仕事に客はつかず、生活に困窮し始めていた。

架空の債務返済を執拗に迫る正彦に対し、一家に返済の手だてはなかった。康弘は命の危険を感じ、事件前に地元警察に相談していたが、警察はその時点で「話が抽象的過ぎて介入できない」と判断した。康弘は保険加入後、被告らに言われ、交通事故に見せかけた飛び込み自殺を図ろうとするが、できないまま

---

3 本事例は、阿部恭子『家族が誰かを殺しても』(イースト・プレス、2022年)69〜124頁に掲載された内容を加筆したものである。

事件を迎えてしまう。

　一方、正彦は調べに対し、現場に行ったことは認めたものの、保険金目的の殺人については一貫して否認していた。

　殺人罪に問われた礼子と康夫は起訴事実を認めたが、主犯格とされた正彦は起訴事実を全面的に否認した。

　被告人３人は、被害者の渡辺康弘にかけた生命保険8,800万円を手に入れようと共謀。正彦がＸ町の河川敷で康弘を鉄パイプのような物で殴り、瀕死の重傷を負わせた。その後、康夫が車で自宅に運んで放置し、翌日、外傷性ショックにより康弘を死亡させたとされる。

　罪状認否で正彦は、「河川敷にはたしかに行きましたが殴ってはいないです。車で運んで放置したこともないです。共謀した事実もありません」と答えていた。

　検察官は冒頭陳述で、「被告人（正彦）は、康夫に架空の儲け話を持ち掛け、立て替え払いの清算と称して１億7,300万円の支払いを要求」。さらに、「被害者を交通事故死に見せかけて殺害し、保険金の詐取を計画する。計画を知った被害者は驚愕のあまり絶句した」と指摘。

　「その後、被告人（康夫）は、共謀に基づき、被害者を殺害して自動車保険金を詐取するため、同人をＸ県内各所に連れていき、走行中の自動車に飛び込ませようとしたが、交通事故死を装って自殺することに同意していない被害者は、走行する自動車に飛び込む覚悟もできておらず、飛び込むことはできなかった。被告人（正彦）は、被害者が一向に交通事故を装って自殺しようとしないことから、暴行・脅迫等により、被害者を追い込んで死を決意させることにし、被告人（康夫）から、被害者が自動車に飛び込まなかった旨の報告を受ける都度、被害者に対し、殴る蹴るの暴行を加えたり、凶器を示して脅す等したりして死亡することを迫っていたが、被害者は自動車に迫って指を負傷したほかは、自動車に接触することすらできなかった。そこで被告人（正彦）は、被害者宅において、家族の面前で被害者に対し、『親父さんに犠牲になってもらえないか』等と、自動車保険金で被告人（康弘）に対する借金を返済するため、交通

事故を装って自殺するよう改めて要求し、被告人(康夫)もこれに追随して被害者に対し『何とか頼む』等と申し向けたが、被害者はこれを拒否した。被害者が自動車に飛び込み指を怪我する事故を起こしたことで、被害者は警察に相談したことから、被告人(正彦)は警察に怪しまれることを怖れ、県外に被害者を連れ出して殺害することにした。被告人(康夫)は、被告人(正彦)の指示に従い、たびたび被害者を県外まで連れ出し、交通事故を装って殺害しようとしたが、被害者がこれに応じなかったため、殺害するに至らなかった」。

「被告人(正彦)は、被害者に対し、鉄パイプ様の凶器で殴打する準備をして河川敷に向かい、被告人(康夫)に車の助手席にいるように指示すると、被告人(正彦)は被害者の両腕及び両腿部等をめった打ちすることを繰り返し、被害者に四肢多発打撲傷による瀕死の重傷を負わせた。被告人(正彦)は、被害者を鉄パイプ様の凶器で殴り終えると、被告人(康夫)に対し、『親父は死ぬ気がなく、家族がどうなってもかまわないと考えている』と告げたり、別の方法で被害者を殺害することを提案する等してから、車で現場を離れた。被害者を自宅に連れて帰った被告人(康夫)は、被害者が瀕死の状態だったことから救急車を呼ぼうと考えたが、被告人(正彦)に電話をすると『どうせ死ぬんだったら今死んだ方がいいんじゃない』等と申し向けて、被害者をそのまま放置して殺害するように指示し、被告人らに改めて被害者をそのまま放置して殺害することを固く決意させ、被告人3名は被害者殺害の共謀を最終的に確認した」と主張した。

検察官は、「被告人の刑責はあまりに重大であり、保険金殺人事件だけであっても、死刑若しくは無期懲役のみに法定刑が限定される強盗殺人罪に匹敵する刑責を一身に背負うべき立場にあることが明らかであることから、被告人らに対しては、それに見合った厳刑をもって臨まなければならない」としたうえで、無期懲役を求刑した。

正彦は、起訴内容すべてを否認し、弁護人は「犯人でなければ説明できない客観的な証拠がない。共犯者の供述も信用できない」と無罪を主張。

正彦は最終弁論の後、裁判長から言い残したことがないか尋ねられると、「俺は絶対やってないんで、信じてください」と供述した。

2　被告人の主張は完全に退けられる

　地裁判決は、「本件各犯行は、被告人（正彦）が自己の生活費を得るために敢行されたものであり、その動機は自己中心的であって、酌量の余地はない。被告人（正彦）は、言葉巧みに被告人（礼子）を通じて渡辺一家に入り込み、被告人康夫らに架空の儲け話を持ち掛け、同事業に関連してさまざまな名目で渡辺一家に金銭の支払いを要求し、事業を一方的に中止して、1億7,300万円もの借金があると信じ込ませてその返済を迫り、渡辺一家を精神的に追い詰めて崩壊させ、渡辺家からの金銭支払いが困難になるや主導的立場で被告人2人とともに被害者の保険金殺害を計画し、その後、被害者を約3カ月にわたり、死に追いやるべく走行中の自動車に飛び込むよう繰り返し迫り、恐怖から実行できない被害者に冷たい言葉をかけるのみならず、繰り返し暴力を振るい死の恐怖を味合わせたものであり、被害者を鉄パイプ様で約1時間にわたり殴打して重篤な傷害を負わせ、瀕死の状態で苦しんでいる被害者を見殺しにしており、その犯行態様も冷酷で、まさに非人間的所業である。これまで前科前歴がないこと等被告人（正彦）に有利な事情を最大限考慮しても、無期懲役をもって臨むのが相当である」と判示し、裁判所は、正彦が被害者の渡辺康弘の妻子を洗脳し、金銭目的で殺害したと判断した。

　検察官は、長男の康夫に懲役18年、妻の礼子に懲役16年を求刑し、被告人正彦に騙され、実在しない債務の返済が動機としたうえで、「被害者の命をいけにえとして金にする道を選んだ」と指摘した。判決は康夫に懲役16年、礼子に懲役14年が下された。

　正彦は、判決を不服として控訴したが控訴棄却、上告も棄却され無期懲役の刑が確定した。

3　冤罪の可能性

（1）家族の証言

　事件が起きた日、犯行時刻は「午後7時40分〜8時40分頃までの1時間」とさ

れているが、この時間帯、正彦は、家族で過ごしていたことは間違いがなかった。当時、佐々木家には柴犬とコーギーの5匹の犬がいた。散歩はいつも車に犬を乗せ、土手で降ろして家族の誰かが犬と一緒に走り、運転をする家族がライトで道を照らすという方法だった。散歩は、柴犬とコーギーの相性が悪いため、犬種ごとに分けて2回行っていた。時間は、午後7時過ぎか午後8時過ぎまでかかり、自宅に戻ってそれから夕飯を取るのが日課だった。

　その日も、午後7時過ぎから親子3人で柴犬を連れていき、一度自宅に戻ってからコーギーを連れて行き、再び自宅に戻ったときには午後8時を過ぎていた。その日は、正彦の母親が家で夕飯の用意をしていた。夕飯を終えた後、家族でテレビの映画番組を見ていた。犯行時刻とされている時間、家族は正彦と離れた瞬間はなかった。

　また、事件現場とされたグラウンドに行くには、土手を降りて行かなくてはならない。しかし、前日から台風が近づいており川の水が上がり、当日は車で土手に降りられるような状況ではなかったというのだ。

　「現場に行けば一目瞭然」

　正彦は何度もそう言っていた。

　筆者と新聞記者は、正彦の妻・文子（仮名）に案内してもらい事件現場まで足を運んだが、道路は完全に舗装され、もはや当時の様子がわかる状況ではなかった。

（2）　殺人の動機が不明確

　康夫は、正彦に借金があると騙されたことが保険金殺人に至る理由だと説明しているが、保険金の受取人はあくまで家族であり、正彦に自動的に保険金が入ってくるわけではない。当時の正彦と家族は、経済的には十分ゆとりのある生活をしており、殺人というリスクを冒してまで金銭を必要とする状況ではなかった。

　捜査側が主張する犯行時刻は当初、取調べにおいては午後4時頃とされていた。その後、時間が夜に変更されているが、いずれにしても犯行現場とされた土手は、ジョギングや犬の散歩をする人が多い場所であり、犯行現場としては

あまりに不自然であり、計画的に行われた犯行としてはあまりに杜撰な点が多い。

（3）正彦の主張

本件のきっかけとなったのは、正彦が家族と温泉旅行に行ったときに、旅館の仲居をしていた礼子との出会いだった。礼子は、正彦の息子にお年玉をくれたことから、正彦がお礼をしたいと関わりを持つことになった。

礼子の夫・康弘は一向に働こうとせず、一家の生計を支えていたのは礼子だった。正彦は礼子を不憫に思ったのと、新しい事業を立ち上げたばかりで人手がほしかったことから、礼子の家族を正彦の会社で雇うことにした。

正彦は、渡辺家と関わりを持つようになるが、康弘と康夫、次男も労働意欲が低く、きょうだいは康弘を疎ましく感じ、康夫は日常的に康弘に暴力を振るっていた。康弘の長女は保険会社に勤務しており、保険金の話を持ち出したのは長女である。事件当日も、康夫は康弘に暴力を振るっており、正彦は止めようとしていた。おそらく、暴力が行き過ぎて死亡してしまい、正彦に罪をなすりつけたのではないかと考えている。

4　再審請求へのハードル

（1）協力者を得られない

正彦は、東北地方で生まれ、故郷の高校を中退後、大工の見習い等をして、30歳を過ぎた頃から主に東京で大工の仕事をしていた。羽振りもよく、家族には贅沢をさせたとも話す。

近所の人の中には、正彦を「ヤクザにしか見えなかった」と話す人もおり、どこにでもいる平凡な家族とは見られていなかった。正彦は、暴力団の構成員ではないが、暴力団との関わりについて、「暗黙の了解で、この業界では関わったことない人なんていないでしょ」と関与は認めている。

正彦は、事件前まで土木事業を営んでおり、事業をめぐって同業者から恨みを買うことが多かったという。正彦が事業を独占した結果、倒産に追い込まれた会社もあり、自殺した社長もいる。

　事件後、正彦に取材を試みた記者はなく、事件を傍聴していた記者の中で正彦の冤罪を支持する記者は誰もいなかった。事件後、正彦の家族の下には報道陣が殺到したが、恐怖のあまり家族は一言もコメントすることができなかった。それゆえ、文子が主張する「アリバイ」についても記録には残っていないのである。

　判決確定後、正彦の母親は冤罪を晴らすために東京まで行き、弁護人になってくれる弁護士を探すが見つからないまま、資金は途絶えてしまった。

　捜査段階から依頼していた私選弁護人ともうまくいかず、正彦は弁護士を信用していないことから再審請求はなかば諦めていた。しかし、諦められないのは家族の方で、家族がWOHに調査を依頼したことにより介入に至った。

　近年、正彦と接見した弁護士によれば、事件から10年以上が経過しており、当時の状況を説明できる証拠はなく、事件の真相を知っていると思われる被害者側との接触も難しいことから、再審請求へのハードルは限りなく高いと判断している。

（2）　刑務所側からの嫌がらせ

　筆者が正彦と面会を始めた頃から、正彦は面会後、刑務官から「余計なことを喋るな」等と叱責され、階段から突き落とされるといった嫌がらせが始まった。WOHの介入により、報道関係者が取材のために面会を申し込んだり、弁護士が接見する等の再審に向けた活動が活発化すると、処遇は1類から3類に下げられ、面会や文通の回数が減らされてしまった。

　このような不当な処分に対して、刑務所所在地にある弁護士会の人権擁護委員会に通報し、弁護士を派遣して法律相談を受けたものの、状況はいまだに改善されていない。

5　コメント──冤罪防止のために市民ができること

　現在の日本のメディアの多くは、残念ながら権力監視の役割を果たせていない。被告人が無罪を主張している裁判報道では、「認めていない」と反省していないことを批判するともとれる記事が並ぶ。ネット上でも苛烈な「無罪主張

バッシング」が起こる場合があり、こうした圧力への怖れから「認めた方が楽」という気持ちに被告人も家族もならざるをえない。

この空気は刑務所内でも受刑者を支配しており、再審請求に向けた動きを見せた瞬間から、事件の背景をまったく理解していない職員から「反省していない」と糾弾され、優遇区分を下げる旨の「脅し」をかけられることさえ起きている。当然、仮釈放の評価にも響くという不安から、本Partの事例1のように有期刑の場合は断念する決断をする受刑者もいる。ここでもやはり、「認めた方が楽」という判断をせざるをえず、こうした体制が冤罪の温床となっていることは間違いないであろう。

再審事件では弁護士の協力が不可欠であるが、受刑者やその家族に資力がないことから手弁当での支援にならざるをえず、担い手を見つけるのが非常に困難な状況となっている。また、相談した弁護士に再審請求の経験がないことを理由に断られるケースも多い。

このような状況下で市民に何ができるのか。まず、犯人視報道等の偏向報道には沈黙せず、報道機関への抗議や批判的な意見をSNSで発信する等、市民に求められるアクションは多々あるはずである。筆者は、偏向報道の是正となるよう一般メディアがアクセスしにくい加害者やその家族の証言から得られた情報や誤報の訂正記事の掲載等を積極的に行っている。

障がいを持つ人や高齢者が被疑者となったケースにおいて、特徴を熟知したソーシャルワーカーによる面会は、供述弱者の表現を補強し、冤罪予防にも繋がっている。否認事件においても、弁護人だけではなく、家族や友人、支援者による面会は、被疑者にとって挫けそうになる心の支えになったと多くの人が証言している[4]。接見禁止の場合は、弁護人が家族や支援者との橋渡しを積極的に担うことにより、塀の外との関係を絶たないことが、いわゆる「代用監獄」で孤立する被疑者を勇気づけることにつながるはずである[5]。

---

4 阿部恭子『加害者家族支援の理論と実践―家族の回復と加害者の更生に向けて［第2版］』（現代人文社、2021年）250～260頁。

5 加害者家族支援による冤罪防止の観点について、阿部・前掲註4書183頁参照。

事例3　地域で犯人視され続けた男性[6]

1　アニメオタクの独身男性が性犯罪者にされる

　田辺登(仮名・40代)は、北陸地方で工場に勤務する非正規社員である。大学は卒業しているが、正社員の職に就くことができず、パートやアルバイト等、職を転々としてきた。人づき合いよりアニメやゲームが趣味で、結婚に興味はない。

　　「『あいつはアニメにしか興味ない』って、気持ち悪がられることもあるんですが、本当にそうなんですよ。だから、子どもなんかにまったく興味ないんですけど……」

　登は、近所で連続して起きている小学生へのわいせつ事件の犯人と疑われていた。近所の小学校に通う女子児童が通学路で男に声をかけられ、身体を触られたり、刃物で脅されたりといった被害が複数寄せられていたのだ。

　登の住んでいるアパートの隣には小学校があり、登は夜間から早朝にかけてのシフトのため、昼間は自宅におり、夕方から仕事に出る生活を送っていた。登の自宅には何度か警察が訪れ、生活状況等を詳しく聞かれていた。

　　「女性経験までしつこく聞かれて、なんでそんなこと言わないといけないのか、屈辱的でした」

　しかし、犯人の目撃情報による容姿と、登の体型や髪形はあまりにかけ離れており、次第に捜査の対象からは外れたようだった。ところが、登の自宅には石が投げられたり、ドアの前に鳥の死骸が置かれるといった嫌がらせが始まったのだ。

　　「警察が連日うちに来るのを近所の人は見ていたでしょうから……、僕が犯人だと疑われているようです。いつも使うコンビニとか、飲み屋にも怖

6　本事例は、阿部恭子「自宅に石を投げられ、玄関前には鳥の死骸が…性犯罪者と誤解された独身男性が味わった"地獄のような日々"」PRESIDENT　Online(2024年1月30日)〈https://president.jp/articles/-/78046?page=1(2024年4月18日最終閲覧)〉に加筆したものである。

くて行けなくなりました」

　噂は、登の職場にまで広まっているようだった。

　「いままで私生活のことなんか聞かれたことないのに、上司にはいろいろ
　　聞かれるし、周りもよそよそしいんですよ」

　登は帰宅するたびに、自宅に何か嫌がらせがされているのではないかと、鍵
を開ける瞬間が怖くなった。

　「いつまでこんな思いをすればいいのか……。早く犯人捕まえてくださいっ
　　て泣きながら警察署に駆け込んだこともありました」

　しばらくして、隣町に住む無職の男が逮捕され、容疑を認めていると報道さ
れた。「やっと終わった……」と登は胸を撫で下ろした。

　ところが、自宅の郵便受けには風俗店のチラシが大量に投げ込まれていた
り、昼間、寝ていると玄関のチャイムが鳴り、ドアを開けると誰もいないと
いったいたずらは止まらなかった。

　職場の人々のよそよそしい態度も変わらず、親しくしていた友人に率直に聞
いてみると、この付近でまた女児を狙った事件が起きていて、登はまた犯人視
されているのだという。

　「この地域では、一度噂が出るとなかなか消えないんですよ。本気で疑っ
　　てるのか面白がってるのかわかりませんが……。いちいち、『僕は犯人じゃ
　　ありません』って説明して歩くわけに行きませんし……」

　登はこの件をきっかけに上京している。

　「あんな経験するまでは田舎が好きだったんですが、いまでは、人目の気
　　にならない都会が自由で本当に楽です」

2　コメント――偏向報道が生む偏見

　子どもが犠牲となった事件や性犯罪が起きると、「犯人扱いされて困ってい
る」という独身男性から相談が寄せられることがある。

　2018年、新潟県新潟市で小学2年生の女児が殺害され線路に遺棄される事件
が起きた際も、事件直後に犯人だと疑われたのは、事件現場から70メートルほ

どのところにある銀行の社員寮に暮らす男性だった。この男性は社員寮のなかでは唯一の独身であり、事件が発覚してから犯人が逮捕されるまでの1週間にわたり、報道陣に追いかけられるといった報道被害を受けていた。

　筆者は加害者家族支援において、1,000件以上の性犯罪事件に関わってきたが、性犯罪者となった人々の容姿、年齢、社会的地位は実にさまざまであり、いわゆる「非モテ」で性に飢えた孤独な男性像というのは必ずしも当てはまらない。

　「アニメ」や「オタク」を、昭和の凶悪事件を象徴する東京・埼玉幼女連続誘拐殺人事件の犯人のイメージから、いまだに犯罪者と結びつける人々もいる。膨大な量のビデオや漫画で埋めつくされた犯人の部屋の映像は、あまりにも衝撃的で記憶に焼きついているが、後に、テレビカメラマンが、「マスコミ的においしいブツ」が思っていたほどなかったために、多数散乱していた雑誌等から下にあったポルノ雑誌を抜いて上に載せ撮影するという、性犯罪者の「いい絵」を撮るための演出を行っていたことが明らかとなった[7]。

　子どもを狙った事件が連続して起こると、その地域に暮らす親たちにとっては不安な日々を過ごすことになろう。事件報道では、「早く犯人が捕まって欲しいです」といった保護者のコメントがよく使用されるが、犯人逮捕への焦燥感は冤罪を生み出す要因となっていることも事実である。メディアには、捜査情報を垂れ流すだけではなく、地域がパニックにならないよう冷静さを促す報道を切望する。私たち市民は報道を鵜呑みにせず、偏っていると思われる報道を目にした際には、冤罪の可能性を示唆するコメントや意見を積極的に表明していくべきであろう。

7　小林俊之『前略、殺人者たち』（ミリオン出版、2015年）62頁参照。

■被害背景編

冤罪被害者

1　冤罪

　本Partでは、被疑者・被告人という当事者として刑事手続に関与させられた者が、実は無実だったという場合、すなわち冤罪によって生じる被害と「被害」にスポットを当てる。

　冤罪には、たとえば、窃盗事件の被疑者として逮捕されたが、その被疑者が人違いであったことがわかり釈放された場合から始まり、起訴後に裁判で、被告人が罪を犯したことに合理的な疑いが残るとして無罪判決が確定した場合等、さまざまな場合がある。本Partでは、無実の者が誤って刑事手続の対象となり、あるいは、有罪判決確定後に受刑させられたり、場合によっては処刑されたりした場合を、広く冤罪として扱う。

2　冤罪被害者とは

　冤罪被害とは、本来無実であって、本書でここまでに取り上げてきた刑事手続の対象となることによって生じるものも含めてさまざまなものをいう。つまり、刑事手続上の身体拘束等も当然受忍されるべきものではないので、「被害」ではなく被害となる。もちろん、任意での事情聴取等は「被害」と言うべきものであろうが、受忍すべき範囲を逸脱していれば、当然被害となる。

　冤罪被害者とは、被疑者・被告人、受刑者、死刑確定者等として、こうした被害や「被害」が積み重ねられた者をいう。

刑事手続によって生み出される冤罪被害と「被害」

1　人質司法

　こうした冤罪被害者やその家族には、刑事司法手続や少年司法手続の過程で、「加害者」、「非行少年」およびそれらの家族と同様の被害や「被害」が積み重ねられる。

　そこで、これらの被害や「被害」とは別に、冤罪被害者特有の被害や「被害」がもたらされる背景となる事情を、刑事手続の流れに沿って概観することにしよう。

　冤罪被害を生じさせる捜査段階の背景事情として、まず挙げられるべきは、被疑者取調べにおけるさまざまな手法による自白強要である。そして、この自白強要の強力な手段として機能しているものが、自白しない限りは、次々と嫌疑をかけられ、逮捕・勾留によって23日間の警察留置が繰り返されるというものである。これは公判後の勾留にあたっても保釈が認められないという形で続けられる。被疑者・被告人がいわば人質として拘束されていることから、人質司法と呼ばれている[8]。

　この人質司法では、事実上の身体拘束を長引かせる手段も用いられる。たとえば、警察署への任意の出頭や同行を求め[9]、任意の被疑者取調べと称して、延々と、被疑者を自宅に帰さないことがその典型である。任意出頭や任意同行を拒否しようものなら、逮捕状による逮捕がなされる。事実上か法律上かを問わず、どちらにしても、被疑者は自由を奪われる。

　こうした人質司法の前提として、逮捕状発布前に行われる裁判所による審査

8　人質司法とそれが国際的には異様なものであって、国連人権委員会で非難されていることについては、内田博文＝八尋光秀＝鴨志田祐美『転落自白─「日本型えん罪」は、なぜうまれるのか』（日本評論社、2012年）175～176頁参照。

9　任意同行に際して、捜査官が有形力を行使することも、最高裁は適法と判示している。最決昭51・3・16刑集30巻2号187頁参照。

(令状主義)が形骸化していることも挙げられねばならない。たとえば、『令和4年司法統計年報刑事編』によれば、2022年に逮捕状が発布された者は78,554人であるが、逮捕状請求が却下された者は46人に過ぎない[10]。この数字は例年同じであって、日本では、一般に逮捕されると有罪だと認識されがちであるが、逮捕状発布にあたってのチェックは機能しているとは言いがたいのが現実なのである。

　そして、Part2でも指摘したように、この警察の留置施設における身体拘束が続いている間になされる被疑者取調べにおいては、取調べ担当官による暴言、脅迫、偽計の他、土下座を強要したりする等の違法な取調べがなされることもある[11]。ようやく、日本でも、裁判員裁判対象事件等の一部事件に関する検察官・検察事務官による被疑者取調べにあたっては、取調べの録画が義務付けられた(刑訴法301条の2)。しかし、大多数の事件は録画対象外であり、任意同行後の警察における被疑者取調べ等も録画対象とはなっておらず、違法な取調べの抑止効果には大きな限界がある[12]。加えて、録画されながらも自白強要を行っている検察官がいたことも指摘されており、何ら違法な取調べが抑止されているわけではない[13]。なお、冤罪被害が明るみに出た後に、警察における取調べにおける黙秘権侵害等が国家賠償訴訟で認められ、警察を管轄する各都道府県が損害賠償命令を受けたこともあるが、これも残念ながら、違法な取調べの抑止効果を持っていないように見受けられる。

---

10 最高裁判所事務総局『令和4年司法統計年報(刑事編)』(最高裁判所、2022年)14頁参照。このデータは以下のURLで参照できる〈https://www.courts.go.jp/app/files/toukei/658/012658.pdf(2024年1月13日最終確認)〉。

11 元検察官が、検察官時代に有罪だと確信した被疑者に対して、大声で「ばか野郎、この野郎」という罵声を朝の10時から夕方の18時頃まで浴びせ続けたことを告白している例もある。市川寛『検事失格』(毎日新聞社、2012年)128頁参照。

12 内田博文=春日勉=大場史朗『省察　刑事訴訟法—歴史から学ぶ構造と本質』(法律文化社、2023年)78頁参照。

13 録画された取調べにおいても、検察官が、被疑者を「ガキ」と呼ぶ等の暴言を用いていた場面がYouTubeで公開されている。この動画は下記のURLで参照可能である〈https://www.youtube.com/watch?v=OZh6Gnq2kW0(2024年3月7日最終確認)〉。

　というのも、任意性に疑いのある自白は証拠とされてはならないはずなのに（刑訴法319条1項）、このような取調べで得られた自白調書が伝聞証拠排除法則の例外として（刑訴法322条1項）簡単に証拠とされてきたという実務運用があるからである。

　さらには、これもPart2で指摘したとおり、被疑者取調べに当たって、特別公務員暴行陵虐罪（刑法195条）に当たると疑われる捜査官が起訴されることはまずなく、被害を受けた者から付審判請求の申立てがあってもことごとく棄却されるために、処罰されることもなく、まして行政処分を受けることもない。また、被疑者取調べを担当した捜査官が、取調べの状況について公判で証人として尋問を受けた際に、「違法な取調べ等していない」と偽証をしたとしても、これが起訴され処罰されることもない[14]。

　こうした人質司法が、冤罪被害が生じる重要な背景事情のひとつとなっている。

2　調書裁判

　憲法で、被告人には、証人審問権が保障されている（憲法37条）。しかも、証人となるべき者の供述調書等を証拠とすることは原則禁止されており（刑訴法320条）、本来は、証人は、公開の法廷で宣誓をしたうえで、証人の証拠調べを請求した側とは反対の当事者による反対尋問にさらされなければならない。供述調書等の伝聞証拠は、供述の録取時に、聞き間違い、記憶違い等の誤りが生じうるのに、そのチェックが効かないため、誤りの危険性が高いものであって、本来は使われるべきではないものなのである。

　しかし、日本の刑訴法には、数々の伝聞証拠を証拠として許容する例外規定が置かれている（刑訴法321 ～ 328条）。これらの規定を根拠に、多くの供述証拠

14　元検察官が、偽証しているのは検察官が請求した証人が圧倒的多数であるとともに、現職の検察官が、その元検察官に偽証を勧めたこと等を明らかにしている。市川・前掲註11書150頁、264～266頁参照。他方で、被疑者のアリバイを公判で証言した者が偽証罪で起訴され、この被疑者が起訴された事件とともに、その雪冤に20年以上の長い年月が必要となった事件もある。

が反対尋問のチェックを受けることなく証拠とされる。そのため、大量の供述調書が裁判所に持ち込まれる。検察官が大量の供述調書を風呂敷に包んで、裁判所に持ち込む様子は、諸外国には見られない、日本ならではのものなのである。こうした大量の調書が証拠となる日本の刑事裁判の特徴が調書裁判と呼ばれてきた。これも、冤罪被害が生じる重要な背景事情のひとつである。

3　疑わしきは有罪

　採用された証拠の証明力は裁判官の自由な判断に委ねられている（刑訴法318条）。これを自由心証主義という。古くは証拠によって、その証明力を法律で定める法定証拠主義が採られていたが、これが冤罪被害を生んだので、裁判官の理性に、証拠の証明力の判断を委ねたものと解されている。しかし、それは裁判官が証拠の証明力を好き勝手に判断してよいということを意味するものではない[15]。

　裁判官は、こうした個々の証拠の証明力を決めたうえで、起訴された罪となるべき事実につき、被告人がそれを犯したことに合理的な疑いが残らなければ、有罪判決に至る。言い換えれば、被告人が罪を犯したことに合理的な疑いが残れば、被告人に無罪判決を言い渡さなければならない。有罪判決には、「合理的な疑いを超える証明」が必要とされる[16]。これは、「疑わしきは被告人の利益に」の原則から導かれる帰結である。

　しかし、この「合理的疑い」は極めて高度なものとなっているとの指摘がなされている[17]。そのため、単なる疑いでは無罪判決は書かれない。その結果、無罪判決の判決書には詳細に理由が書かれているため分厚く、有罪判決の判決書には簡単な理由しか書かれていないため薄いものとなっているのが現実である[18]。

15　内田＝春日＝大場・前掲註12書178頁参照。
16　最決平19・10・16刑集61巻7号677頁参照
17　中川孝博『合理的な疑いを超えた証明』（現代人文社、2003年）104頁参照。
18　内田＝春日＝大場・前掲註12書207頁参照。

　また、最近の有罪判決においては、自白や犯行の目撃証言・供述等の直接証拠がない事件について、他の証拠から、言わば一足飛びに、被告人が罪を犯したと事実認定する推認が横行している旨の指摘もある[19]。しかも、大多数の有罪判決の判決書は薄く、判決書において推認の合理性や相当性についての理由は十分に説明されない可能性が高い。そうすると、上訴審でのチェックも効かなくなる。

　このような日本の刑事裁判の現実からは、「疑わしきは被告人の利益に」の原則が妥当しているのではなく、「疑わしき被告人は有罪」となることがうかがわれる。これも、冤罪被害が生じる重要な背景のひとつである。

4　冤罪を生み出す上訴

　Part2でも触れたように、日本の刑事裁判では99.9％有罪判決が言い渡される。つまり、無罪判決は極めて稀である。もっとも、第一審で有罪判決が言い渡されたとしても、被告人の上訴によって、事実誤認を理由に有罪判決が破棄され、無罪判決が言い渡されるのであれば、冤罪被害を小さいものにすることは可能ではある。しかし、2022年に有罪判決が破棄されて、高裁によって無罪が自判された者はわずか6名しかないように[20]、一審無罪よりもさらに少ない数字に止まる。

　また、せっかく上訴をしても、拘置所で上訴を取り下げるよう刑務官から唆され、弁護人が不在の間に、意欲を失った被告人が上訴を取り下げて、有罪判決が確定してしまうこともある[21]。こうなると、冤罪を明らかにするには、後述する再審しかなく、とてつもなくハードルが上がってしまうのである。

　他方、検察官も第一審判決に対して上訴することができる（刑訴法351条）。こ

19　内田＝春日＝大場・前掲註12書212頁参照。

20　最高裁判所事務総局・前掲註10書104頁参照。このデータも以下のURLで参照できる〈https://www.courts.go.jp/app/files/toukei/658/012658.pdf（2024年1月13日最終確認）〉。

21　石塚伸一「わたしの死刑との闘い〜すべては北九大から始まった〜」北九州市立大学法政論集51巻1・2号（2023年）256〜257頁参照。

の検察官の上訴によって、無罪判決が破棄され有罪が確定した事件で、後に再審で無罪となった事件や[22]、無罪判決破棄後の地裁に差し戻された後に改めて無罪判決が出され、それがさらなる検察官上訴の末に確定したものの、当初の無罪判決からは12年も無実の者が被告人として刑事裁判に関わらされた事件もある[23]。さらには、無罪判決が高裁で破棄され、死刑が言い渡され、そのまま確定し、冤罪被害を訴えた死刑確定者が雪冤されぬまま死亡した事件もある[24]。なぜなら、高裁が無罪判決を破棄して有罪と自判した場合、被告人には、三審制の下で三度争う機会があるのではなく、最高裁に上告するという一度の機会しか有罪判決を覆させる方法は残っていないからである。しかも、最高裁がこの有罪判決を破棄するには、憲法違反か判例違反のどちらかが原則として必要とされている（刑訴法405条）。これらの事由がない場合には、重大な事実誤認等があって現判決を破棄しなければ著しく正義に反する場合に有罪判決の破棄は限られている（刑訴法411条）。つまり、最高裁の門を開けさせることは高裁の門を開けさせることよりもはるかに困難なのである。さらには、検察官上訴は、第一審の裁判官をして、無罪判決に必要な「合理的な疑い」を高度なものに、そして、無罪判決の判決書を長文にさせている真犯人でもある[25]。

　そもそも、憲法39条は、すでに無罪とされた事件について、有罪とすることを禁じている。これは、被告人が同一の事件について二度以上有罪判決を受ける危険を禁止する、いわゆる二重の危険の禁止を定めたアメリカ合衆国憲法にならったものとされている。しかし、最高裁は、有罪判決に対して検察官上訴がなされた事件について、検察官上訴一般が憲法39条に反しないと判示し

22 いわゆるゴビンダ事件のこと。この事件については、岡田行雄「上訴」九州再審弁護団連絡会出版委員会『緊急提言！刑事再審法改正と国会の責任』（日本評論社、2017年）312頁参照。

23 甲山事件のこと。この事件については、岡田・前掲註22論文312頁参照。

24 名張毒ぶどう酒事件のこと。この事件については、岡田・前掲註22論文311～312頁参照。

25 なぜなら、無罪判決が高裁で破棄されると、その無罪判決に関与した裁判官の人事評価を落とし、希望のポストに就けなくなることをもたらすからである。そこで、審理不尽を理由に破棄されることを防ぐために、無罪の判決書は長大で分厚いものとなる。最高裁の意に沿わない判決に関与した裁判官が希望のポストに就くことができない現実については、安倍晴彦『犬になれなかった裁判官』（NHK出版、2001年）123～124頁参照。

た[26]。このため、無罪判決に対する検察官上訴も合憲とされて、今に至っている。上で挙げた３つの事件は、検察官上訴制度がなければ、いずれも第一審の無罪判決によって、被告人は自由の身となっていたはずのものであった。言い換えれば、検察官上訴が、これらの事件において被告人に積み重ねられた被害や「被害」をさらに大きくさせ、冤罪被害を極大化させたと言うべきなのである。したがって、検察官上訴は、第一審における99.9％の有罪率による冤罪被害を引き起こすだけでなく、極めて少ない無罪判決を破棄させて冤罪被害をさらに重いものとさせる大きな要因となっているのである。

5　開かずの再審

　有罪判決が確定した後であっても、誤った有罪判決を見直すことができる手続が再審である。この再審制度は、憲法39条が定められたことから、旧刑事訴訟法における不利益再審が削除され、利益再審のみに限定されることとなった[27]。したがって、現行法における再審は基本的に無辜の救済のみを目的とするものである。

　ただし、再審が開かれるには、一般的には、検察官ないし有罪の言渡を受けた者等（刑訴法439条）が、最初に有罪判決を言い渡した裁判所に対して、有罪の言渡を受けた者に対して無罪等を言い渡すべき明らかな証拠をあらたに発見したこと（刑訴法435条６号）を理由に再審開始を請求し、裁判所が再審開始を決定しなければならない。

　この「明らかな証拠」は、かつて、真犯人の発見等、単独で無罪を言い渡せる程、強力な証拠に限られていたため、検察官が真犯人発見を理由に行う再審請求以外はまず再審開始が認められない実務運用があった。この実務運用を変えたのが、「明らかな証拠」を、確定有罪判決の根拠となった旧証拠と合わせて、当該有罪判決に合理的な疑いを生じさせるもので足りると判示した、最高裁の

26　最大判昭25・9・27刑集4巻9号1805頁参照。
27　刑事再審の歴史については、内田＝春日＝大場・前掲註12書228〜230頁参照。

いわゆる白鳥決定である[28]。この白鳥決定以降、死刑確定4事件につき再審開始が次々に認められ、4人の死刑確定者が再審無罪判決の確定により晴れて自由の身となることができた。

しかし、その間も、再審開始が認められなかったものも多数あり、この白鳥決定が再審請求審を担当する裁判体に大きな裁量を与えているという限界もあいまって、再審請求を棄却する方向での証拠の再評価がなされる等、再審の門は相変わらず、基本的には固く閉じられたままである旨の指摘もある[29]。近時、再審が開始され無罪判決が確定したケースでは、再審請求審を担当した裁判体が、検察官に対して、裁判所に未提出の証拠となる資料を開示するよう勧告し、これに検察官が応じて、証拠開示されたことが重要な役割を果たしている一方で、再審請求が棄却されるケースでは、そうした証拠開示の勧告に、裁判体が消極的であるという「再審格差」が指摘されている[30]。現行刑訴法施行後、死刑確定者4名が再審で次々と無罪となりながらも、刑事再審法制は一度も改正されることはなく、裁判体の裁量に、再審開始か否かが委ねられたままと言ってよい。その結果、大多数のやる気のない裁判体が審理した再審請求は棄却に終わり、再審の門は開かずのままとなっており、再審開始決定を得ることは「針の穴にラクダを通す」ほど難しいものとも指摘されているのである。また、ある裁判体が再審請求審で再審開始決定を行ったとしても、この再審開始決定に対して、検察官が抗告、異議申立て、特別抗告といった不服申立てを行った結果、再審開始決定が確定するまでにさらに長い時間が必要となるだけでなく、再審開始決定が取り消され、また新たな再審請求を強いられることも頻発している[31]。

---

28 最決昭50・5・20刑集27巻5号177頁参照。

29 村田和宏「再審」内田博文=佐々木光明『〈市民〉と刑事法第5版』（日本評論社、2022年）176～177頁、内田=春日=大場・前掲註12書232～233頁参照。

30 この「再審格差」という表現が生み出され広まった経緯については、鴨志田祐美『大崎事件と私』（LABO、2021年）61～68頁参照。

31 検察官による抗告と特別抗告によって、再審開始決定が取り消されたものとしては大崎事件があり、検察官による異議申立てによって再審開始決定が取り消されたものに、名張毒ぶどう酒事件が

　また、受刑者が再審請求を行うと、仮釈放の要件である、改悛の状（刑法28条）がないとして、仮釈放が許されなくなるという実務運用も指摘されており（本Part被害実態編事例1および事例2参照）、とりわけ無期懲役受刑者の場合には、死亡するまで刑事施設から出られないという形で冤罪被害をとてつもなく大きなものにしてしまう[32]。本Part被害実態編の事例1［→256頁］と事例2［→261頁］は、刑事施設における優遇区分が低下させられることも含めて、こうした被害を大きくする典型例と言える。

　さらには、有罪の言渡しを受けた者が死亡すると、検察官以外には、配偶者や直系親族に再審請求権者が限られているため、死刑事件等では、家族が凄まじい被害や「被害」を受けてきたこともあいまって、誰も再審請求をできる者がいなくなり、冤罪被害が明らかにされることもなくなるという問題も指摘されている[33]。

　このように、再審請求の前にも、「あつい壁」が存在している。そして、再審請求をしても、開かずの再審の門が待っている。これらも、冤罪被害を重く、大きいものとする背景事情のひとつと言わなければならない。

　以上で見たように、冤罪被害は偶然に生じるものではなく、刑事司法手続の実務運用によって構造的に生じているのである[34]。

ある。検察官による再審開始決定に対する不服申立ての問題点については、日弁連が2023年2月17日に発した「刑事再審に関する刑事訴訟法等改正意見書」でも詳細に指摘されている。この意見書は、以下のURLでも参照可能である〈https://www.nichibenren.or.jp/library/pdf/document/opinion/2023/230713_3.pdf（2024年1月14日最終確認）〉。

32　この問題については、日弁連が2010年12月17日に発した、「無期刑受刑者に対する仮釈放制度の改善を求める意見書」でも指摘されている。この意見書は、以下のURLで参照可能である〈https://www.nichibenren.or.jp/library/ja/opinion/report/data/101217_4.pdf（2024年1月14日最終確認）〉。

33　再審請求権者が亡くなってしまったために、冤罪の疑いが濃厚であるのに再審請求がなされない事件としては福岡事件がある。その詳細については、八尋光秀「福岡事件」九州再審弁護団連絡会出版委員会・前掲註22書65～66頁参照。

34　内田博文「検証」九州再審弁護団連絡会出版委員会・前掲註22書334頁。他にも、従来の誤判研究からは、冤罪被害が生じる原因として、虚偽自白、共犯者とされる被疑者の虚偽供述による無実の者の引っ張り込み、誤った目撃供述、誤った科学的証拠・鑑定とその過信、捜査機関による証拠の捏造等も挙げられている。安部祥太＝鴨志田祐美＝李怡修『見直そう！再審のルール』（現代

冤罪が明らかとなっても積み重ねられる被害と「被害」

1　冤罪被害を埋め合わせるに足りない刑事補償

　すでに見たように、「何人も、抑留又は拘禁された後、無罪の裁判を受けたときは、法律の定めるところにより、国にその補償を求めることができる」(憲法40条)と定められており、これを根拠に1950年に刑事補償法が制定された。

　これにより、通常の刑事手続又は再審等で無罪の判決を受けた者が、未決拘禁又は刑の執行による拘禁を受けた場合には、刑事補償を請求できることとなった(刑事補償法１条)。この請求を受けた、無罪の裁判をした裁判所は、拘禁等の身体拘束による補償については、拘禁等がなされた日数に応じて、1,000円以上12,500円以下の範囲で、死刑執行に対する補償は3,000万円以内で補償金の額を定める(刑事補償法４条)[35]。

　しかし、たとえば身体拘束後に無罪が確定したとして上限額の補償がなされるとしても、１年間の身体拘束で450万円強にしかならない。これでは、逮捕・勾留や誤った自由刑によって失われた賃金の補填にも足りないであろうし、それ以外に生じるさまざまな被害や「被害」への補償としてはまったく不十分と言わざるをえない。まして、誤って刑死させられた冤罪被害者の遺族が受け取る額の上限が3,000万円では、不法行為で死亡した者に算定される逸失利益等に比べて低きに過ぎると言わなければならない。

　たしかに、冤罪被害者等は、刑事補償を受けたとしても、別途、国家賠償等の損害賠償請求を行うことができる(刑事補償法５条)。しかし、国家賠償請求が裁判所で認められるには、原告となる冤罪被害者が、捜査官による行為の違法性を立証しなければならない。これは、刑事補償とは比べ物にならない程、

人文社、2023年)49～62頁参照。

35　なお、逮捕・勾留後に、不起訴になった者に対しても、その者が罪を犯さなかったと認めるに足りる十分な事由があるときは被疑者補償規程(法務省訓令)に基づいて、拘禁日数1日につき1,000円以上12,500円以下の範囲で補償がなされる。

ハードルが高いことであって、警察の違法行為が認定され都道府県に賠償が命じられた事例が最近になって散見されるものの、決して、その賠償額は高額ではなく、到底、冤罪被害者に積み重ねられた被害に応じたものではないのである[36]。

　そうすると、冤罪被害者に無罪が言い渡されたとしても、それまでに積み重ねられた数々の被害に十分な補償がなされないという被害が、さらに積み重ねられることになる。

2　冤罪だと周囲に認識されない被害

　冤罪を主張し続けた冤罪被害者が、長い刑事手続の末、無罪判決を得た場合、報道を通して、冤罪だと周囲に認識してもらうことは可能であろう。

　しかし、誤認逮捕だと捜査機関が認めて謝罪するケースは別にしても、たとえば、嫌疑不十分で不起訴処分に終わったケース等では、逮捕・勾留後に釈放されたとしても、逮捕報道だけが大きく報じられるがゆえに、周囲からは、あたかも刑務所から満期釈放ないし仮釈放で出てきたかのように誤解され、誹謗中傷が続くこともおおいにありうる。

　つまり、冤罪だと周囲に認識されないことによって、冤罪被害者にさらに被害が積み重ねられるということも起こるのである。本Part被害実態編の事例3[→269頁]は、こうした被害が積み重ねられた一例と言うべきである。

3　社会からのつまはじき

　気も遠くなるほどの長期間、刑事手続において無実を叫び続け、ようやく無罪判決を得て、それが大々的に報じられた後に、刑事補償を得たとしても、人々からつまはじきにされ、居場所がないという被害が積み重ねられる場合も

36　布川事件国賠訴訟では、東京高裁も警察と検察の違法行為を認定し、原告に約7,400万円の損害賠償を行うよう、国と県に命じた。しかし、これはまだ例外に属するケースと言えよう。布川事件国賠訴訟については、谷萩陽一「布川事件国賠訴訟」『冤罪白書』編集委員会『冤罪白書4』（燦燈出版、2022年）102～106頁参照。

ある。あるいは、就労しようとしても、なかなか就労先が見つからないという「被害」が積み重ねられる場合もある。

　たとえば、再審無罪判決が確定した冤罪被害者は、周囲の冷たい視線に耐えかねて、結局地元に定着することはできず、地元を離れてその後の生活を送ることとなった[37]。

　また、いわゆる大分みどり荘事件について、地裁における無期懲役判決が、高裁で破棄され、無罪が確定した冤罪被害者も、10年を超える未決勾留によって、さまざまな困難を強いられ、なかなか就労ができず苦しんだことを告白している[38]。

　なお、かつて、死刑確定者が国民年金に加入手続を行えず、再審で無罪となっても、年金が不支給のままという問題があり、日弁連が、再審無罪となった冤罪被害者からの人権救済申立てを受け、ようやく2013年に死刑再審無罪者に対し国民年金の給付等を行うための国民年金保険料の納付特例等に関する法律が制定され、未納分を支払えば年金を受給できることになった[39]。しかし、これは死刑確定者が再審で無罪になった場合に限られており、たとえば無期懲役受刑者が再審無罪になった場合には適用がなく、こうした場合には、国の過ちによって無年金状態に陥らされるという被害が積み重ねられることになる。

　他にも挙げればきりがないが[40]、冤罪が明らかになって、社会に戻っても、国や社会からさらにつまはじきにされるという被害が、冤罪被害者には積み重ねられるのである。

37　熊本日日新聞社『完全版　検証・免田事件』（現代人文社、2018年）21頁参照。

38　大日方信春他「シンポジウム『冤罪被害者と犯罪被害者を結ぶ』」熊本法学153号（2021年）48〜49頁参照。

39　この立法がなされた詳細な経緯については、免田事件資料保存委員会『検証・免田事件［資料集］』（現代人文社、2022年）791〜810頁参照。

40　冤罪被害の救済が不十分である点については、西愛礼『冤罪学』（日本評論社、2023年）394〜395頁参照。

4 冤罪被害者や家族の被害と「被害」が放置されると……

　冤罪被害者やその家族には、冤罪被害者が「加害者」ないし「非行少年」として刑事手続、あるいは、その後の少年司法手続の対象とされて以降、「加害者」ないし「非行少年」、そしてそれらの家族に積み重ねられるものと同様の被害や「被害」が積み重ねられる。これらの被害や「被害」を放置すべきでないことは、Part2、Part3ですでに検討した通りである。とりわけ、冤罪被害者が、この段階での被害や「被害」への手当てや埋め合わせが放置されることによって、無罪等を獲得するための戦いを続けられなくなることは、国家の過ちの隠蔽をもたらし、さらなる冤罪被害を引き起こす原因のひとつとなることから、絶対に避けられなければならないのである。

　加えて、以上で概観した、無罪判決等、冤罪が明らかになって以降も冤罪被害者を中心に積み重ねられる被害や「被害」を、刑事補償等だけで放置することは妥当であろうか？

　たとえば、無罪判決が確定したものの、起訴後の未決勾留で寒々とした拘置所に刑事裁判中ずっと閉じ込められ続けて、体調を害した結果、冤罪被害者が亡くなってしまった場合、刑事補償がなされるにしても、この長期勾留によって生活苦に陥った家族が被った「被害」を埋め合わせるものとしては到底十分なものではない[41]。まして、刑事補償は、本人にとっての早められた死による被害を埋め合わせるものではないのである。したがって、冤罪被害者を中心に無罪判決等以降も積み重ねられる被害や「被害」を放置することはやはり妥当ではないのである。

---

41 東京地裁は、2023年12月27日に、外為法違反の被疑事実による警視庁の逮捕と東京地検の起訴を違法と判示して、国と東京都に1億6,000万円の損害賠償を命じた。この外為法違反事件については起訴が取り消されるという異例の事態となったが、被告人の1人は、起訴が取り消される前に病死しているものの、無罪の判決とは異なり、しかも、検察官が無実ではないと考えていることからすると刑事補償の対象とはならない。この一連の事件については、東京新聞2023年12月28日付の記事を参照。この記事は、以下のURLで参照できる〈https://www.tokyo-np.co.jp/article/298559（2024年1月17日最終確認）〉。

■被害支援編

冤罪被害者とその家族に積み重ねられた 被害や「被害」にどう向き合うべきか？

　以上の検討から、冤罪被害者やその家族に積み重ねられた被害や「被害」の放置も妥当ではないことが明らかになった。そこで、これらの被害や「被害」に私たちがどう向き合うべきかを検討しなければならない。

　まず、冤罪被害者の家族について見ると、参考人等として捜査機関から呼び出しを受けて応じることを余儀なくされること等を除けば、到底受忍されるべきではない被害ばかりが積み重ねられた純然たる被害者等と同様であると見るべきであって、Part1で検討したように、憲法13条や25条等で保障される幸福追求権や生存権等が保障されねばならない。

　次いで、冤罪被害者について見ると、これも到底受忍されるべきではない被害が積み重ねられた純然たる被害者等と同様であると見るべきである。加えて、刑事手続の対象とされた時点で、憲法31条〜40条にかけて挙げられているさまざまな人権も保障されねばならない。

　もっとも、被害の程度という点でいえば、冤罪被害者が刑事手続等の対象とされることによって、まさにさまざまな被害に直面させられており、冤罪被害者に積み重ねられた被害や「被害」にいかに向き合うべきかを検討することによって、その検討結果は冤罪被害者の家族に積み重ねられたそれにも基本的には妥当すると考えられることから、以下では、冤罪被害者に積み重ねられた被害や「被害」にいかに向き合うべきかを中心に検討を加えることにしよう。

冤罪被害を防ぐために必要な取組み

1　刑事・少年司法手続における適正手続保障

　本Partで見てきた通り、冤罪被害は、日本の刑事司法手続において、偶然ではなく、いわば構造的に生じていると言ってよい。そうすると、冤罪被害の放置が妥当でない以上、さらなる冤罪被害の発生を防止するために、冤罪被害を生じさせる構造的要因は除去されなければならない。そこで、以下では、上で挙げた、冤罪被害の構造的要因を構成しているものから順にそれらを除去するために必要な取組みを挙げていくことにしよう。

　まず、人質司法の除去に向けては、本来的には、逮捕・勾留によって刑訴法上認められている起訴前の身体拘束の期間を短縮することが求められる。もっとも、これには刑訴法改正が必要になる。それ以前になされるべきこととしては、たとえば、裁判所が認めた勾留に対して、被疑者等が準抗告という不服申立てを行い（刑訴法429条）、勾留を取り消させたり、その期間を短縮させたりすることが挙げられる[42]。なお、弁護士会レベルで、勾留された事件につき全件準抗告をするよう求めている運動を展開しているところも多い[43]。

　次いで、調書裁判からの脱却に向けては、歴史的に見た場合、検察官面前調書（刑訴法321条1項2号）は検察官が権限を強化する中で現行刑訴法において正面から規定化されたものであり、その合憲性にも疑問符がつけられている等[44]、こうした規定に代表される大幅な伝聞例外を認めてきたことが再検討さ

---

[42]　逮捕に対してはこうした不服申立てを行うことができない。しかし、不当な逮捕について争いたければ勾留請求まで待てというのは不条理であって、運用の工夫では限界があり、不服申立てを認める法改正がなされるべきとの指摘もある。中川孝博『刑事訴訟法の基本［第2版］』（法律文化社、2023年）85頁参照。

[43]　長沼正敏「被疑者の不必要な身体拘束に対する全件不服申立運動の意義、成果、展望」季刊刑事弁護98号（2019年）10〜15頁参照。

[44]　内田＝春日＝大場・前掲註12書191〜192頁参照。検察官面前調書が1942年の戦時刑事特別法によって証拠とされるようになった経緯と、戦後の応急措置的な現行刑訴法が日本国憲法に合致

れなければならない。また、家裁における少年審判には伝聞法則の適用がないと解されてきたが[45]、誤った非行事実認定、すなわち冤罪被害を防ぐために、少なくとも、少年審判廷外で録取された供述証拠の原供述者を審判廷で証人として尋問する必要性は否定されえない[46]。

さらに、裁判官ならではの偏見に満ちた「経験法則」と、論理的な飛躍を認める「論理法則」を犯罪事実認定から排除し、「疑わしきは被告人の利益に」の原則を刑事裁判の判決において徹底させることが必要不可欠である。あくまで、有罪判決は、被告人・弁護人が提起した合理的疑いが残らないものでなければならない。したがって、判決においては、被告人・弁護人が提起した合理的疑いにひとつひとつ丁寧に答えが示されねばならず、答えが示せない場合は、合理的な疑いが残るので無罪判決が言い渡されねばならないのである[47]。

こうして合理的な疑いが残るとして言い渡された無罪判決への検察官による上訴は、憲法39条に反するものとして禁止されねばならない。憲法39条では、「既に無罪とされた行為については、刑事上の責任を問はれない」としか規定されておらず、検察官上訴が違憲であるとの解釈が、基本的人権尊重の原理に照らすと、合理的というほかないからである。たしかに、真犯人を誤って無罪とする場合、たとえば、真犯人が罰されないことによる苦痛が被害者等に与えられる場合があることは否定できない。しかし、誤って無辜の者を処罰することがより大きな人権侵害なのである。無罪判決への検察官上訴が許されることによって、一度無罪判決を受けた者が長期間被告人の地位に置かれ続け、あるいは受刑させられることは、受忍されるべきでない被害と言わねばならない[48]。なお、これに関連して、少年審判における不処分決定等に対して検察官が行う抗告受理申立て（少年法32条の4）の合憲性も検討されねばならない。

するよう本格的に改正される段階で削除されるはずのものであった点については、内田博文『歴史に学ぶ刑事訴訟法』（法律文化社、2013年）184頁参照。

45 武内謙治『少年法講義』（日本評論社、2015年）267頁参照。

46 武内・前掲註45書300～301頁参照。

47 内田・前掲註44書211頁参照。

48 岡田・前掲註22論文313～314頁参照。

　なお、死刑等の重大な有罪判決については、必ず上訴され、上級裁判所の審査に付される必要的上訴制度の創設や、第一審判決後に弁護人の空白が生じないようにする法改正も、冤罪に至る誤った判決の早期確定を阻むためには必要不可欠である[49]。また、本Part被害実態編の事例１、事例２におけるような被害を防ぐためには、刑事施設内において、再審請求しようとする受刑者を不利益に扱うことを、適正手続保障に反することと位置づけ、これを早急に止めさせることが必要である。

2　刑事再審制度の改正

　刑事再審制度は、現行刑訴法制定以降、まったく法改正がなされていない。この間、諸外国では、冤罪事件の発覚を契機に、基本的には冤罪被害を減らす方向で、刑事再審法制の改正が重ねられてきたが[50]、日本では、再審請求を受けた裁判体次第で、それが認容されるか、棄却されるか以前に、証拠開示の勧告を検察官に行うかどうか等で大きな格差が生じている。その上、せっかく再審開始決定がなされても、それが検察官による不服申立てによって再審開始までに時間がさらにかかるだけでなく、再審開始決定が取り消され、また最初からのスタートを強いられる場合さえあることは、すでに見た通りである。

　ところで、2023年２月17日に、日弁連は刑事再審法制の改正案を、「刑事再審に関する刑事訴訟法等改正意見書」として公表した[51]。以下、そこで提示されている主な改正ポイントを紹介することにしよう。

　第１に、すでに見た白鳥決定で示された内容を刑訴法の再審開始事由として明文化し、死刑事件の量刑の基礎となる事実等の誤認、および、確定有罪判決の手続の憲法違反を疑うに足りる証拠を新たに発見したときをも、再審開始事

49　岡田・前掲註22論文316頁参照。

50　岡田行雄「刑事再審法制改革に関する世界の潮流」九州再審弁護団連絡会出版委員会・前掲註22書202～230頁参照。

51　現在、2023年７月13日に改訂されたものが、以下のURLから参照可能である〈https://www.nichibenren.or.jp/library/pdf/document/opinion/2023/230713_3.pdf（2024年1月22日最終確認）〉。

由とすること。

第2に、再審請求事件の過去の審理に関与した裁判官を再審請求審における審理から排除し、再審請求審の重要な手続は公開すること。

第3に、再審請求権者に、有罪の言渡しを受けた者が死亡したとき等に、有罪の言渡しを受けた者から予め指名を受けた者と、有罪の言渡しを受けた者の死亡後に、検察官以外の再審請求権者が存在しなくなった場合には、弁護士会および日弁連も加えること。

第4に、再審請求審においても、再審請求をした者が貧困等で弁護人を選任できない等のときは国選弁護人が裁判所によって選任されること。

第5に、再審請求審においても、裁判所への不提出記録を保存させ、それを必要に応じて、開示させること。

第6に、再審開始決定に対する不服申立てをできないようにすること。

第7に、再審開始決定によって、原則として刑の執行は停止されること。

少なくとも、これらの改正ポイントが実現することが、冤罪被害をこれ以上拡大させないために、必要不可欠である[52]。もっとも、こうした法改正を法務省に任せている限り進まないとの指摘がある[53]。これは、検察官が法務省を事実上支配しているからであって、刑事再審法制のみならず、冤罪被害防止に向けての法改正は、議員立法によらねばならない理由がここにある。

---

52 日弁連「刑事再審に関する刑事訴訟法等改正意見書（要約版）」については、安部＝鴨志田＝李・前掲註34書219～223頁参照。また、日弁連の同意見書をわかりやすくまとめたリーフレットも、以下のURLからダウンロード可能である〈https://www.nichibenren.or.jp/library/pdf/jfba_info/publication/pamphlet/keijisaishin_pam.pdf（2024年1月22日最終確認）〉。

53 阿部泰隆『政策法学の理論と実践』（信山社、2022年）372頁参照。

冤罪被害の救済に向けて

1　刑事補償等の拡大

　以上で見た、冤罪被害防止の取組みがなされるとしても、他方で、神ならぬ人間が裁判を行う以上、冤罪被害をゼロにすることは不可能に近い。そこで、冤罪被害を埋め合わせるための救済に向けて必要な手当ても検討されねばならない。

　まず、第一になされねばならないことは、刑事補償額を引き上げることである。現行の上限額では、最低賃金で働く労働者の年収の２倍程度にしか達しない。これでは、定職による一定の年収がある者が職を失った場合を埋め合わせるには足りない。しかも、圧倒的に多くの場合で、身体拘束された冤罪被害者には収入がなくなる以外にもさまざまな被害が積み重なる。冤罪被害者にとって、毀損された名誉や拘束された時間は回復不能の損害であるとも指摘されている[54]。それらがもたらす財産的な損害をも含めれば、刑事補償では到底足りないというべきであろう。加えて、誤って死刑が執行された場合も同様である。3,000万円という上限は低きに過ぎると言わなければならない。

　また、不起訴処分に終わった場合の補償は対象が極めて限定されているうえに、身体拘束を受けることがなかった冤罪被害者に無罪判決が確定しても何ら補償がなされない[55]。この場合であっても、刑事手続の対象とされる負担は大きく、休職等により財産上の不利益を被るうえに、報道を契機としたさまざまな被害を受けることを理由に、拘禁された場合の半額を補償すべきとの提案が

54　西・前掲註40書394頁参照。

55　その理由としては、許認可等の行政処分の取消し等の場合との関係で均衡を失し、非拘禁の場合には補償額の定型化が困難であることが挙げられている。鳴谷潤「これからの冤罪補償を考える」立法と調査270号（2007年）74～75頁参照。

日弁連からなされている[56]。これも実現される必要がある[57]。

以上で見たように、刑事補償と同じ枠組みによって冤罪被害の埋め合わせに向けた救済が拡大されねばならない理由は、現状では、冤罪被害救済のための国家賠償のハードルが非常に高いことにある。このハードルを変えないというのであれば、以上で挙げた救済の拡大に取り組むことは必要不可欠である。この取組みを怠ると冤罪被害はさらに大きくならざるをえないからである。

2 冤罪被害の補償だけでなく

冤罪被害のうち、すでに過ぎ去った身体拘束の時間や失われた命を回復させることはできない。しかし、逮捕報道等を契機になされる、冤罪被害者の名誉等の侵害については、その回復はまったく不可能というわけではない。

この名誉回復に向けて、刑訴法は、再審無罪の言渡をしたときは、官報および新聞紙に掲載して、その判決を公示しなければならないと定めている（刑訴法453条）。しかし、かつては無罪判決全文が掲載されていたが、近年では、その要旨が掲載されるに止まっていると指摘されている。その結果、たとえば、「犯罪の証明がなかったので無罪」としか再審無罪判決が公示されなかった場合には、市民に、本当は犯人だった可能性が残ると思わせる余地を残してしまい、再審無罪判決を得た冤罪被害者が再審無罪判決の公示を拒むケースさえあるという[58]。そこで、真の冤罪被害者の名誉回復に向けて、判決要旨の後に続けて、「ここに再審無罪判決を公示し、〇〇氏の名誉の回復を祈念し、お詫び申し上げるとともに、刑事司法への信頼を回復するために、今後事件検証を尽くし、再発防止に努めることを誓約いたします」等の様式を準備したうえで、

---

56 日弁連が2009年3月18日に発した「非拘禁者に対する刑事補償制度を求める意見書」を参照。この意見書は、以下のURLで参照できる〈https://www.nichibenren.or.jp/library/ja/opinion/report/data/090318_5.pdf（2024年1月23日最終確認）〉。

57 この他、捜査段階や再審請求手続に要した費用の補償もなされる必要がある点については、西・前掲註40書395頁参照。

58 八尋光秀「冤罪被害回復」九州再審弁護団連絡会出版委員会・前掲註22書345頁参照。

名誉回復のための文言を確定すべきとの提言がなされている[59]。しかも、こうした名誉回復の取組みは、再審無罪の場合だけに限定される必要はないはずである。今後は、冤罪被害者であっても周囲から冤罪被害者だと認知されない者の被害を埋め合わせるためにも、さまざまな形式で冤罪被害が明らかになった場合に、冤罪被害者の公的な名誉回復の手段が整備される必要がある。

　加えて、無罪判決を得て、起訴休職が解けて復職できる公務員以外の場合、逮捕以降に職を失った冤罪被害者には、その就労支援もなされる必要がある。すでに見たように、冤罪被害が明らかになっても、長期間身体拘束を受けていた場合には、まるで満期釈放者のように、就労できる場所が見つからず、個人的な支援者に頼らねば就労できないことは、妥当とは思われない。冤罪被害を訴える者のすべてに個人的な支援者がいるわけではない。刑訴法に基づく身体拘束によって職を失わされたのであれば、それが冤罪被害に当たる場合に、国による就労支援がなされる制度の構築は必要不可欠であろう[60]。

3　冤罪被害防止に向けた検証を通したサイクル確立の必要性

　以上、ごく簡単ではあるが、冤罪被害の埋め合わせのための救済に向けて、刑事補償を中心に、今後なされるべき手当てを検討してきた。たしかに、刑事補償等の手当ては充実されねばならない。しかし、捜査等の実務が何も変わらない等、冤罪被害を防止するための施策に手がつけられないまま、刑事補償等の手当てが充実されても、刑事補償等にどんどん税収が持ち出されることになる。これでは市民の理解は得られないであろう。上で挙げた、冤罪被害を防止するための施策と刑事補償等の冤罪被害の埋め合わせの充実は、車の両輪であって、ともに取り組まれねばならない。また、重大事件の被疑者がなかなか検挙されない場合に、マスメディアが「犯人検挙」に向けたキャンペーン報道を

59　八尋・前掲註58論文346頁参照。

60　冤罪が、国家機関が生み出す過誤である以上、国家機関による冤罪救済のための仕組みが必要であり、冤罪被害者や民間の支援団体に委ねるべきものではなく、冤罪救済支援機関を国家機関として設けるべきとの指摘もなされている。西・前掲註40書395頁参照。

行うことが、冤罪被害の背景のひとつとなっていることも、本Part被害実態編の事例3 [→269頁] からは示唆されている。そのため、いわゆる「未解決事件」に関する報道の在り方も検討されねばならない。その上で、冤罪被害が明らかになるごとに、その被害発生メカニズムの検証を行い、さらなる冤罪被害防止への取組みへとつなげるサイクルも確立されねばならない[61]。最後にこのことを強調して、本Partをまとめることにしたい。

---

[61] この意味での検証の必要性については、内田・前掲註34論文341〜342頁参照。

あとがき

　家族を養うため馬車馬のように働いてきた男は定年を迎え、ようやく余生を楽しもうと考えていたある日、無惨にも包丁で滅多刺しにされ、殺害されてしまう。犯人は、この手で育てた息子だった。

　ひとり残された妻は、すっかり丸くなった背中で足の痛みを堪えながら、新幹線を乗り継ぎ半日かけて、息子が収監されている遠方の刑務所に向かう。眩暈を起こす炎天下でも、凍えるような雪の中でも、息子のためにと老体に鞭を打って足を進める。

　無惨に命を奪われた被害者、命懸けで面会に通う加害者家族……、あまりに悲惨な境遇に置かれた人々に私たちができること、それは、加害者を責めることではない。

　事件はなぜ起きたのか……。加害者は、いい大学に入らなくてはと父親から日常的に暴力を受けて育った。親の期待に沿えなかった人生に絶望し、親を道連れに人生を終了させたかったのだ。父親の暴力から一度も守ってくれなかった母親もまた、息子にとっては「加害者」だった。

　学歴がないゆえに職場で辛酸を舐めてきた父親は、何としても息子を高学歴にすることが親の務めだと思い込んだ。自立するすべがない母親は、暴力に耐える息子に心を痛めながらも、夫に逆らうことができなかった。

　私たちがこの家族に向けるべき眼差しは、加害者と被害者に分断することではなく、それぞれが負っていた傷に向き合うことである。

　本書は、長らく制度の網の目からこぼれていた犯罪によって傷ついた人々の実情に焦点を当て、司法制度、そして国家の在り方を問う初めての書籍である。

　収監される人々の多くは、野心から犯罪に手を染める人々ばかりではなく、精神的、経済的に追い詰められ、社会的孤立を余儀なくされてきた人々であり、加害行為の背景を辿れば、家庭や学校、地域での被害体験が炙り出され

る。加害者の被害者性を受容することは、加害行為を容認することでも正当化するものでもなく、過ちを正し、社会から犯罪を減らすために不可欠なことである。

どれだけ遵法精神に基づき、正しい行動を心掛けていたとしても、家族が事件を起こしてしまったり、冤罪被害に遭うなど、人は犯罪に巻き込まれてしまうことがある。

一部、被害者・加害者どちらの支援が優先されるべきかといった不毛な議論が展開されているが、本書の事例が示すように、現実は、被害者と加害者は単純に分断されうる属性ではなく、個々人のさまざまな困難に即した支援が必要であり、個人が抱える苦しみの深さは比べるべきものではなく、困っている人の数だけ支援があってよい。対立と分断を超えて、すべての犯罪によって傷ついた人々の声を拾うことができる社会に本書が少しでも貢献できる材料となれば幸いである。

なお、本書の議論は、制度的被害を中心に展開されるが、犯罪によって傷ついた人々は、「社会的制裁」という形でさまざまな被害を受けており、制度の枠外での支援の在り方も喫緊の課題である。

報道対応や地域における具体的支援については、『加害者家族支援の理論と実践―家族の回復と加害者の更生に向けて[第2版]』(現代人文社、2021年)を参照していただきたい。

2024年4月15日

阿部恭子

※　本書の議論の一部は、カリタスジャパン助成によるInter7「共生人権講座」の内容を基にしている。

本書用語解説

本書の本文では必ずしも十分に説明できていない専門用語について、以下で解説を加えた(五十音順)。

岡田行雄［熊本大学］

●一時保護 ··· 26頁

親からの虐待を受けた等の要保護状態にある18歳未満の子どもの安全を迅速に確保し、適切な保護を図るため、又は、その心身の状況等を把握するため、児童相談所長等が行うことができる、子どもを親から強制的に引き離す措置をいう(児童福祉法33条)。その期間は原則として2月を超えてはならない(同条3項)。2月を超える一時保護が親等の意に反する場合には、家裁の審判による承認が必要とされる(同条5項)。この一時保護のために、児童相談所には一時保護所が併設されていることが少なくないが、一時保護が警察や児童福祉施設等に委託されてなされる場合もある。

●一般遵守事項 ·· 106頁

すべての保護観察対象者が保護観察期間中に遵守しなければならない事項をいう(更生保護法50条)。具体的には、①再び犯罪をすることがないよう、又は非行をなくすよう健全な生活態度を保持すること、②保護観察官及び保護司の呼出し等を受けたときは、これに応じ、面接を受ける等、その指導監督を誠実に受けること、③速やかに住居を定め、保護観察所長にその届出をすること、④届出をした住居に居住すること、⑤転居又は7日以上の旅行をするときは、予め保護観察所長の許可を受けること、からなる。

●入口支援 ··· 18頁

高齢、知的障がい、社会的孤立等が背景にあって、それまでに刑事施設に収容されたこと等がある者を中心に、そうした者が被疑者として逮捕されたとき等に、再び実刑判決を受けて、ますます社会的孤立を深め、出所後に再び犯罪に至る悪循環を避けるために、刑事手続の入口段階から、社会福祉サービスにつなごうとする支援をいう。2013年に長崎県の社会福祉法人南高愛隣会を担い手とする地域生活定着支援センターが中心となって始められ、全国に広がった。

●家庭裁判所調査官 ··· 109頁

全国に1,500人程しかいない、もっぱら家裁に勤務する国家公務員で、家裁に係属した少年事件や家事事件の調査を担う者をいう。少年事件の調査は、少年や保護者等の面接、少年の家庭訪問等、多岐にわたる方法でなされる。この調査結果を、

少年調査票という書面にまとめて、家裁で少年審判を担当する裁判官に意見を述べる。ただし、1970年代末から、家裁調査官にはさまざまな規制がかけられるようになり、少年法が求める専門性が必ずしも発揮できていない状況もある。また、最近は家事事件の増加と少年事件の減少に伴い、少年係の家裁調査官が減少している。

●観護措置 ⋯⋯⋯⋯⋯⋯⋯⋯⋯⋯⋯⋯⋯⋯⋯⋯⋯⋯⋯⋯⋯⋯⋯⋯⋯⋯⋯⋯ 54頁

少年審判を行うために必要があるときに、家裁が、少年を家裁調査官による観護に付するか、少年鑑別所に送致するかを決定する措置(少年法17条)。実務上、前者の調査官観護はまったくといっていいほど行われず、観護措置といえば、少年鑑別所に送致されることを意味している。

●行刑 ⋯⋯⋯⋯⋯⋯⋯⋯⋯⋯⋯⋯⋯⋯⋯⋯⋯⋯⋯⋯⋯⋯⋯⋯⋯⋯⋯⋯⋯⋯⋯⋯⋯⋯ 114頁

懲役・禁錮等、人の居住・移転の自由を奪う自由刑を執行することを特に行刑という。かつてから、日本の刑事施設における行刑は公開されず、受刑者が刑事施設においてどのような扱いを受けているかが隠される、行刑の密行化の傾向が指摘されてきた。なお、ドイツでは、自由刑執行に関する法律を行刑法といい、1976年に制定された連邦行刑法のほかに、現在では各州で行刑法が制定されている。

●禁錮 ⋯⋯⋯⋯⋯⋯⋯⋯⋯⋯⋯⋯⋯⋯⋯⋯⋯⋯⋯⋯⋯⋯⋯⋯⋯⋯⋯⋯⋯⋯⋯⋯⋯⋯ 103頁

刑法に定められている刑罰の一種で、刑事施設に拘置されるものをいう(刑法13条)。同じく刑事施設に拘置される懲役と異なり、刑務作業は強制されない。しかし、禁錮刑受刑者の多くは請願して刑務作業を行っている。禁錮刑が言い渡され、確定する数は懲役刑よりもはるかに少なく、例年その10分の1以下の程度に過ぎない。

●ぐ犯少年 ⋯⋯⋯⋯⋯⋯⋯⋯⋯⋯⋯⋯⋯⋯⋯⋯⋯⋯⋯⋯⋯⋯⋯⋯⋯⋯⋯⋯⋯⋯ 49頁

家出、飲酒、喫煙、深夜はいかい等のぐ犯事由にあてはまり、特定の罪を犯すおそれがある少年をいう(少年法3条1項3号)。非行少年類型の中では人数では最も少なく、2022年の家裁の終局処理人員は159人(法務省法務総合研究所『令和5年版犯罪白書』(2023年)123頁参照)で、他の非行少年類型に比べると女子比が高い傾向がある。

●検察審査会 ⋯⋯⋯⋯⋯⋯⋯⋯⋯⋯⋯⋯⋯⋯⋯⋯⋯⋯⋯⋯⋯⋯⋯⋯⋯⋯⋯ 46頁

検察官による公訴権の運営に関し、民意を反映させて、その適正を図るために設けられた機関(検察審査会法1条)で、選挙人から、法定の不適格者を除いて選ばれた11人(同法4条)が、検察官が行った不起訴処分のうち、それへの不服申立てがなされたものについて審査を行う。かつては、検察審査会が8人の多数による起訴相当の議決(同法39条の5)を行っても、検察官は再び不起訴処分を行うことができたが、2004年の法改正により、検察審査会が再度の不起訴処分を受けて再審査し、改め

て８人以上の多数による起訴相当の議決を行った場合、起訴が強制されることとなった。この場合、起訴議決書を受け取った裁判所が公訴提起とその維持に当たる弁護士を指定し(同法41条の９)、この指定弁護士が公訴を提起する(同法41条の10)。しかし、この強制起訴制度が始まった2009年以降に、検察審査会の起訴相当議決により強制起訴された事件について有罪が確定したのは２件しかない。

●拘禁刑 ·· 103頁

　2022年６月の刑法の一部改正法で定められた、懲役刑と禁錮刑を統合する形の新たな自由刑をいう。2025年６月から導入される予定で、懲役刑と異なり、作業義務は課されない。自由刑の中では懲役刑が圧倒的に科される中、高齢の懲役刑受刑者には作業義務があるにもかかわらず、認知症の進行等の事情で、作業に耐えられない場合が少なからずあることが、拘禁刑が立法された背景のひとつとして指摘できる。

●更生保護施設 ·· 195頁

　主に保護観察所から委託を受けて、刑事施設からの仮釈放や満期釈放後に行き場がない元受刑者等に、無料で宿所、食事等を提供する施設で、更生保護事業法に基づく宿泊型保護事業(更生保護事業法45条)に当たるものをいう。基本的に更生保護法人(更生保護事業法４条〜)によって運営されている。最近では、利用者に向けてさまざまな専門的働きかけがなされるようになってきたが、民間施設であるので、重大な事件を起こした者や、再非行や再犯を繰り返してきた者の受け入れに難色を示す傾向が見られる。

●拘留 ·· 103頁

　刑事施設に収容される自由刑の１種をいう(刑法16条)。作業義務は課されない。期間は１日以上30日未満で、懲役・禁錮に比べると極端に短く、実際に科される犯罪者はほとんどいない。刑罰の重さで比較すると、罰金よりも軽いものと位置づけられている(刑法10条)。刑事訴訟法に定められている、強制処分の一種である勾留と読み方が同じなので、答案で、勾留をこの拘留と書き間違えやすいので注意が必要である。

●勾留 ·· 15頁

　刑事訴訟法に基づく、被疑者・被告人に対して、その身体を拘束する強制処分のひとつ。裁判官が発する令状に基づき執行される。捜査機関の請求により、裁判官が、被疑者・被告人が、罪を犯したことを疑うに足りる相当な理由がある場合で、罪証隠滅ないし逃亡すると疑うに足りる相当な理由があるとき(刑訴法60条１項)に令状が発される。被疑者に対する勾留は、検察官の請求に基づき、必ず逮捕後になされねばならず、その期間は１事件につき原則10日が限度で、やむをえない事由

があると認められるときに、裁判官はさらに10日を限度に勾留を延長できる(同法204~208条)。この被疑者に対する勾留には保釈の適用はない。これに対して、起訴後の被告人に対する勾留の期間は、起訴された日から2カ月で、その後は1カ月ごとに更新される(同法60条2項)が、この期間中に保釈の適用がある。

●**告訴** ·· 40頁

犯罪被害者等の一定の告訴権者が、捜査機関に対し、犯罪事実を申告し、その訴追・処罰を求める意思表示をいう(刑訴法230条~)。この点、犯罪があると思う者が誰でも行える告発(刑訴法239条)と異なる。告訴・告発を受けた捜査機関は書類等を検察官に送付しなければならない等、一定の義務を負う(刑訴法242条)。

●**国連恣意的拘禁作業部会** ·· 251頁

国連人権理事会の決議に基づき設置された専門家作業部会のひとつ。正式名称は、Working Group on Arbitrary Detention (WGAD)。恣意的拘禁の事例に関する調査を任務とする人権理事会から任命された独立の人権の専門家で構成されている、国連の重要な人権擁護メカニズムのひとつと位置づけられる機関。人権条約に認められた権利を侵害された個人が、この作業部会に直接訴え、国際的な場で自身が受けた人権侵害について意見を求めることができる個人通報制度も備えている。調査の結果、個別事案について恣意的拘禁に該当すると判断した場合には、意見書を採択し、国連人権理事会に報告を行う。

●**子どもの権利条約** ··· 71頁

1989年に国連総会で採択され、日本が1994年に批准した国際条約をいう。少年司法手続についても詳細な規定を置いており、その基本的な部分は、1985年に定められた、少年司法運営に関する国連最低基準規則(北京ルールズ)に依拠している。

子どもの権利条約に照らすと、子どもの意見表明権に基づく、少年の適正手続保障が十分ではないという問題が少年法にはあるうえに、2000年以降の少年法改正によって、ますます条約と少年法との乖離が大きくなってしまったため、日本は国連の子どもの権利委員会による審査で、いつも厳しい勧告を受け続けている。

●**再移送** ·· 173頁

家裁が受理した少年事件のうち、犯罪少年の事件を検察官送致(逆送)した後に起訴された刑事事件の事実審理を行った裁判所が、少年の被告人を保護処分に付するのが相当であると認めるときに、家裁に移送する決定のことをいう(少年法55条)。少年の刑事裁判のみに認められる裁判であって、再移送決定には、検察官が不服申立てすることはできないと解されている。

●**裁判員制度** ·· 48頁

司法改革の目玉として、2004年に立法された、裁判員の参加する刑事裁判に関

する法律(裁判員法)によって2009年から始まった、原則として、裁判官３人と18歳以上の者から選任される裁判員６人の合議体によって行われる刑事裁判のことをいう。対象となる事件は、法定刑に死刑または無期刑が定められているものと、故意の犯罪行為により被害者を死亡させた罪に係るものに限定されている(裁判員法２条１項)。

● **作業報奨金** ·· 105頁

　刑事施設の長が、刑務作業を行った受刑者に対して、その釈放の際に、作業の種類、受刑者の技能の程度等を考慮して定められた基準に基づき算定された金額を支給する(刑収法98条)。この金額を作業報奨金という。これは出所後の生活資金の扶助としてのものであって、労働者が契約に基づく労働の対価として使用者から得る賃金とは法的な性質が異なる。そのため、受刑者がどれほど熱心に作業しようとも、最低賃金法に基づく最低賃金を大幅に下回る作業報奨金しか得ることができない。

● **試験観察** ·· 162頁

　家裁裁判官の決定によって、家裁に係属した少年事件の少年になされる家裁調査官による観察(少年法25条)が、試薬を与えて様子を見ることに喩えられて、実務上、試験観察と呼ばれるようになった。試験観察の期間中は、家裁調査官や付添人等が、少年にさまざまな働きかけを行いつつ、社会内での少年の様子を見る。試験観察中に、少年に遵守事項を課したり、適切な人や団体に少年の補導を委託すること等もできる。試験観察には期間の定めがないが、遵守事項違反や新たな非行等がなければ、おおむね３月程度で、少年審判が開かれ、終局決定がなされることで終了する。試験観察は、家裁調査官の専門性が最も発揮される場面であって、1970年代までは１年に数万件が実施されていたが、その後、減少を続け、最近では１年に1,000件を下回るようになった。

● **示談** ·· 56頁

　民事上の紛争を裁判によらずに当事者間で解決する契約をいう。民事裁判を提起するには、訴状を提出する際に訴額に応じた印紙を貼らねばならない等、訴訟費用に加えてさまざまな費用がかかるが、示談によって、相手方が損害賠償に任意に応じる場合は、そうした費用は必要がない。

● **児童自立支援施設** ·· 158頁

　不良行為をなし、又はなすおそれのある児童及び家庭環境その他の環境上の理由により生活指導等を要する児童を入所させ、その自立を支援することが目的とされる児童福祉施設の一種(児童福祉法44条)。施設の中で、中学校までの教育を受けるため、外部に外出する自由がない点が、他の児童福祉施設と決定的に異なる。圧倒

的多数は都道府県立のもので、国立のものが男女それぞれひとつずつ置かれており、国立の児童自立支援施設では、鍵付きの部屋に閉じ込めることも可能である。

児童福祉法における児童とは18歳未満の者を指し、近年では、18歳を超えても引き続き児童養護施設等を利用することも可能となっているが、児童自立支援施設における教育が中学校の課程しかないため、少年法で保護処分の一種として児童自立支援施設送致が定められていても(少年法24条1項2号)、実務上は15歳以上の少年に対しては用いられない。

●児童相談所 ··163頁

児童福祉法に基づき、都道府県に設置義務がある(児童福祉法12条)、児童福祉を担う専門機関。14歳未満の少年事件については、児童相談所から送致を受けた場合に限り、家裁は少年審判に付することができるに過ぎない(少年法3条2項)。これを児童相談所先議と呼ぶ。2020年4月時点で全国に219あるが、その職員の専門性にはばらつきが多いうえに、職員数に比して、業務の範囲が広く、業務量が過大であると指摘されている。

●証拠開示 ··280頁

刑事裁判における当事者である、検察官と被告人・弁護人との間では、証拠となる資料の収集権限に決定的な格差がある。そのため、被告人にとって有利な資料が検察官の手許で死蔵されるおそれがある。そこで、裁判員制度の導入にあたり、刑事訴訟法が改正され、ようやく公判前整理手続の中で、この検察官手持ち資料を被告人・弁護人に開示する手続が定められた(刑訴法316条の25〜27)。これが、立法以前から、実務上、証拠開示と呼ばれてきた。しかし、再審請求審における証拠開示については、いまだに刑事訴訟法に規定がないため、再審法改正の大きな論点となっている。

●情状鑑定 ··260頁

情状とは、量刑や処分選択にあたって実務上重要な意味を持つ。具体的には、犯罪の種類や罪質、犯行動機、被害結果の大小等といった犯罪行為自体に関するものから、犯罪者の成育歴、置かれた状況、犯罪によって生じた損害への賠償の有無といった犯罪の周辺にかかるものまで幅広いものを含む。鑑定とは、刑訴法に定められたものとして、裁判所の知識経験が足りない点につき、学識経験ある者に裁判所が命じて、宣誓をさせたうえで、法則やそれを適用して得た具体的事実判断等を報告させることをいう(刑訴法165〜174条)。したがって、情状鑑定とは、被告人に対する量刑や処分選択のために、専門家に必要な知識やそれを適用して得られた情状に関する事実を報告させることといえる。

●情状証人 ···101頁

　一般的には、裁判所で宣誓のうえ、被告人を将来にわたって監督し、再犯をさせないこと等を証言する被告人の家族等をいう。裁判所が専門家に刑訴法に基づく正式の鑑定を命じる代わりに、弁護人等の依頼に基づき、被告人の成育歴や特徴等について面接や心理テスト等を通して得られた被告人の情状に関する専門的知見を証言する福祉や医療等の専門家を指すこともある。

●上訴 ···93頁

　裁判所が行う、判決、決定等の裁判に対して不服を持つ当事者が、その判決等の確定前に、上級の裁判所に行う不服申立て一般をいう。第一審裁判所の判決に対して高裁に申し立てるものは控訴、高裁の判決に対して最高裁に申し立てるものは上告というように、どの裁判に対してどの上級裁判所に不服を申し立てるかによって個々に名称が異なる。

●少年院 ···16頁

　法務省が管轄する矯正施設のひとつで、原則として、少年法に基づく保護処分の執行を受ける者を収容し、在院者の犯罪的傾向を矯正し、並びに在院者に対し、健全な心身を培わせ、社会生活に適応するのに必要な知識及び能力を習得させることを目的とする矯正教育、その他の必要な処遇を行なう施設（少年院法３条）。少年院法では、少年院の種類が第１種から第５種まで定められている（少年院法４条）が、現時点では、第１種～第３種の少年院に送致されることが圧倒的である。

　第１種少年院には、心身に著しい障害のないおおむね12歳以上23歳未満の者、第２種少年院には、心身に著しい障害がない犯罪的傾向が進んだおおむね16歳以上23歳未満の者、第３種少年院には、心身に著しい障害があるおおむね12歳以上26歳未満の者が収容される。

●少年刑務所 ···100頁

　少年のときに自由刑が科された受刑者を分類し、収容する刑務所を、特に少年刑務所という。主に26歳未満の者を収容し、職業訓練等に重点を置いた処遇が行われていると言われるが、少年の受刑者は極めて数が少ないのが現実であって、26歳以上の受刑者も数多く収容されているうえ、近時、奈良少年刑務所が閉庁される等減少傾向にある。

●少年審判 ··15頁

　家裁が受理した少年事件につき、当該少年に非行事実があるか否か、非行事実があるとして、当該非行少年に保護処分が必要か否か、保護処分が必要として、どのような保護処分が必要なのかを、原則として単独の裁判官が判断するために、事前に裁判官が捜査機関から送致された法律記録や家裁調査官がまとめた社会記録を熟

読したうえで進められる非公開の手続をいう。2001年に施行された少年法第1次改正に伴い、合議体による少年審判も可能となったが、その数は年に数十件ほどでしかない。

●**少年保護事件** ··· 158頁

家裁が受理した、犯罪少年、触法少年、ぐ犯少年等の少年非行にかかる事件(少年事件)のことをいい、その事件の処理手続は少年法に基づいて、少年の健全育成を目的として進められなければならない。

●**処遇勧告** ··· 163頁

1977年に、少年院における収容期間等を定めた法務省の通達(「少年院の運営について」)が発された際に生まれた制度で、家裁が少年院や保護観察所等の執行機関に対して行う勧告をいう(少年審判規則38条2項)。これは法的拘束力を持たない事実上の措置と理解されているが、法務省の通達上は、執行機関が従うべきものとされており、事実上、少年院等に対し強い拘束力を持っていると指摘されている。

●**触法少年** ··· 158頁

14歳未満で、刑法や特別刑法に反する行為をした少年をいう(少年法3条1項2号)。14歳未満の者の行為には刑事責任を問うことができず(刑法41条)、刑法に触れたに過ぎないことから、このように呼ばれる。

●**処断刑** ··· 55頁

個別の犯罪に定められた法定刑の中から、適用すべき刑種を選択し、これに法律上の加重・減軽事由があった場合に、それに基づき導き出された刑罰の範囲のことをいう。たとえば、刑務所から釈放されたばかりの者が心神耗弱状態で窃盗の罪を犯したとして有罪とされる場合、1月以上10年以下の懲役または50万円以下の罰金と定められた窃盗罪の法定刑から、刑種を懲役刑としたうえで(刑法69条)、刑の加重・減軽の順序により(同法72条)、まず、再犯加重(同法57条)されて1月以上20年以下の懲役となり、心神耗弱(同法39条2項)により刑が減軽され15日以上10年以下の懲役が処断刑となる(同法68条、70条)。

●**自立援助ホーム** ·· 196頁

非行等の理由で、児童自立支援施設等の児童福祉施設に入所させられたり、里親に委託されたりした少年が、その義務教育期間が終了して、それらの措置も解除された後に利用できる児童自立生活援助事業(児童福祉法6条の3)をいい、その少年に自立のための援助及び生活指導が行われる(同法33条の6)。

●**自立準備ホーム** ·· 10頁

2011年度に制度化された、刑事施設等から釈放されたものの、更生保護施設以外に適切な行き場のない者が利用できる施設をいう。更生保護法人がもっぱら担い

手となっている更生保護施設と異なり、予め保護観察所に登録した民間法人、団体等の幅広い事業者が自立準備ホームを開設している。2023年4月1日時点での登録事業者数は506（法務省法務総合研究所『令和5年版犯罪白書』(2023年) 97頁参照)。自立準備ホームでは、保護観察所の委託を受けて、宿泊場所や自立のための生活指導の他、必要に応じて食事も提供される。

●スーパーデュープロセス ……………………………… 128頁

アメリカ合衆国の連邦最高裁判例により確立した、死刑しか法定刑のない事件についての刑事手続において要請される、特別に手厚い手続のことをいう。死刑事件の刑事手続においては、これが保障されねばならないので、死刑存置州では公費負担が重くなることが、アメリカ合衆国で死刑廃止州が増加している背景のひとつと指摘されている。

●精神医療審査会 ……………………………………… 234頁

精神保健福祉法によって強制的に精神科病院に入院させられた者が行う退院請求等の審査を任務とし、都道府県に置かれるものをいう(精神保健法12条)。5名の委員は、精神障がい者の医療、保健又は福祉、及び法律に関し学識経験を有する者から構成されねばならないが、都道府県によって、委員の構成メンバーには大きな違いがあると指摘されている。

●精神保健参与員 ……………………………………… 226頁

厚生労働大臣により作成された精神保健福祉士等の名簿に基づき裁判所が毎年あらかじめ選任した者の中から事件ごとに指定され(医観法15条)、医観法に基づく審判に関与し、対象者に対する処遇の要否及びその内容につき精神保健福祉の観点からの意見を述べる者をいう(同法36条)。

●精神保健審判員 ……………………………………… 226頁

厚生労働大臣により送付された必要な学識経験を有する医師の名簿に基づき裁判所が毎年あらかじめ選任した者の中から事件ごとに任命され(医観法6条)、医観法に基づく審判において裁判官と共に合議体を形成し、評議において精神障がい者の医療に関する学識経験に基づき意見を述べ、対象者の処遇につき評決しなければならない者をいう(同法13条2項、14条)。

●全件送致主義 ………………………………………… 159頁

刑事訴訟法に基づき捜査が遂げられたすべての少年刑事事件は、捜査機関から家裁に送致されなければならない(少年法41条、42条)。この原則のことをいう。そのため、20歳以上の者による刑事事件とは異なり、捜査機関が少年刑事事件を微罪処分や起訴猶予処分とすることは許されない。しかし、1967年の道交法改正で交通反則通告制度が導入され、1970年から少年にも適用されることとなったために、

少年が交通反則金を納付すれば、家裁に道交法違反事件の受理が認められないという全件送致主義の例外があり、その形式的・画一的処理が問題視されている。

●地域生活定着支援センター 135頁

　刑事施設から満期釈放された親族等の受入れ先がない者のうち、高齢または障がいにより自立困難な者が多数いることが明らかになったことを受け、2008年12月に策定された「犯罪に強い社会の実現のための行動計画2008」に盛り込まれ、「地域生活定着支援事業実施要領」「地域生活定着支援センター事業及び運営に関する指針」に基づき設置された機関をいう。都道府県が実施主体となり、社会福祉法人やNPO法人等に委託されて、各地の保護観察所と連携して、さまざまな困難を抱えた犯罪者の入口支援・出口支援等にあたって、重要な役割を果たしている。

●地方更生保護委員会 49頁

　受刑者の仮釈放やそれを取り消す等の権限を持つ行政官庁をいう(更生保護法16条)。3人以上の委員からなり、各地方に1カ所ずつ、全国で計8カ所に置かれている。

●懲役 103頁

　刑法に定められている刑罰の一種で、刑事施設に拘置して、所定の作業を行わせるものをいう(刑法12条)。禁錮よりも重く、かつては、動機等が著しく反道徳的内容を持つとされる破廉恥罪に対する法定刑として特徴づけられていたこともあったが、現在では、刑法犯の圧倒的多数の法定刑に挙げられ、判決で言い渡される自由刑の中心となっている。

●付添人 161頁

　少年事件が家裁に送致された後に、少年ないし保護者から選任され、少年の正当な利益を擁護し、少年の理解を助ける者をいう(少年法10条)。弁護士が選任されることが圧倒的に多いが、弁護士以外の者も家庭裁判所の許可を受ければ付添人となることができる。なお、付添人が果たすべき役割については、家裁の協力者としての役割を重視するか、少年の権利保障の役割を重視するかで理論上対立がある。

●適正手続 (デュープロセス) 20頁

　憲法31条から40条に定められた、刑事手続における人権保障をまっとうするという意味での適正な手続のことをいう。これを保障する総則的な規定が、法律の定める手続によらなければ、その生命等の人権は奪われないとの憲法の条項(憲法31条)とされる。なお、適正手続は刑事手続だけでなく、措置入院等の行政法規に基づく手続においても保障されなければならない。

●出口支援 18頁

　高齢、知的障がい等で、刑事施設から釈放された後の生活にさまざまな困難が想

定される受刑者を対象に、本人の同意に基づき、刑事施設からの出口段階で福祉的支援を提供することをいう。2006年から長崎県で南高愛隣会を担い手として始められた。具体的には、対象者の帰住先や障害者手帳の取得に向けた調整等の他、仮釈放や満期釈放後の生活をスムーズに進められるようにする各種福祉サービス等の利用に関する助言や支援等がその内容とされる。

●特別遵守事項 ·· 106頁

　保護観察対象者の改善更生のために特に必要と認められる範囲内において、個別具体的に定められる遵守事項をいう（更生保護法51条）。保護観察処分を受けた少年と保護観察付の刑の全部執行猶予を受けた者については、裁判所の意見を聴いたうえで保護観察所長が特別遵守事項の内容を定める。少年院仮退院者や刑事施設からの仮釈放者等については、地方更生保護委員会が特別遵守事項の内容を定める。それぞれ、保護観察の途中で特別遵守事項の内容を変更することもできる。

●都道府県公安委員会 ··· 60頁

　都道府県知事の下に置かれ、都道府県警察の管理等を所掌事項とする行政機関をいう（警察法38条）。都道府県における警察行政の民主的運営、政治的中立性の確保の点で、大きな役割を果たしていると説かれるが、個別の警察における違法捜査等を実際に止める役割を果たしているかについてはおおいに疑問視されている。

●日本弁護士連合会 （日弁連） ·································· 43頁

　弁護士及び弁護士法人の使命及び職務にかんがみ、その品位を保持し、弁護士及び弁護士法人の事務の改善進歩を図るため、弁護士、弁護士法人及び弁護士会の指導、連絡及び監督に関する事務を行うことを目的とする法人をいう（弁護士法45条）。弁護士、弁護士法人、及び弁護士会は必ず日弁連の会員となる（弁護士法47条）、強制加入団体であり、弁護士自治の基盤と言える。

●犯罪構成要件 ··· 14頁

　刑法第2編の各章に置かれた犯罪を個別に定めている条文の解釈から導き出され、処罰の対象となる刑法上違法と推定される行為の類型を、ドイツ語のTatbestandの訳語を使い、犯罪構成要件といい、これに該当する行為をすることが、犯罪成立要件のひとつに挙げられる。具体的に言えば、刑法235条に定められている窃盗罪の犯罪構成要件は、他人の財物を窃取することとされる。そこで、スーパーマーケットに陳列されている商品の所有者でない者が、その商品を、代金を支払うことなく、当該スーパーマーケットから持ち出す行為は、窃盗の犯罪構成要件に該当することになる。

●犯罪白書 ·· 10頁

　政治経済社会の実態および政府の現状について国民の認識を深めるとともに、各

種の調査研究の重要かつ貴重な資料を提供する、各省庁が編集し、閣議に報告または配布する白書のひとつで、1960年に創刊され、犯罪現象の変化に対処し得る科学的な刑事政策研究のために法務省に設置された法務総合研究所がその作成にあたっているもの。犯罪白書は、刑事・少年司法手続等に関わる各機関が作成する官庁統計資料を加工し、一冊で、その全体の動向を俯瞰することができるものである。犯罪白書の内容は、法務省のウェブサイト〈https://www.moj.go.jp/housouken/houso_hakusho2.html（2024年4月29日最終確認）〉でも閲覧することができる。

● **犯罪少年** ･･ 157頁

14歳以上で、刑法や道路交通法等の特別刑法の規定に違反する行為をした少年をいう（少年法3条1項1号）。非行少年の3類型の中で常に最も数が多い。

● **犯罪捜査規範** ･･ 45頁

警察官が犯罪捜査を行うにあたって守らなければならない心構え、捜査の方法・手続等を定めた国家公安委員会規則のことをいう。したがって、これに警察官が違反したとしても、違法行為となるわけではない。

● **ビデオリンク** ･･ 44頁

性犯罪の被害者が法廷で証言する際に受ける精神的圧迫を軽減するために、こうした証人を尋問する際に、法廷外の別室に在室させ、法廷にいる裁判官や当事者がモニターに映る証人の姿を見ながら証人尋問を行う方式をいう。証人に対する被告人の審問権（憲法37条2項）の保障を危うくする懸念が指摘されている。

● **法制審議会** ･･ 175頁

新たな法律の制定が必要となった場合に、法務大臣の諮問に応じて、民事法、刑事法その他法務に関する基本的な事項を調査審議し、法務大臣に答申を行う、法務省組織令54条に基づき、1949年に設置された機関をいう。その委員は、法務大臣によって学識経験のある者から任命される。しかし、近年では、少年法改正に際して、必ずしも少年法についての専門的学術論文を公表したことがない研究者が委員に選ばれ、逆に、少年法改正案に異を唱えている少年法研究者が選ばれない等、恣意的な委員の選任傾向が見られる。

● **保護観察** ･･ 49頁

非行少年、少年院からの仮退院者、刑事施設からの仮釈放者、刑の執行が猶予された者が付される社会内処遇の一種をいう（更生保護法48条〜）。これらの対象者の改善更生を図ることを目的として、保護観察の期間中は、対象者に課された一般・特別遵守事項を遵守するように指導監督と補導援護が行われる。

● **保護司** ･･ 106頁

保護司法に基づき、法務大臣の委嘱を受け、保護観察官と協働して保護観察や生

活環境の調整を行うほか、地方公共団体と連携して犯罪予防活動等を行う、非常勤の国家公務員。当該地域(保護区)に居住する保護観察対象者の保護観察を担当する。近時、保護司の担い手が減少し、保護司制度の改革が議論されている。

●保護的措置 ………………………………………………………………162頁

家裁が受理した少年事件に関する調査・審判の過程において、少年や保護者に対して、家裁調査官や裁判官が行う、非定式的な事実上の教育的働きかけのことをいう。審判不開始決定や不処分決定で終結するほとんどの場合で、保護的措置が採られており、実務上、これが非行少年の要保護性を解消する重要な役割を果たしている。

●保釈 ………………………………………………………………………46頁

勾留された被告人に対して、保釈保証金納付等を条件として、裁判所が決定により、その身体拘束を解く制度をいう(刑訴法89条～)。逮捕や被疑者段階での勾留においては、保釈は認められない。裁判所により保釈が取り消されると、保釈保証金は没取されうる(刑訴法96条2項)。

●無罪推定原則 ……………………………………………………………135頁

被疑者、被告人であっても、無罪の者と推定されて、可能な限り無罪の者と同様の人権が保障されねばならないとする原則。1789年のフランス人権宣言に起源があり、市民的及び政治的権利に関する国際規約14条2項に明確に定められており、一般には、適正手続保障を要請する日本国憲法31条にその趣旨が読み込まれていると解されている。

●優遇区分 …………………………………………………………………268頁

刑事施設に収容されている受刑者に改善更生の意欲を持たせるため、6カ月ごとにその受刑態度を評価し、良好な順に第1類から第5類まで指定される区分のことをいう(刑事施設及び被収容者の処遇に関する規則53条)。良好な区分に指定された受刑者には、外部交通の回数を増やしたり、自費購入または差入れで使用できる物品の範囲を広げたりする等の優遇をした処遇が行われている。しかし、本来は、外部交通の回数等は受刑者の権利として保障されるべきものであって、受刑態度が良好と区分される者だけにそれらが恩恵的に与えられることへの批判も根強い。

●留置施設 …………………………………………………………………94頁

都道府県警察に設置され、刑訴法に基づき逮捕・勾留された者等を留置し、必要な処遇を行う施設(刑収法14条)をいう。留置場とも呼ばれる。1908年に制定された監獄法において、勾留された者を収容する拘置所の代用として認められた代用監獄が、現在では、留置施設として法的に位置づけられたことによって代用ではなくなった。しかし、留置施設は、代用監獄と同様に、警察による被疑者取調べには至

便なために多用されており、被疑者に対する様々な人権侵害の温床となっている点は代用監獄と変わりがない。

●**和解** ……………………………………………………………………………………………… 42頁

　本来は、民法上、争っている当事者がお互いに譲歩しあって争いをやめることを約束する契約をいう（民法695条）。民事裁判の過程で成立するものは、裁判上の和解という。

著者略歴

阿部 恭子（あべ・きょうこ）
World Open Heart理事長。東北大学大学院法学研究科博士課程前期修了
（法学修士）。2008年大学院在学中、日本で初めて犯罪加害者家族を対象と
した支援組織を設立。近年、ノンフィクションライターとして講談社「現
代ビジネス」、プレジデントオンライン等で事件に関する記事を発信して
いる。著作に『息子が人を殺しました』（幻冬舎、2017年）、『家族という呪
い』（幻冬舎、2019年）、『家族間殺人』（幻冬舎、2021年）、『加害者家族を支
援する』（岩波書店、2020年）、『加害者家族支援の理論と実践［第2版］』（編
著、現代人文社、2021年）、『家族が誰かを殺しても』（イースト・プレス、
2022年）、『高学歴難民』（講談社、2023年）他。

岡田 行雄（おかだ・ゆきお）
熊本大学大学院人文社会科学研究部（法学系）教授。1969年長崎市生まれ。
1991年九州大学法学部卒。1996年九州大学法学部助手を皮切りに、聖カ
タリナ女子大学社会福祉学部専任講師、九州国際大学法学部助教授、熊
本大学法学部准教授、同教授を経て、2017年4月から現職。主要著作（共
著含む）、『少年司法における科学主義』（日本評論社、2012年）、『非行少年
のためにつながろう！』（現代人文社、2017年）、『非行少年の被害に向き合
おう！』（現代人文社、2023年）。

刑事法をめぐる被害に向き合おう！
── 被害者・加害者を超えて

2024年5月30日　第1版第1刷発行

著　者	阿部恭子、岡田行雄
発行人	成澤壽信
編集人	齋藤拓哉
発行所	株式会社　現代人文社
	160-0004　東京都新宿区四谷2-10八ッ橋ビル7階
	Tel：03-5379-0307　Fax：03-5379-5388
	E-mai：henshu@genjin.jp（編集）hanbai@genjin.jp（販売）
	Web：www.genjin.jp
発売所	株式会社　大学図書
印刷所	株式会社　シナノ書籍印刷
装　丁	竹中尚史

検印省略　Printed in Japan
ISBN　978-4-87798-863-0 C3032
©2024　ABE Kkyoko, OKADA Yukio
◎乱丁本・落丁本はお取り換えいたします。